國際貿易慣例與公約

李軍、溫必坤、尹非、黃鶴 編著

前言

  本書按照一般貿易合同條款的簽訂內容，對國際貿易慣例與公約進行了詳細闡述。本書共有八章：第一章，國際貿易慣例與公約概述；第二章，國際貿易術語慣例；第三章，國際貿易保險慣例；第四章，國際貿易支付慣例；第五章，國際貨物貿易公約；第六章，國際貨物運輸公約；第七章，國際貿易支付公約；第八章，國際商事仲裁公約。

  本教材具有三個特性：第一，全面性。本教材從內容上涵蓋國際貿易術語、國際貨物運輸、國際貨物運輸保險、國際結算、國際商事仲裁以及國際貨物買賣合同訂立和履行等方面的慣例與公約，對慣例與公約的主要條款做了詳盡的闡述和分析。第二，實用性。本教材介紹了國際貿易慣例與公約的相關條款，同時，對重要條款和實務中需要注意的事項都用實際案例進行了分析說明，案例與重要條例緊密結合。第三，新穎性。本教材涉及的內容都是截止到 2014 年最新的國際貿易公約與國際貿易慣例，特別是《2010 年國國際貿易術語解釋通則》，在本教材中有詳細闡述。為了幫助讀者對本書內容的理解，在每章之后都分別附有思考題。

  本書由李軍擬定編寫大綱，具體分工是：李軍、曾銀芳（第一章、第二章）、溫必坤（第三章、第六章）、黃鶴（第四章、第五章）、尹非（第七章、第八章）。初稿形成后由李軍統稿、修改和審定。

  由於我們水平有限，書中難免存在缺點和不足之處，敬請讀者指正。

編著者

目錄

第一章　國際貿易慣例與公約概述　　1

第一節　國際貿易慣例與公約的歷史沿革　　1
第二節　慣例與公約的含義與性質　　3
第三節　慣例與公約的作用　　11

第二章　國際貿易術語慣例　　13

第一節　2010年國際貿易術語解釋通則　　14
第二節　1941年美國國際貿易定義修訂本　　31
第三節　1932年華沙—牛津規則　　40

第三章　國際貿易貨物保險慣例　　44

第一節　保險原則　　44
第二節　國際海洋貨物運輸保險的承保範圍　　46
第三節　中國人民保險公司海上貨物保險條款　　52
第四節　倫敦保險協會海運貨物保險條款　　60
第五節　約克—安特衛普規則　　63

第四章　國際貿易支付慣例　　71

第一節　托收統一規則　　72

| 第二節 | 跟單信用證統一慣例 | 86 |
| 第三節 | 信用證支付的風險防範 | 114 |

第五章　國際貨物貿易公約　120

第一節	聯合國國際貨物銷售合同公約	120
第二節	聯合國國際貨物銷售合同時效期限公約	150
第三節	其他國際貨物貿易公約	152

第六章　國際貨物運輸公約　154

第一節	統一提單的若干法律規定的國際公約	156
第二節	1968年布魯塞爾議定書	165
第三節	聯合國海上貨物運輸的國際公約	171

第七章　國際貿易支付公約　190

第一節	統一匯票和本票法公約	190
第二節	統一支票公約	205
第三節	《國際匯票和本票公約》	217

第八章　國際商事仲裁公約　219

| 第一節 | 日內瓦議定書與日內瓦公約 | 220 |
| 第二節 | 承認和執行外國仲裁裁決公約 | 221 |

第一章　國際貿易慣例與公約概述

　　國際貿易公約（International Trade Convention）是指有關國際貿易方面的多邊條約。公約通常為開放性的，非締約國可以在公約生效前或生效后的任何時候加入。公約對締約國有約束力，締約國應遵守公約。國際貿易慣例（International Trade Custom）主要是指在國際貿易領域中的國際慣例，它存在於國際貿易買賣、運輸、保險等經貿關係中。國際貿易慣例來源於國際貿易，並由國際組織加以編纂與解釋。國際貿易慣例是以雙方當事人的意願為轉移，即由雙方當事人在交易中遵循自願適用原則，沒有強制性。雖然國際慣例沒有普遍的約束力，無法與國際公約的效力相比，但在某些具體的當事人之間卻有跟國際公約一樣的強制力。有些國際慣例被一些國家納入其國內的成文法中，從而具有了法律的普遍約束力。由此可見，目前國際慣例與國際公約在強制力上的這種區別已逐漸淡化，採用國際慣例已逐漸成為國際上的一種趨勢。

● 第一節　國際貿易慣例與公約的歷史沿革

　　國際貿易慣例的產生具有悠久的歷史，其產生過程通常分為三個階段。一般認為，現在流行於世界的國際貿易公約與慣例主要是在西方貿易發達國家之間發展起來的。最早可追溯到中世紀時期，起源於中世紀的商人法，並經歷了商人法的國內化與現代商人法的復甦等階段。

一、中世紀商人法

　　大約在公元13世紀，地中海沿岸各國間的商業往來已經非常興盛。當時從事貿

國際貿易慣例與公約

易活動的商人團體為了維護自身的利益，根據業務實踐自己制定了一些習慣做法和規則，形成了適用於各個商業發達港口和市集地區的具有國際性的商業習慣法律。這些法律由於是商人在長期的業務實踐中形成的，在商人之間的交易中使用，並曾由附屬於各市集的商事法庭加以執行，因而又被稱為「商人的法律」或「商人法」。14世紀西班牙編纂的著名的「康蘇拉度」法（Consulado de Mar）就是13世紀流行於地中海沿岸反應海上運輸習慣做法的海事法典。在這一時期，出現了「商業票據」「提單」「租船運輸」等貿易慣例用語，並沿用至今。

這種商人法最初並不是以成文法典形式出現的，並且它是為了彌補國家法律的不完善，而在事先沒有計劃、幾乎是雜亂無章的情況下從習慣法中發展起來的。它主要由商人行會的規約，各地的商事習慣法，商人法庭或法院的判決，城市法以及國王、領主、教會頒發的單行法規組成。但是，它同時具有與其他法律體系一樣的客觀性。中世紀商人法為近現代西方商法的發展奠定了實踐基石，並影響著其發展的軌跡。

二、商人法的國內化

以1640年英國資產階級革命為開端，人類歷史進入了近代。資本主義商品關係的萌芽與封建勢力的衰落，使商人法向成文法轉變。隨著各民族國家的興起，中世紀的商人法被各主權國家先後納入國內法，從而形成了各國的國內民商法。例如，法國制訂了拿破侖商法典（Donnance de Commerce）；英國大法官孟斯菲爾德（Mansfield）通過對具體的商事慣例做出特別裁決，將商事慣例吸收到普通法（Common Law）中，使之成為普通法的組成部分；德國也於1897年制定了商法典。在這個時期，儘管各國進行了大規模的商事立法，但商事習慣法仍然獲得了一定的發展。例如，FOB及CIF貿易術語、信用證等開始出現。

雖然，從短期來看，商人法的國內化是時代的進步之一。但從長遠來看，其不利因素要遠遠超過其有利因素。隨著各國國內法的發展，以及隨之而產生的各國實體法之間的法律規定差異，從事國際貿易的當事人都要求適用本國的法律來調整他們之間的權利與義務關係，因而導致了尖銳的法律衝突。雖然可以按照國際私法的規範來調整這種法律衝突，但是衝突規範並不直接調整當事人的權利和義務，適用衝突規範的結果仍然是，以衝突規範所指向的國家的國內法來調整。運用國內法解決國際貿易爭端的明顯不足是其時間長、成本高、不確定等。而這與國際貿易糾紛的解決要求迅速、節省、低成本背道而馳。於是，到了20世紀，商人法的國際主義概念的迴歸就成為必然。

三、現代商人法

隨著時代的發展，商法如何適應社會發展的要求，已經成為現實問題。經濟是

第一章　國際貿易慣例與公約概述

法律與法制的基礎，經濟的全球化將必然導致全球範圍內法律的趨同化，表現在國際貿易法領域便是現代商人法的興起。為了克服因各國國內商法分歧所導致的法律障礙，擺脫國內法的限制，近幾十年來，國際社會不斷努力促使國際貿易法的統一，通過編纂國際貿易慣例和締結國際條約，形成和制定了一系列調整國際貿易關係的統一的實體規範。這一時期是國際貿易慣例產生的第三個階段。自20世紀以來，一些國際組織掀起了編纂並不斷修訂國際貿易慣例的浪潮。如國際法協會制定的《1932年華沙—牛津規則》、《海牙規則》；國際海事委員會制定的《約克—安特衛普規則》、《電子提單規則》、《海運單統一規則》、《維斯比規則》；國際商會制定的《國際貿易術語解釋通則》（Incoterms）、《跟單信用證統一慣例》（UCP）、《托收統一規則》（URC）、《國際備用證慣例》（ISP97）等；聯合國國際貿易法委員會制定的《鹿特丹規則》、《漢堡規則》和《聯合國獨立保證與備用信用證公約》等。以《國際貿易術語解釋通則》為例，《國際貿易術語解釋通則》（International Rule for the Interpretation of Trade Terms）最早是在1936年制定的，命名為《1936年國際貿易術語解釋通則》，國際商會先後於1953年、1967年、1976年、1980年、1990年、1999年、2010年進行過多次修訂補充。這一時期出現的國際貿易慣例與中世紀的相比，已不再是雜亂無章與任意形成的了，而是國際組織精心努力的結果，並且它具有了真正意義上的國際性。原因在於中世紀並未形成真正意義上的民族國家，而現代國際貿易慣例則超越了市場經濟與計劃經濟、大陸法系與英美法系的界限，而成為真正的國際規範了。這一時期出現的國際貿易慣例的特點是貿易慣例成文化、非由國家制定以及其約束力也為仲裁機構所承認等。由此可見，目前被廣為接受的貿易慣例與各國國內法並駕齊驅，共同規範國際貿易行為。如1936年，美國政府以《海牙規則》這一公約作為國內立法的基礎制定了1936年美國海上貨物運輸法。可以說，該公約反應了時代的需要，大大促進了各國國際貿易的蓬勃發展，並在一定程度上促進了各國相關貿易法律的制定和完善。

● 第二節　慣例與公約的含義與性質

一、國際貿易公約的內涵

公約（Convention）是條約的一種，通常指國家間有關政治、經濟、文化、技術等重大國際問題而舉行國際會議，最後締結的多方面的條約。公約通常為開放性的，非締約國可以在公約生效前或生效後的任何時候加入。有的公約由專門的國際會議制定。它的內容一般是專門性的。國際貿易公約是指國家間有關國際貿易方面的多邊條約。目前關於國際貿易的國際公約主要有：調整國際貨物買賣的《聯合國國際貨物買賣合同公約》；調整國際海上貨物運輸的《海牙規則》、《維斯比規則》、

3

國際貿易慣例與公約

《漢堡規則》；調整國際航空運輸的《華沙公約》；調整國際鐵路貨物運輸的《國際鐵路貨物運送公約》、《國際鐵路貨物聯運協定》；調整多式聯運的《聯合國國際貨物多式聯運公約》；調整國際票據法律關係的《關於本票、匯票的日內瓦公約》、《關於支票的日內瓦公約》；關於國際仲裁的《承認及執行外國仲裁裁決公約》（又稱《紐約公約》）；關於知識產權保護的《保護工業產權巴黎公約》、《商標註冊馬德里公約》、《伯爾尼公約》、《日內瓦公約》等。其中，《聯合國國際貨物買賣合同公約》是目前關於國際貨物買賣的一項十分重要的統一的實體法國際公約，它為國際貿易創造了更加良好的法律環境。

二、國際貿易慣例的內涵

國際貿易慣例是指國際貿易領域中的國際慣例，它大致包括在國際合同、運輸、保險、支付與仲裁等領域中存在的國際慣例。但是，國際貿易慣例並沒有既定的概念，國際上有許多評論或解釋。例如，《德國商法典》中規定：「在解釋商人之間的作為或不作為的意義與效果時，應充分考慮到商業交往中適用的慣例與習慣。」與此同時，許多國家貿易立法也都是「言及而不定義」的處理方式。如《國際商事仲裁示範法》及聯合國歐洲經濟會制定的《關於民商事判決的管轄與執行公約》，都提到了貿易慣例的作用，但都未對其做出任何定義。

各國對貿易慣例的基本含義的理解既有相通的一面，又各有特色。例如，在德國，貿易慣例被理解為在一段時間內得到普遍遵守並導致它們可以使用的這樣的一般信念的統一行為模式。在英國，一般認為貿易慣例是商業社會中從事某一行業的人所普遍接受的特定交易做法或行為規制。在美國《統一商法典》中對「貿易慣例」下了一個定義，規定「貿易慣例是指任何習慣做法或交易方式，只要該做法或方式在某一地區、某一行業或某類貿易中得到了經常遵守，從而使人們有理由相信它在當前交易中也會得到遵守」。我們可以看出，英國、德國和美國都強調「普遍遵守」這一事實。

英國著名的國際貿易實務與法律學者施密托夫教授在《國際貿易法律的淵源》和《經濟情況轉變中的商業法律》兩書中，對國際商業慣例的內涵作過解釋。他認為：「國際商業慣例由商業習慣做法或標準構成，這些做法或標準應用極為廣泛，凡從事國際貿易的商人都期望他們的合同當事人能夠切實遵守，並經國際商會、聯合國歐洲經濟委員會及各個國際貿易協會所制定。」也就是說，他認為國際慣例是由國際組織制定的商業性習慣做法和標準構成，這些組織包括國際商會、聯合國歐洲經濟委員會，以及各國際貿易協會等，這些習慣性做法通過制定成法律規制而獲得固定的形式。這一定義較全面地概括了國際貿易慣例的基本要點，具有合理性與典型性。

在中國，也有許多學者論及了國際貿易慣例的定義。韓德培教授認為，國際貿

第一章　國際貿易慣例與公約概述

易慣例是「在國際貿易中通行的有確定內容的一些規則」；馮大同教授提出：「國際貿易慣例是在國際貿易的長期實踐過程中形成的」；趙承璧教授認為，「國際貿易慣例是在國際貿易實踐過程中逐漸形成的一些通用的做法和通例」，等等。

由此可見，國際貿易慣例是歷史發展的產物，但其內容不是一成不變的，而是隨著國際貿易客觀情況的發展和變化不斷地發生相應的變動和修改。因此，我們認為，國際貿易慣例是指：在長期的國際貿易實踐中逐步自發形成的，具有普遍適用性的非強制性規則。它們一旦形成和出現，又反過來對國際貿易實踐產生深刻的影響，在當事人意思自治的原則下，對國際貿易業務的進行和發展起著一定的指導和制約作用。目前在國際貿易中影響很大的貿易慣例是國際商會制定的《2000年國際貿易術語解釋通則》（簡稱《2000年通則》）、《2010年國際貿易術語解釋通則》（簡稱《2010年通則》）和《跟單信用證統一慣例》（2007年修訂本，國際商會第600號出版物，又稱為UCP600）等。

三、國際貿易公約的性質

（一）對締約國的約束性和公眾約定性

國際貿易公約對締約國來說雖然有約束力，但它的適用不是強制性的，而是訂約單位或訂約人自願協商締結公共約法。在某些情況下，有的國際條約（或公約）只有在當事人之間的法律行為予以採用時，才適用於當事人之間的法律關係。例如《1980年聯合國國際貨物買賣合同公約》第六款規定：「雙方當事人可以不適用本公約，或者在第十二條規定的條件下，減損本公約的任何規定或改變其效力。」

（二）長期適用性

國際貿易公約所涉及的內容一般都具有長期的穩定性，因而國際貿易公約也具有長期適用性，不會在短時間之間內就因為時過境遷而成為廢文。制定國際貿易公約時應該充分考慮到這一點，要選擇大家共同關心的、有長期意義的原則性事項寫入公約。如果發現原有的公約已經過時，則要討論制定新的國際貿易公約來取代它。

（三）集體監督性

國際貿易公約一經公眾認定，就是訂約人的行為和道德規範，每個人都有履行公約的義務，不得違反。同時，它也是人們互相監督的依據，每個人也都有以公約為準則監督別人的義務。一旦發現有違背公約的行為，大家都有權進行批評和譴責。

四、國際貿易慣例的性質

（一）國際貿易慣例的準法律性

不管是過去還是現在，儘管國際貿易慣例在商業社會中發揮著特殊的作用，但是它始終未被普遍接受為法律，不具備當然的、一般的法律拘束力。但是，就國際貿易的實際（立法與仲裁、訴訟等）而言，國際貿易慣例已打破了傳統的「任意性

國際貿易慣例與公約

規範」的框框步入到「準強制規範」的階梯，在有條件下，會產生法律約束力，對當事人具有強制性。

1. 通過國內立法，將國際貿易慣例引入國內法中，或者在國內法明文規定適用國際慣例

例如，中國《民法通則》、《海商法》等法律都規定，在中國締結或參加的國際條約、公約沒有規定的情況下，可以適用國際貿易慣例。該條例的規定確立了國際貿易慣例的法律效力，為我們在對外貿易的活動中，在一定的條件下援用國際貿易慣例提供了法律依據。這實際上是有條件地承認了國際貿易慣例的國內法效力。

2. 通過國際立法，將國際貿易慣例引入公約或條約中

如果一個國家參加了某項國際公約或者條約，那麼條約的內容必須遵守；若國際貿易慣例成為條約的一部分，那麼該國家也應遵守該慣例。此外，在國際貿易中，有時還可以推定當事人以默示方式選擇適用某項國際貿易慣例，此時，該慣例被視為具有約束力。如《聯合國國際貨物銷售合同公約》明確規定，當事人在合同中沒有排除適用的慣例，或雙方當事人已經知道或理應知道的慣例，以及在國際貿易中被人們廣泛採用和經常遵守的慣例，即使當事人未明確同意採用，也可作為當事人默示同意的慣例，因而該慣例對雙方當事人具有約束力。由此可見，國際貿易貿易慣例的地位與效力得到了充分的肯定。

3. 通過合同，在合同中直接引用某一國際貿易慣例

這是最常見的適用國際貿易慣例的情況。如果貿易雙方當事人在簽訂合同時，同意對某一問題適用某項國際貿易慣例，並將該慣例引入合同，則該慣例就成為合同的有效組成部分，即合同的條款之一。此時，該慣例對雙方當事人就具有了強制性的約束力，任何一方違反該慣例的有關規定，都構成違約，要承擔相應的法律責任。《華沙—牛津規則》在總則中說明，這一規則供交易雙方自願採用，凡明示採用《華沙—牛津規則》者，合同當事人的權利和義務均應援引本規則的規定辦理。經雙方當事人明示協議，可以對本規則的任何一條進行變更、修改或增添。如本規則與合同發生矛盾，應以合同為準。凡合同中沒有規定的事項，應按本規則的規定辦理。在《美國對外貿易定義1941年修正本》中也有類似規定：「此修訂本並無法律效力，除非有專門的立法規定或為法院判決所認可。因此，為使其對各有關當事人產生法律上的約束力，建議買方與賣方接受此定義作為買賣合同的一個組成部分。」國際商會在《2000年通則》的引言中指出，希望使用《2000年通則》的商人，應在合同中明確規定該合同受《2000年通則》的約束。

(二) 國際貿易慣例的國際性

國際貿易慣例的國際性主要體現為它通行於整個世界，為不同國家與地區的商人所採用。它是國際商業社會在與國家無原則性利害關係的任意法規範的領域中，自發地發展起來的一種調整國際商事貿易關係的行為規範，它對於整個國際商業而言，有著雖不完全卻很特殊的法律約束力。

第一章　國際貿易慣例與公約概述

(三) 國際貿易慣例的自治性

國際貿易慣例之所以被認為有別於國際公法和國內法的「國際性」，其關鍵就在於它是自治性質的規範。國際貿易慣例本身就是掙脫國內法的束縛，來謀求一種符合自己的需要的規範體系的產物。國際貿易慣例的自治性主要表現在以下幾方面：

首先，從制定程序來看，它既不是國家機關制定或頒布的，也不是外交會議上各國代表簽署后經過國內批准而生效的。它是在國際商業社會的貿易實踐中自發形成，並經過商業團體予以條理化、系統化的產物。它的整個形成過程是依賴商業社會自身的力量，而不是國家、政府的支持。

其次，從其內容來看，它是在與國家無原則利害關係的領域中發展起來的，反應了國際貿易的一般規律，規範國際商事交易行為的規範；而不是國家強加給國際商業社會的法律規範。

最後，從國際貿易慣例的實施來看，國際貿易慣例最後必須借助國家公權力才能徹底實現，但大多數適用國際貿易慣例的仲裁裁決都是得到當事人自願執行的，此乃國際貿易慣例自治性在程序上的必然表現。

(四) 國際貿易慣例的任意性

國際貿易慣例多為任意性規範，由雙方當事人按照意思自治原則，在協商的基礎上選擇適用，而且可以排除或改變其中的部分規定。國際貿易慣例具有協議的性質，只有在當事人明示或默示同意採用時，才具有約束力。國際貿易慣例中除了一小部分被國內立法吸收，被賦予了強制性效力外。

總而言之，國際貿易慣例是具有法律地位的貿易規則，並在一定條件下產生法律效力。但是，國際貿易慣例的內容明確具體，形式簡練，有利於買賣雙方提高訂約效率，降低訂約成本，而且國際貿易慣例在世界範圍內廣泛適用，得到國際社會的公認，可以克服國際貿易在適用法律上的障礙。同時，國際貿易慣例是伴隨長期的國際實踐中形成的，並隨著國際貿易的不斷發展而不斷完善。因此，目前許多國際貿易慣例已被各國實際上所接受，彌補了各國法律不完全統一的缺陷，現已成為國際貿易法律的重要淵源之一。

五、國際貿易慣例與公約的關係

在現代國際貿易法律統一化的過程中，國際貿易慣例與國際立法是相輔相成的，而且，國際貿易慣例在貿易業務中往往比國際立法更具影響力，能發揮更大的作用。因為，隨著現代國際經濟和貿易的發展，國際貿易業務不斷迅速發展和變化，尤其是隨著通訊技術的變革，貿易過程不斷縮短，手續更加簡便，要使國際立法經常、及時並相應地對國際貿易慣例進行修訂、補充或編纂，卻是比較容易做到的。此外，隨著現代科學技術的迅猛發展，高科技新產品不斷湧現，因而國際貿易商品的種類以及某些商品的交易技術也日趨多樣化、複雜化。這不僅無法通過國際立法為國際

國際貿易慣例與公約

間的商品交易制定出具體的、廣泛適用的實體法規,而且,在交易雙方當事人所訂立的貿易合同中也無法將交易雙方的權利和義務及交易中的各種技術問題詳盡地加以約定。因此,現代國際貿易中的上述問題則更多地需要利用國際貿易慣例、習慣以及交易雙方之間所確立的習慣做法來處理和解決。

正是由於上述原因,國際貿易慣例、習慣及習慣做法長期以來一直受到世界各國政府和國際組織的高度重視,並將貿易慣例、習慣及習慣做法的效力以法律規範的形式明確地規定於有關國家的國內法之中或國際公約的條文之中。例如,中國《民法通則》第一百四十二條第三款規定:「中華人民共和國法律和中華人民共和國締結或參加的國際條約沒有規定的,可以適用國際慣例。」《美國統一商法典》第一條至第二百零五條(3)節規定:「貿易慣例賦予協議特定含義,對協議條件加以補充或限制。」《日本商法》第一篇第一條規定:「關於商事,本法沒有規定的,適用商業習慣法;沒有商業習慣法的,適用民法。」德國制定的《國際商業合同法典》、捷克制定的《國際貿易法典》等國家的國內法都明確規定採用國際貿易中普遍承認的原則和慣例、習慣做法。其中,捷克的《國際貿易法典》第一百一十八條規定:「凡屬合同中沒有包括的權利和義務,則依本法典的條款和國際上普遍承認的慣例,但后者不得違反合同內容和本法典的強制性規定。」

1988年生效的《聯合國國際貨物買賣合同公約》是目前關於國際貨物買賣的一項十分重要的統一的實體法國際公約,它為國際貿易創造了更加良好的法律環境。中國政府已核准了該公約,並向聯合國秘書長交存了核准書。作為該公約的締約國,中國有義務執行其各項規定。但必須指出的是,公約的適用不具有強制性,即當事人可以在一定條件下排除公約的適用,也可以消減或改變公約的任何規定的效力。也就是說,即使買賣雙方當事人的營業地分別處於兩個不同的締約國,但當事人完全可以在買賣合同中約定不適用該公約而規定以公約以外的其他法律作為合同的準據法。

如果雙方當事人所訂立的國際貨物買賣合同將該公約作為其合同的準據法,同時合同中又採用了某項國際貿易慣例、習慣或習慣性做法,那麼,此種情況下應如何處理兩者之間的關係,即貿易慣例等在合同中的效力如何?

《聯合國國際貨物買賣合同公約》(以下簡稱「公約」)主要在第八條和第九條中對國際貿易慣例等的效力問題作出了明確的規定。

該公約的第八條包括了三個條款,其中第三款規定:「在確定一方當事人的意旨或一個通情達理的人應有的理解時,應適當考慮到與事實有關的一切情況,包括談判情況、當事人之間確立的任何習慣做法、慣例和當事人的其后的任何行為。」該條款清楚地表明:在確定當事人一方在訂立合同中的意圖時,不應僅以當事人所使用的文字或所作行為的表面意義為限,對於與合同有關的所有情況,其中包括雙方當事人所採用的貿易慣例,應予以適當考慮。換言之,在解釋當事人的意圖時應採取主觀與客觀並重的原則,主觀標準上還應覆蓋著客觀標準,既要弄清當事人雙

第一章 國際貿易慣例與公約概述

方所約定的合同條款文字的含義,又要適當考慮一切其他事實和情況(包括所採用的慣例)。

從上述分析可以看出,公約要求解釋當事人的意圖應考慮與合同相關的國際貿易慣例的效力,按照這一原則和標準處理合同爭議,有利於問題的正確處理和妥善解決。

如果雙方當事人在合同中明示、默示同意某項貿易慣例,那麼,是否應該依據該貿易慣例來解釋當事人的意圖?即雙方當事人同意的貿易國慣例在合同適用公約的前提下其效力如何?公約在其第九條對此有所規定。

該公約在其第九條第一款首先規定;「雙方當事人業已同意的任何慣例和他們之間確立的任何習慣做法,對雙方當事人均有約束力。」該款的中心含義是賦予貿易慣例和習慣做法以法律效力,即確認了當事人同意的貿易慣例和習慣做法具有約束力。應注意的一點是,上述慣例和習慣做法既可以是口頭的,也可以是書面的方式同意的任何與交易有關的慣例和習慣做法。公約第九條所指的慣例,其標準並不很嚴格,它並不要求一定是國際組織(包括正式的或非正式的)制定的,只要由某一機構制定,具有規範性和確定性即可。

該公約第九條在承認當事人之間確立的貿易慣例對雙方具有約束力的同時,也同樣承認習慣做法(Practices)對雙方具有法律效力。習慣做法是交易中重複出現的行為,是當事人之間所建立的一種交易默契。在特定的交易中,當事人之間已建立的習慣做法,會自動產生約束力,除非當事人明確及時地否認這種重複行為,否則,它已變成合同所蘊含的當事人可以做出該行為或不做出該行為或要求對方做出或不做出該行為的一項權利。某一習慣做法能否被認為已經在當事人之間確立還應該視具體情況而定,但有一點可以肯定,即先前交易中僅出現過一次的做法不足以構成習慣性做法。

該公約在第九條第二款又規定:「除非另有協議,雙方當事人應視為已默示同意對他們的合同或合同的訂立應適用雙方當事人已經知道或理應知道的慣例,而這種慣例,在國際貿易中,已為有關特定貨物所涉及的同類合同的當事人所廣泛知道並為他們所經常遵守。」該款的中心含義是,雙方默示同意的慣例推定適用於買賣合同,但這種推定適用的貿易慣例必須具備下列條件:

第一,它必須是當事人在合同中沒有排除適用的貿易慣例。公約第九條的規定充分體現了當事人「意思自治」和「契約自由」的精神和原則。一項慣例的效力其先決條件是當事人明示同意採用,但只要雙方沒有明示排除其適用,同樣可以推定其默示同意適用。另外,在公約看來,某項規則客觀上能否被稱為慣例並不重要,有些目前可能在較少範圍內採用的規則,如《電子跟單信用證統一慣例》(eUCP)、《電子提單規則》和《海運單統一規則》等一系列準則,只要沒有被當事人明示排除其適用,也可推定其適用,因而同樣具有慣例的性質和效力。當事人可以明示約定,也可以被推定默示約定任何一項慣例的適用,包括當事人從未涉足過的某一領

9

國際貿易慣例與公約

域的慣例，或即使那些不規範的「慣例」也未嘗不可。例如，有些買賣合同仍然使用「C&F」，甚至將「C&F」寫成「CNF」等，都被推定是默示同意適用INCOTERMS中的CFR，應受INCOTERMS2010的約束，除非當事人有相反的約定。

第二，它應屬於當事人已經知道或理應知道的貿易慣例。這是界定貿易慣例的主觀標準，它要求一項規則作為貿易慣例被採用，應為當事人合理預見的、已經知道或應該知道的。這一點在決定當事人是否默示同意採用一項慣例時尤為重要。主觀標準是從分析當事人主觀狀態來看他是否同意採用一項慣例，並不依賴於當事人是否實際知道或瞭解慣例的內容，而應結合當事人的地位、職業狀況分析，推定他應該知道一項慣例或其內容，就可以推定其默示地同意採用該項慣例。例如，一個從事多年國際貿易業務的公司或企業，應被視為知道或瞭解INCOTERMS、UCP500等貿易慣例。

第三，它必須是在國際貿易中已為特定交易所涉及的某一類合同當事人廣泛知道和經常遵守的慣例。這是認定貿易慣例的客觀標準，是前項的補充。有些貿易規則可能不被一般商人廣泛瞭解，但從事特定交易的商人應該瞭解，它同樣也可以成為貿易慣例。例如，穀物、羊毛、棉花、礦產品等交易顯然不同於成套設備交易，它們各自受其交易慣例的影響。從事某些特定交易的當事人應瞭解這些特定交易的規則、標準等，在此意義上，如果純粹的地方性或一個國家的規則或標準既被某一地方的或國內的商人，又被外國商人所經常遵守，則它們也屬於國家貿易慣例。因此，公約第九條所指的慣例或習慣做法不限於國際性的或由國際組織制定的，它是廣義上的國際貿易慣例。

綜上所述，公約第八條要求解釋當事人的意圖可以考慮貿易慣例；第九條強調當事人同意的貿易慣例具有約束力。總之，國際貿易慣例（包括習慣做法）在調整國際貨物買賣合同關係中具有重要作用，它可以擴展合同調整範圍，補充合同條款的不足，有助於當事人迅速達成交易或及時解決交易爭端。現代國際貿易要求快捷迅速，當事人沒有足夠的時間考慮和處理合同的許多細節問題。即使有充足的準備，預見到可能出現的問題，但將所有問題都拿到談判桌上協商既不現實，又會面臨極大阻礙，甚至達不成交易，失去商機，因此，有經驗的貿易商只能就主要交易事項進行協商，合同未作約定的，留待以後按照貿易慣例處理，這是明智的有效率的做法。《聯合國國際貨物買賣合同公約》本身也需要隨著客觀形勢的發展要求進行不斷完善，但由聯合國機構組織大規模修改會面臨許多困難；另外，公約關於貨物買賣合同中權利、義務的規定許多是概括性、原則性的，它需要更具體化、操作性的規範，以適應不同性質的商品交易，這些問題通過適用貿易慣例可以在相當程度上得以解決。正是因為如此，INCOTERMS、UCP、URC等國際貿易慣例與規則不斷更新修改，有效地適應了發展變化的國際貿易的需求。

第一章　國際貿易慣例與公約概述

● 第三節　慣例與公約的作用

　　國際貿易慣例是在長期的國際實踐中形成的，並且隨著形勢的變化和發展，得以不斷完善，其內容已達到相當高度的統一。但各國關於國際貿易的法律並不完全統一，甚至差異較大。因此，許多國際貿易慣例已被各國商人廣泛接受，並在國際貿易中發揮了極大的作用。

一、國際貿易慣例為不同國家的當事人進行國際貿易活動提供了一個可供選擇的統一的行為標準

　　到目前為止，各國法律仍存在較大差別，雖然國際社會不斷努力縮小這種差別，但要達到統一的目標，路程還很遙遠。如，英美法系和大陸法系在關於貨物買賣中的所有權轉移時間、界限以及貨物風險轉移的時間和界限等問題的差別短期內難以統一。在這種情況下，合同當事人都不願使合同受對方或他國法律管轄，因而有可能阻礙合同的訂立。如果雙方當事人都同意放棄使用本國法律而採用某項國際貿易慣例，既可使分歧消除，又可以使合同不受其他國家法律制約，從而起到促進交易順利開展的作用。

　　國際貿易慣例是超越於國家之外的一種行為規制，是商人們在長期的國際貿易實踐中為了避免各國法律規定的分歧而採用並不斷累積起來的。國際貿易各方都樂意採用，說明其比較公平、合理。在國際交往中，適用國際貿易慣例可以協調各種矛盾，避免貿易糾紛，有利於促進國際貿易活動的順利開展。

二、國際貿易慣例可以作為裁決或判決的依據

　　通常買賣合同應盡可能將交易的主要事項加以約定，但因種種原因，合同不可能面面俱到。如果貿易雙方當事人在合同中對某一（些）問題沒有作出明確具體的約定，如交貨時間、開立信用證的時間等，同時又未訂明合同採用的慣例，在履行合同的過程中，恰巧在這些方面出現了爭議或糾紛，同時也無法從合同所適用的法律中找到依據時，則有關仲裁或法院往往會引用具有一定影響性的國際貿易慣例作為裁決或判決的依據來解決貿易當事人之間的爭議或糾紛。現在許多國家的仲裁或法院在可能的情況下，寧願適用國際慣例，而盡可能不適用外國法。

 思考題

1. 什麼是國際貿易慣例？有哪些特點？
2. 什麼是國際貿易公約、其性質如何？

11

國際貿易慣例與公約

3. 試分析國際貿易慣例和國際貿易公約的相同點與不同點。
4. 如何理解國際貿易慣例的性質?
5. 比較習慣做法與國際貿易慣例的區別。
6. 國際貿易慣例與公約在國際貿易中的作用體現在哪些方面?

第二章　國際貿易術語慣例

一、貿易術語的含義

國際貿易線長、面廣、環節多、風險大，因此在將貨物由賣方交付買方的過程中，將會涉及許多問題。他們之間的責任劃分顯得十分困難和複雜。而這些責任的劃分概括起來，至少涉及以下三個方面：

（1）哪些手續（formalities）應由賣方負責辦理，哪些手續應由買方負責辦理。

（2）哪些費用（costs）包括在售價中由賣方負擔，哪些費用應由買方負擔。也就是合同所使用的價格的構成。

（3）賣方應負擔貨物的風險（risk）到何時為止。也就是從何時起，貨物發生損失或風險應由買方負責。

具體地說，以上內容除風險劃分外，還包括租船訂艙（charter or booking space）、裝卸貨（load and unload）、辦理保險（effect insurance）、申領進出口許可證（file an application for import and export licence）和報關（apply to the customs）、運費（freight）、保險費（insurance premium）和稅金（duty）等費用。

針對這些內容，如果每次交易中，都要求買賣雙方通過反覆磋商加以明確，不僅將耗費大量的時間和費用，而且還將影響到交易的達成，阻礙國際貿易的發展。為此，在長期的國際貿易實踐中，各種不同的為買賣雙方所熟悉的國際貿易術語便產生了。通過使用這些語，可以較方便地明確買賣雙方承擔以上責任的劃分，促進交易的達成和交易的開展。

貿易術語（Trade Terms），亦稱價格術語或貿易條件，是用一個簡短的概念或外文縮寫來表明商品的價格構成，成交貨物的交接地點，買賣雙方各自應負的責任、費用和風險。它是國際貿易商品價格的一個組成部分。

國際貿易慣例與公約

貿易術語是國際貿易發展到一定歷史階段的產物，它隨著國際貿易，特別是國際運輸、保險及通訊事業的發展而發展變化。最初，這些貿易術語是不成文的，各國各地區乃至各行業的解釋也不完全一致，這種情況對國際貿易的發展極為不利。后來一些國家和國際上的某些組織和工商團體對這些術語加以整理，給它以統一的解釋，從而使它為國際貿易界所承認和採用，形成了以國際貿易術語為內容的國際慣例。

二、貿易術語在國際貿易中的作用

貿易術語是在國際貿易長期實踐中逐漸形成的，它的出現又對國際貿易的發展產生了促進作用。具體來講，貿易術語的作用可以歸結為以下四個方面：

（一）有利於買賣雙方洽商交易和訂立合同

由於每種貿易術語都有其特定的含義，因此，買賣雙方只要商定按何種貿易術語成交，即可明確彼此在交接貨物方面所應承擔的責任、費用和風險。這就簡化了交易手續，縮短了洽商交易的時間，從而有利於買賣雙方迅速達成交易和訂立合同。

（二）有利於買賣雙方核算價格和成本

由於貿易術語是表示商品價格構成的因素，所以，買賣雙方確定成交價格時，必然要考慮採用的貿易術語中包含哪些從屬費用，這就有利於買賣雙方進行比價和加強成本核算。

（三）有利於買賣雙方解決履約當中的爭議

買賣雙方商訂合同時，如某些合同條款規定不夠明確，致使履約當中產生爭議不能依據合同的規定解決，在此情況下，可以援引有關貿易術語的一般解釋來處理。因為，貿易術語的一般解釋已成為國際慣例，它是大家所遵循的一種類似行為規範的準則。

（四）有利於其他有關機構開展業務活動

有關機構開展業務活動離不開船公司、保險公司和銀行等機構，而貿易術語及有關解釋貿易術語的國際慣例的出現，便為這些機構開展業務活動和處理業務實踐中的問題提供了客觀依據和有利條件。

第一節 2010 年國際貿易術語解釋通則

一、《2010 年國際貿易術語解釋通則》概述

《國際貿易術語解釋通則》（International Rules for the Interpretation of Trade Terms）是有關國際貿易術語方面包括內容最多、影響範圍最廣的一種慣例。它是國際商會於 1936 年制定的，后經 1953 年、1967 年、1976 年、1980 年、1990 年、

第二章　國際貿易術語慣例

2000年、2010年七次修訂,最新的修訂本是2010年頒布並於2011年1月1日起實施的。其中《2000年國際貿易術語解釋通則》和《2010年國際貿易術語解釋通則》對國際貿易影響較大。我們將針對《2010年國際貿易術語解釋通則》進行詳細的解讀。

《2010年國際貿易術語解釋通則》共有11種貿易術語,按照所適用的運輸方式劃分為兩大類:

第一類,適用於任何運輸方式的術語七種:EXW、FCA、CPT、CIP、DAT、DAP、DDP。

EXW:Ex Works(…named place)工廠交貨(指定地點)

FCA:Free Carrie(…named place of delivery)貨交承運人(指定交貨地)

CPT:Carriage Paid To(…named place of destination)運費付至(指定目的地)

CIP:Carriage and Insurance Paid To(…named place of destination)運費、保險費付至(指定目的地)

DAT:Delivered At Terminal(…named place of destination)運輸終端交貨(指定目的港或目的地)

DAP:Delivered At Place(…named place of destination)目的地交貨(指定目的地)

DDP:Delivered Duty Paid(…named place of destination)完稅後交貨(指定目的地)

第二類,適用於水上運輸方式的術語四種:FAS、FOB、CFR、CIF。

FAS:Free Alongside Ship(…named port of shipment)裝運港船邊交貨(指定裝運港)

FOB:Free On Board(…named port of shipment)裝運港船上交貨(指定裝運港)

CFR:Cost and Freight(…named port of destination)成本加運費(指定目的港)

CIF:Cost,Insurance and Freight(named port of destination)成本、保險費加運費(指定目的港)

二、在出口國交貨的貿易術語

在國際商會《2010年國際貿易術語解釋通則》歸納的11種貿易術語中,E、F、C三組為出口國交貨的貿易術語,現分述如下:

(一)E組

本組只有一個貿易術語,即EXW　Ex Works(…named place)工廠交貨(指定地點)

本條規則與(當事人)所選擇的運輸模式無關,即便(當事人)選擇多種運輸

國際貿易慣例與公約

模式，亦可適用該規則。本規則較適用於國內交易，對於國際交易，則應選 FCA「貨交承運人（……指定地點）」規則為佳。

這一貿易術語的含義是指賣方在其所在地或指定地點的工廠，在合同規定的日期或期限內，將符合合同規定的貨物交給買方處置時，即完成交貨。該術語是 11 種貿易術語中賣方承擔義務最少的術語。雙方應盡可能明確地指定貨物交付地點，因為此時（交付前的）費用與風險由賣方承擔。買方必須承擔在雙方約定的地點或在指定地受領貨物的全部費用和風險。

採用此種貿易術語成交，除非合同另有規定，賣方不負責將貨物裝上買方備妥的運輸工具、辦理出口報關手續，買方需自行負責取得出口許可證或其他官方批准文件，辦理貨物出口報關手續，並承擔賣方交貨后的一切貨物風險及有關費用。因此買方在不能直接或間接地辦理出口手續的情況下，則不應使用本術語。

（二）F 組

本組包括三個術語，貨交承運人（FCA）、船邊交貨（FAS）、船上交貨（FOB）。按這三種貿易術語簽訂的合同，均屬於裝運合同。它們的共同點是：由買方簽訂運輸合同並指定承運人，賣方辦理出口報關手續，並在裝運港或啓運國的約定地點將貨物交付給買方指定的承運人；所不同的是：①在 FCA 術語下，賣方的交貨地點是承運人所在地，風險的劃分是以貨交承運人為界；而在 FAS 和 FOB 術語下，賣方的交貨地點是裝運港，風險的劃分是分別以船邊和船上為界。②FCA 適用於任何運輸方式，而 FAS 和 FOB 僅適用於水上運輸方式。

1. FOB　Free On Board（…named port of shipment）裝運港船上交貨（指定裝運港）

這一術語的含義是賣方在指定的裝運港按約定日期將貨物裝上買方指定的船只上，或購買已如此交付的貨物即履行了交貨義務，賣方負擔貨物裝上船前的費用和風險。這一術語僅適用於水上運輸方式。

賣方被要求將貨物交至船只上或者獲得已經這樣交付裝運的貨物。這裡所謂的「獲得」迎合了鏈式銷售，在商品貿易中十分普遍。

FOB 不適用於貨物在裝船前移交給承運人的情形。比如，貨物通過集裝箱運輸，並通常在目的地交付。在這些情形下，適用 FCA 的規則。

在適用 FOB 時，賣方負責辦理貨物出口清關手續。但賣方無義務辦理貨物進口清關手續、繳納進口關稅或是辦理任何進口報關手續。

根據《2010 年國際貿易術語解釋通則》的規定，按 FOB 術語達成的交易，買賣雙方各自承擔的義務如下：

賣方的義務：

（1）自負風險和費用，取得出口許可證或其他官方文件，並辦理出口所需的一切手續。

（2）負擔在指定裝運港將貨物放置於買方指定船舶上為止的一切風險和費用。

16

第二章 國際貿易術語慣例

（3）在合同規定的日期或期限內，將符合合同規定的貨物交至指定的裝運港買方指定的船上，並及時通知買方。

（4）提供商業發票及證明已按合同履行交貨義務的通常單據或相等的電子數據交換資料。

買方的義務：

（1）自負費用，訂立將貨物自指定裝運港運至目的港的運輸合同，並及時通知賣方。

（2）負擔在指定裝運港將貨物放置於買方指定船舶上后的一切風險和費用。

（3）自負風險和費用取得進口許可證或其他官方文件，並辦理貨物進口及必要時經由另一國過境運輸的一切海關手續。

（4）接受符合合同規定的單據和貨物，並按合同規定支付價款。

FOB 術語是國際貿易中較為常用的，在採用此術語時應注意以下幾個問題：

第一，重視船貨銜接。

按 FOB 條件成交，買方負責租船或訂艙，並將船名和裝船日期及時通知賣方，而賣方負責在合同規定的時間和裝運港將貨物交至買方指定的船上，因而產生了船貨銜接問題。按照國際慣例，買方須在合同規定的期限內安排船只到合同規定的裝運港裝貨，如果船只按時到達裝運港，而賣方貨物仍未備妥，則賣方應承擔由此而造成的空艙費和滯期費。相反，如果買方派船遲延，由此而引起的賣方倉儲等費用支出的增加，以及因延收貨款而造成的利息損失，均由買方負擔。所以，以 FOB 術語成交，買賣雙方對船貨銜接問題需高度重視，除了在合同中應作明確規定外，還應在簽約后加強聯繫，緊密配合，以防船貨脫節。

案例分析 2-1

中國 A 公司簽訂向韓國 B 公司出口飼料的合同。合同約定：A 公司交付 5 萬公噸飼料，FOB 大連，7 月 20 日前裝運，由於裝貨船舶延遲抵達而使賣方遭受的任何損失和額外費用由買方負擔。到 7 月，買方遲遲不派船，A 公司反覆催促，B 公司稱船源緊張，要求推遲 2 個月交貨。A 公司認為船源並不緊張，B 公司的理由不成立，不同意 B 公司的請求，並提前將貨物運至港口倉庫等待裝運，但 B 公司的船只到 7 月 20 日仍未到達。7 月 23 日夜，大連港遭特大風暴，存放在該港倉庫的 A 公司的貨物受損嚴重。A 公司即致電 B 公司，要求 B 公司賠償其經濟損失，包括貨損、倉儲費用等。B 公司回電稱，雙方簽訂的合同是 FOB 合同，貨物尚未裝船，風險尚未轉移，損失由 A 公司自負。A 公司遂按照合同約定申請仲裁。試問仲裁機構將如何裁決？

分析要點：依據 FOB 條件，買方有義務租船到約定的裝運港接運貨物。買方未能按期派船，按照合同約定屬違約，即使貨物尚未裝船，但貨物風險在裝運期（即

國際貿易慣例與公約

7月20日）滿之日起由賣方轉移至買方。風險已經轉移，所以B公司應賠償A公司的經濟損失。

第二，明確裝船費用的負擔。

裝船費用是指裝運港的裝船費及理艙和平艙費。在FOB術語下，如採用班輪運輸，則買方支付給班輪公司的運費中已含有裝船與卸貨費用，此時不需在合同中明確裝船費用的負擔問題。如果採用租船運輸，因租船公司收取的運費中不包括裝船與卸船費，所以，買賣雙方需就裝船費用的負擔問題進行磋商，並應在合同中用文字或用FOB術語的變形加以明確。

常見的FOB術語的變形有：

（1）FOB班輪條件（FOB Liner Terms），指裝船費用按班輪的做法辦理，即由支付費用的一方（買方）負擔。

（2）FOB吊鉤下交貨（FOB Under Tackle），指賣方僅負責將貨物置於輪船吊鉤可及之處，此后的裝船費用由買方負擔。

（3）FOB包括理艙（FOB Stowed），指賣方負責將貨物裝入船艙，並支付包括理艙費在內的裝船費用。

（4）FOB包括平艙（FOB Trimmed），指賣方負責將貨物裝入船艙，並支付包括平艙費在內的裝船費用。

（5）FOB包括理艙和平艙（FOB Stowed and Trimmed），指賣方負責將貨物裝入船艙，並支付包括理艙費和平艙費在內的裝船費用。

案例分析2-2

買賣雙方簽訂FOB Stowed合同，在新加坡某港裝貨，裝到一半時突然遇到臺風。為避免船舶之間發生碰撞，港口部門要求船舶離開泊位，到錨地避風。由於時間倉促，加上尚未裝完船，所以已上船的貨物未能放入船艙並加以整理，結果貨物在臺風中受到損失。對於這部分損失由誰承擔的問題，買賣雙方之間發生了爭議。

分析要點：在本案，雙方事先在合同中規定貨物交付適用FOB Stowed，賣方須負責將貨物裝入船艙並承擔包括理艙費在內的裝船費用。但未因此規定風險轉移的界限也隨之轉移，故仍然以貨物在裝運港裝上船為界劃分買賣雙方的風險。由於受損貨物已裝上船，所以貨物裝上船后所發生的一切風險都應由買方負擔。

第三，注意美國對FOB術語的獨特規定。

《美國對外貿易定義1941年修正本》把FOB術語細分為6種，其中只有FOB Vessel與《2010年國際貿易術語解釋通則》中的FOB術語含義相近。但是，美國定義修正本對買賣雙方在責任與費用的劃分方面與《2010年通則》有不同解釋。按定義修正本的規定，FOB Vessel的買方須自負費用取得出口許可證，並支付出口關稅及其他捐稅。而按《2010年通則》的規定，FOB賣方必須取得出口許可證，辦理出

第二章　國際貿易術語慣例

口報關手續,並支付辦理上述事項所需費用及出口關稅、捐稅。因此,中國企業在與美國和其他美洲國家的出口商按 FOB 術語簽訂合同時,除應在 FOB 術語後加上輪船(Vessel)字樣外,還應明確由賣方自負費用取得出口許可證,並支付出口關稅及與出口有關的各種捐稅。

案例分析 2-3

某公司從美國進口特種異型鋼材 200 公噸,每公噸按 900 美元 FOB Vessel New York 成交,支付方式為即期 L/C 並應於 2 月 28 日前開達,裝船期為 3 月份。我方於 2 月 20 日通過中國銀行開出一張 18 萬美元的信用證。2 月 28 日美商來電稱:「信用證金額不足,應增加 1 萬美元備用。否則有關出口稅捐及各種簽證費用,由你方另行電匯。」我方接電后認為這是美方無理要求,隨即回電指出:「按 FOB Vessel 條件成交,賣方應負責出口手續及費用,這在《2010 通則》中已有規定。」美方回電:「成交時未明確規定按《2010 通則》辦理,應按我方商業習慣和《1941 年修正本》。」我方只好將信用證金額增加至 19 萬美元。本案雙方爭執的最終結果是:因此時國際市場鋼材價格上漲,我方又急需此批鋼材投產,只好同意美方的要求。

分析要點:本案問題出在我方業務員不瞭解美國的 FOB Vessel 與《2010 通則》中的 FOB 的不同之處,不瞭解兩者在出口清關手續及費用負擔上的區別。FOB Vessel 規定,應由買方支付出口捐稅及各種簽證費用。在實踐中,買方如不想承擔上述費用,應在合同中明確規定「FOB NEWYORK Subject To INCOTERMS」。

2. FCA Free Carrie（…named place of delivery）貨交承運人（指定交貨地）

這一術語的含義是賣方負責辦理貨物的出口手續,在指定地點將貨物交給買方指定的承運人,即完成交貨義務,賣方應負擔在此之前的一切費用和風險。這一術語適用於任何運輸方式。

「貨交承運人」是指賣方於其所在地或其他指定地點將貨物交付給承運人或買方指定人。建議當事人最好盡可能清楚地明確說明指定交貨的具體點,風險將在此點轉移至買方。

按《2010 年通則》的規定,FCA 術語買賣雙方的義務如下:

賣方的義務:

（1）自負風險和費用,取得出口許可證或其他官方文件,並辦理出口所需的海關手續,支付出口關稅和捐稅。

（2）負擔貨物在指定地點交給承運人前的一切風險和費用。

（3）在合同規定的期限內,將符合合同規定的貨物交給買方指定的承運人並通知買方。

（4）提供商業發票和有關證明已交付貨物的裝運單據或相等的電子數據交換

國際貿易慣例與公約

資料。

買方的義務：

（1）自負風險和費用，取得進口許可證或其他官方文件，並辦理貨物進口以及必要時經由另一國過境運輸的一切海關手續。

（2）指定承運人，自負費用訂立自指定地運輸貨物的合同，並及時通知賣方。

（3）負擔貨物在指定地點交給承運人監管后的一切風險和費用。

（4）接受符合合同規定的單據和貨物，並按合同規定支付價款。

此外，《2010年通則》還就 FCA 的賣方應如何完成向承運人的交貨義務作了詳細規定：

（1）如果指定地點是在賣方的場所，當貨物裝上買方或買方代理人指定的承運人提供的運輸工具時，交貨即告完成。

（2）如果指定地點是在賣方場所之外，當貨物交由買方指定的或賣方選擇的承運人或另一人支配，且沒有卸離賣方的運輸工具時，交貨即告完成。

（3）如果沒有約定指定地的具體地點，並且有幾個地點可供使用，賣方可選擇在指定交付地範圍內的最適合其意圖的地點交貨。

使用 FCA 貿易術語應注意的問題：

第一，關於交貨地點問題。

若在賣方所在地交付，賣方負責把貨裝上買方指定的承運人提供的運輸工具上；

若在賣方所在地以外的其他地方交付，賣方只需將貨物運交給承運人，在自己所提供的運輸工具上完成交貨義務，而無須負責卸貨。

如果在約定地點沒有明確具體的交貨點，或有幾個交貨點可供選擇，賣方可以從中選擇其認為完成交貨義務最適宜的交貨點。

案例分析 2-4

日本 A 公司從中國 B 公司進口蜂蜜 1000 公噸，合同約定採用 FCA 術語，合同約定交貨地點為 B 公司所在地，5月份裝運。5月18日，A 公司派承運人到 B 公司所在地提貨，B 公司已將蜂蜜裝箱完畢並放置在臨時敞篷中。A 公司承運人由於人手不夠，要求 B 公司幫助裝貨。B 公司認為依國際慣例，貨物已交 A 公司承運人照管，自己已履行完合同項下的義務，故拒絕幫助裝貨。A 公司承運人無奈返回。2日后，A 公司再次組織人手到 B 公司所在地提貨。但是在貨物堆放的2天裡，因為大雨，貨物部分受損，A 公司遂向 B 公司索賠。

分析要點：本案中，買賣雙方採用 FCA 術語，交貨地點在賣方所在地，賣方應負責將貨物裝上買方指定的承運人所安排的交通工具上，才算完成交貨義務。由於 B 公司人員拒絕履行裝貨義務，致使貨物滯留在其所在地，這是一種違約行為。因此，對於 A 公司的損失，B 公司應該賠償。

第二章　國際貿易術語慣例

第二，FCA 術語下的承運人。

如買方指定承運人以外的人領取貨物，賣方將貨物交給此人時，即視為已履行交貨義務。

案例分析 2-5

我某出口企業按 FCA Shanghai Airport 條件向印度某進口商出口手錶一批，貨價 5 萬美元，交貨期為 8 月份，自上海空運至孟買。支付條件為：買方憑航空公司空運到貨通知即期全額電匯貨款。我出口企業於 8 月 31 日將貨物運至機場由航空公司收貨並出具了航空運單。我方隨即向印度買方發去裝運通知。航空公司於 9 月 2 日將貨空運至孟買，並將到貨通知等有關單據送至孟買某銀行，該銀行立即通知印商來收取單據並電匯貨款。此時，國際市場手錶價格下跌，印商以我方交貨延遲為由拒絕付款提貨。我方堅持對方必須立即付款。雙方爭執不下。問：我方是否交貨延遲？買方是否應付款？

分析要點：我方沒有交貨延遲，買方應付款。因為：FCA 為貨交承運人術語，賣方的交貨義務是將貨物如期交給買方指定的承運人。賣方交貨後，即可憑承運人出具的運輸單據向買方收取貨款。本案例中，我方按期把貨物運至機場由航空公司收貨並出具了航空運單，完成了交貨義務。印商應向我方付款，向航空公司提出索賠。

3. FAS　Free Alongside Ship（…named port of shipment）裝運港船邊交貨（指定裝運港）

這一術語的含義是賣方應在合同規定的日期或期限內，將貨物交至裝運港買方指定的碼頭的船邊或駁船上，並負擔貨物運至船邊前的費用和風險。這裡的船邊是指買方指定的載貨船上吊鈎所及之處。如果買方指定的載貨輪船不能靠岸，賣方必須自負費用和風險，將貨物用駁船運至船邊。此術語僅適合於水上運輸方式。

FAS 術語的模式與 FOB 類似，主要區別是：在 FOB 條件下，買賣雙方責任、費用和風險的劃分是以貨物在裝運港裝上買方指定的船上為界，而在 FAS 條件下，則是以裝運港買方指定的載貨船的船邊為界。

（三）C 組

本組術語共有四個，它們是：成本加運費（CFR）、成本、保險費加運費（CIF）、運費付至（CPT）、運費、保險費付至（CIP）。按這四種術語簽訂的合同，也屬裝運合同。它們有共同之處：即賣方須自負費用訂立運輸合同，在出口國將貨物交給指定的承運人或裝上船，風險在出口國的交貨地點由賣方轉移給買方。所不同的是：(1) 在 CFR 和 CIF 條件下，賣方的交貨地點是在裝運港，風險的劃分是以貨物裝上船為界；而在 CPT 和 CIP 術語下，賣方的交貨地點是承運人所在地，風險的劃分是以貨交承運人為界。(2) 在 CFR 和 CPT 術語下，賣方須自負費用辦理運

輸事宜，而在 CIF 和 CIP 術語下，賣方則須自負費用辦理運輸和保險事項。
(3) CFR和CIF僅適用水上運輸方式，而 CPT 和 CIP 適用於任何運輸方式。

1. CFR　Cost and Freight（…named port f destination）成本加運費（指定目的港）

這一術語的含義是賣方在指定裝運港將貨物裝上船，或採購已如此交付的貨物，支付貨物運至指定目的港的運費，但自貨物在裝運港裝上船時，風險即由賣方轉由買方負擔。這一術語只適用於水上運輸方式。

根據《2010年通則》，CFR 術語買賣雙方各自承擔的義務是：
賣方的義務：
（1）自負費用和風險，取得出口許可證或其他官方文件，並辦理貨物出口所需的一切海關手續。
（2）訂立將貨物從指定裝運港運至目的港的運輸合同，並支付運費。
（3）在合同規定的日期或期限內，將符合合同規定的貨物裝上船，並通知買方。
（4）負擔在裝運港將貨物裝至船舶上為止的一切風險和費用。
（5）提供商業發票和符合合同規定的運輸單據或相等的電子數據交換資料。
買方的義務：
（1）自負風險和費用，取得進口許可證或其他官方文件，辦理貨物進口及必要時經由另一國過境的一切海關手續。
（2）負擔貨物自裝運港裝上船舶后的一切風險和費用。
（3）接受符合合同規定的單據和貨物，並按合同規定支付貨款。

在國際貨物買賣中，CFR 術語是使用較多的。在以該貿易術語成交時，應注意以下問題：

第一，明確卸貨費用由誰負擔。

在 CFR 術語下，賣方負責租船訂艙，支付運費，並將貨物裝上船，因此，裝船費用應由賣方負擔，至於卸貨費用由誰負擔並未明確。如果採用班輪運輸，因班輪公司所收運費中含有裝卸費，因此，卸貨費用實際上由賣方負擔。但在租船運輸情況下，租船公司所收運費中不含裝卸費，此時，買賣雙方必須在合同中明確卸貨費用的負擔問題，既可用文字作出具體規定，又可採用 CFR 術語的變形。

CFR 術語的變形有以下幾種：
（1）CFR 班輪條件（CFR Liner Terms），指如同班輪運輸那樣，卸貨費用由支付費用的一方（賣方）負擔。
（2）CFR 卸到岸上（CFR Landed），指賣方負擔將貨物卸到岸上的費用，包括駁運費和碼頭捐。
（3）CFR 吊鈎下交貨（CFR Under Tackle），指賣方負擔將貨物自艙底吊至船邊卸離吊鈎為止的費用。

第二章 國際貿易術語慣例

（4）CFR 艙底交貨（CFR Ex Ship Hold），指買方負擔將貨物由艙底卸到碼頭的費用。

第二，及時發出裝船通知。

採用 CFR 術語，賣方在裝運港將貨物裝上船后，須及時向買方發出裝船通知，以便買方及時辦理保險手續，並為在目的港接貨採取必要措施。如果賣方未及時發出裝船通知，致使買方未能及時投保，由此而給買方帶來的一切損失由賣方負擔。

案例分析 2-6

某市一進出口公司按 CFR 貿易術語與法國馬賽一進口商簽訂一批抽紗臺布出口合同，價值 8 萬美元。貨物於 1 月 8 日上午裝「昌盛輪」完畢，當天因經辦該項業務的外銷員工作繁忙，待到 9 日上班時才想起給買方發裝船通知。法商收到我裝船通知向當地保險公司申請投保時，該保險公司已獲悉「昌盛輪」已於 9 日凌晨在海上遇難而拒絕加保。於是法商立即來電表示該批貨物損失應由我進出口公司承擔並同時索賠 8000 美元，且拒不贖單。由於該法商是我方老客戶，經我方向其申述困難並表示歉意后也就不再堅持索賠，但我方錢貨兩空的教訓值得吸取。

分析要點：《2010 年通則》規定，按 CFR 條件成交，賣方必須給予買方貨物已裝船的充分通知。「充分」既指內容上的充分，也指時間上的充分，即賣方應及時發出裝船通知，以便買方有充分的時間為風險已轉移至買方的貨物投保。如賣方未盡到此義務，則應對由此產生的損失負責。此時，貨物雖裝上船，損失仍應由賣方負擔。

第三，正確理解 CFR 術語的性質。

首先，CFR 術語屬象徵性交貨。以 CFR 術語成交的合同，賣方在合同規定的時間內，將符合合同規定的貨物裝於運往指定目的港的船上，並取得裝運單據，即完成交貨義務，此后的一切風險由買方負擔，賣方並無義務必須將貨物安全運抵指定目的港。如果在採用此術語時，賣方被要求保證貨物安全送達或何時到貨作為收取貨款的條件，則該合同便不是一份真正的 CFR 合同。

其次，CFR 術語屬單據買賣。按 CFR 術語達成的交易，只要賣方提供的單據齊全和正確，買方必須接受單據和支付價款；即使在賣方提交單據時，貨物已經滅失或損壞，買方必須付款。但是，如果賣方提交的單據不齊全或不正確，即使貨物完全符合合同規定，買方也可拒付貨款，拒收貨物。

第四，慎重選擇承運人。

以 CFR 條件成交，由賣方負責租船訂艙，支付正常的運輸費用，但貨物運輸途中的風險卻由買方承擔，因此選擇好承運人對買方十分重要。如果賣方從自己利益出發，選擇運費報價最低，但信譽不佳的承運人來運輸貨物，就會給買方帶來很大的風險。採用 CIF 貿易術語對於買方也存在同樣的風險。所以在 CFR 或 CIF 條件

國際貿易慣例與公約

下，買方應該盡量和賣方協商選擇信譽好的承運人，以減少風險。作為買方如果進口貨物數量大、金額高，則應盡量採用 FOB 條件成交，以便自行指定承運人。

案例分析 2-7

我某外貿企業向國外一新客戶訂購一批初級產品，按 CFR 中國某港口、即期信用證付款條件達成交易，合同規定由賣方以程租船方式將貨物運交我方。我開證銀行也憑國外議付行提交的符合信用證規定的單據付了款。但裝運船只一直未到達目的港，后來經多方查詢，發現承運人是一家小公司，而且在船舶起航后不久已宣告倒閉，承運船舶是一條舊船，船貨均告失蹤。此系賣方與船方相互勾結進行詐騙，導致我方蒙受重大損失。試分析我方應從中吸取哪些教訓。

分析要點：我方應吸取以下主要教訓：①做進口業務時，客戶資信事關重大，按信用證支付時，開證行僅憑單據議付。與新客戶做大宗買賣，應對對方的資信作深入的調查瞭解，以防上當受騙。②CFR 條件是賣方租船，買方辦理保險，對買方來說有一定的風險。因此，對於大宗初級產品的進口交易，在正常情況下應爭取按 FOB 條件成交，必要時可指定裝運船只或所屬的船公司，以減少風險。

案例分析 2-8

日本一家出口商向中國某公司出口一批奶粉，按 CFR 條件成交。合同成立后，出口商租了某船公司的一條船裝運這批貨物，結果該船在運輸途中船公司破產，該船在加油時被船東的債主扣押，最后由法院將船舶拍賣，奶粉滯留中途港倉庫。進口商得知情況后，向出口商施壓，要求他完成貨運責任。出口商認為自己已經履行了合同，不願再次租船。

分析要點：CFR 條件下，買賣雙方風險轉移的界限是貨物在裝運港裝上船，因此運輸途中的風險應由買方承擔，其中包括運輸途中船東倒閉的風險，因為這是賣方無法預見和控制的意外事件，而且是在賣方完成其交貨義務之後發生的，所以，賣方確實沒有義務再次派船去運輸貨物。除非有證據證明，賣方在已經知道承運人即將破產的情況下，仍因為個人私利，與之簽訂合同，就違反了誠實信用原則，對於由此產生的后果不能免除責任。

2. CIF　Cost, Insurance and Freight（named port of destination）成本、保險費加運費（指定目的港）

這一術語的基本含義是賣方在指定裝運港將貨物裝上船，支付貨物自裝運港至指定目的港的運費和保險費，但風險自貨物在裝運港裝上船時即由賣方轉移給買方。它適用於水上運輸方式。

CIF 術語買賣雙方的義務與 CFR 術語相似，不同之處是：在 CIF 術語下，賣方自負費用辦理貨物保險，並向買方轉讓保險單；而在 CFR 術語下，是由買方辦理貨

第二章　國際貿易術語慣例

物運輸保險，並支付保險費。

採用 CFR 術語應注意的問題同樣適用於 CIF 術語。此外，採用 CIF 術語時，還應注意保險問題。在 CIF 合同中，賣方須自負費用辦理貨運保險，但貨物在裝運港裝上船起，風險就由賣方轉移到買方承擔，賣方對運輸中的貨物已不擁有可保利益，賣方是為買方的利益辦理貨運保險。也就是說，賣方投保實屬代辦性質。因此，雙方應就投保的險別和保險金額，事先予以磋商並在合同中作出明確規定，以免貨物遭到損失時因得不到應有的賠償而引起糾紛。如果合同中沒有明確規定，根據慣例，賣方只需按照貨物保險條款中最低責任的保險險別進行投保。

案例分析 2-9

中國某外貿公司按照 CIF 利物浦向英國某公司出口一批供應聖誕節的聖誕帽。由於該商品季節性強，雙方在合同中規定：「賣方保證載貨船只不遲於 12 月 1 日抵達目的港」，問這一合同是否還屬於 CIF 合同？

分析要點：該合同不屬於 CIF 合同。CIF 合同是裝運合同，不保證貨物按時到達。

案例分析 2-10

中國某公司以 CIF 漢堡價格條件向德國出口某商品，並對該批貨物投保了一切險。在載貨船舶抵達漢堡港前，船方獲悉漢堡港正在罷工，不能靠岸卸貨，於是便將貨物卸在漢堡港附近的一個港口。半個月後，漢堡港罷工結束，貨物又由該港轉運到漢堡港，但增加了 3300 歐元的費用。對於這筆額外費用的負擔問題，各方產生了爭議。

分析要點：中國某公司投保的一切險中不包括罷工險，所以保險公司對這筆損失自然不承擔責任。承運人船公司依據提單的免責條款也可以不負責任。賣方在 CIF 價格條件下負擔的是正常的運費，在貨物在裝運港裝上船後風險和費用都轉移出去了，不必再考慮到目的港前的任何偶然事件所引起的額外費用了。爭議的最終結果，3300 歐元只能由德方自己承擔了。

案例分析 2-11

中國某公司向荷蘭某公司出口一批凍雞，合同規定 CIF 阿姆斯特丹，80 公噸，信用證支付方式。賣方收到買方開來的信用證後，及時辦理裝運手續，裝船完畢獲得全套貨運單據後，擬向議付行辦理交單議付手續。此時，收到買方來電，得知載貨船只在航行途中遭遇意外事故，部分貨物受損的消息。問：①賣方可否及時收回貨款？②買方如何處理此事？

分析要點：①賣方可以及時收回貨款。CIF 貿易術語屬於象徵性交貨術語，其

國際貿易慣例與公約

特點是賣方憑單交貨，買方憑單付款。在本案中賣方及時辦理了裝運手續，並取得貨物單據，賣方完成了交貨義務，風險也轉移至買方，只要賣方提交的單據符合信用證的規定，賣方可以及時收回貨款。②在實際業務中，買方應及時與保險公司聯繫，憑取得的保險單及有關貨損證明向保險公司索賠，以補償貨物損失。

案例分析 2-12

中國大連某公司與韓國釜山某公司簽訂了進口 1000 公噸潤滑油的合同，合同規定採用 CIF 術語。韓方考慮到海上運輸距離較近，且最近海上天氣很好，於是在沒有辦理海運保險的情況下將貨物運至大連港。適逢國內潤滑油價格下跌，中國進口商便以出口方沒有辦理海運保險，賣方提交的單據不全為由，拒收貨物並拒付貨款。請問我方的做法是否合理，此案應如何處理？

分析要點：我方的做法是合理的。儘管我方的動機是由於市場行情發生了對其不利的變化，但是由於 CIF 貿易術語，可以要求賣方憑藉合格完全的單證完成交貨義務。本案中賣方沒有辦理海運保險，提交的單據少了保險單，即使貨物安全到達目的港，也不能認為其完成了交貨義務。

3. CPT　Carriage Paid To（…named place of destination）運費付至（指定目的地）

這一術語的基本含義是賣方支付貨物運至指定目的地的運費，在出口國的約定地點、規定日期或期限內，將貨物交給承運人，並負擔在此前的費用和風險。這一術語適用於任何運輸方式。

此規則有兩個關鍵點，因為風險和成本在不同的地方發生轉移。買賣雙方當事人應在買賣合同中盡可能準確地確定以下兩個點：發生轉移至買方的交貨地點；在其須訂立的運輸合同中載明的指定目的地。如果使用多個承運人將貨物運至指定目的地，且買賣雙方並未對具體交貨地點有所約定，則合同默認風險自貨物由買方交給第一承運人時轉移，賣方對這一交貨地點的選取具有排除買方控製的絕對選擇權。如果當事方希望風險轉移推遲至稍后的地點發生（例如：某海港或機場），那麼他們需要在買賣合同中明確約定這一點。

根據《2010 年通則》規定，CPT 術語買賣雙方的義務為：

賣方的義務：

（1）自負風險和費用，取得出口許可證或其他官方文件，並辦理出口所需的一切海關手續。

（2）訂立將貨物從裝運地運至指定目的地的運輸合同，並支付運費。

（3）在規定日期或期限內將符合合同規定的貨物交給承運人，並及時通知買方。

（4）承擔貨物交給承運人為止的一切風險和費用。

第二章　國際貿易術語慣例

（5）提供商業發票和證明已交貨的運輸單據或相等的電子數據交換資料。

買方的義務：

（1）自負風險和費用取得進口許可證，辦理貨物進口及必要時經由另一國邊境運輸的海關手續。

（2）負擔貨物交給承運人后的一切風險和費用（運費除外）。

（3）接受符合合同規定的單據及貨物。

（4）按合同規定支付價款。

使用 CPT 術語要注意風險劃分問題。根據《2010年通則》的解釋，CPT 術語雖然要求賣方負責貨物的運輸並支付從裝運地到目的地的正常運費，但不要求賣方負擔運輸途中的風險和由此產生的額外費用。賣方只承擔貨物交給其指定的承運人控製之前的風險，如果是多式聯運，賣方只承擔貨物交給第一承運人之前的風險。值得注意的是，依據貨物風險轉移的原則，賣方交付的貨物必須特定化，也就是說貨物必須已經正式劃撥於合同項下，可辨認為買賣合同項下的標的物。只有賣方交付了特定化的貨物后，風險才轉移給買方。這一點對於其他貿易術語同樣適用。

案例分析 2-13

美國某出口商同時與一中國進口商和一日本進口商簽訂了出口1000公噸和500公噸大豆的合同，合同中均採用 CPT 術語。根據兩份合同，美方分別指定承運人，並分別訂立了運輸合同。由於兩份合同交貨時間相近，且又在同一地點交付其指定的兩個承運人，因此，按照約定時間，賣方將1500公噸大豆使用同一運輸工具一同運往指定地點，並打算貨到后再進行分撥。然而，貨到后賣方未將貨物進行劃分，而將全部貨物交給兩個承運人，請他們第二天自行劃分。結果當晚存放大豆倉庫失火，大豆全部損失。對此，中、日兩進口商均以貨物尚未特定化為由要求賣方重新交貨，而賣方認為貨物已經交給承運人，風險已經轉移，拒絕承擔責任。雙方遂起爭議。

分析要點：本案的關鍵在於貨物是否已經特定化。本案中，賣方將混在一起的大豆共同交給兩個承運人處，並請他們在第二天自行劃分，也就是說賣方交付的大豆並沒有區分出哪些是要交給中國進口商的，哪些是要交給日本進口商的。因此說當晚因失火滅失的大豆並沒有特定化，所以風險並未轉移給買方，賣方仍需承擔相關的損失。

4. CIP　Carriage and Insurance Paid To（…named place of destination）運費、保險費付至（指定目的地）。

這一術語的基本含義是賣方自負費用，訂立從裝運地將貨物運至目的地的運輸合同，並辦理貨物運輸保險，而風險自貨物在裝運地交給承運人時，即由賣方轉移給買方承擔。此術語適合於任何運輸方式，也可以用於使用兩種以上的運輸方式。

國際貿易慣例與公約

CIP 術語的基本原則與 CPT 術語是一樣的，但採用 CIP 術語，賣方除負有與 CPT 術語相同的義務外，還需辦理貨物運輸保險，支付保險費。

賣方必須訂立保險合同以防買方貨物在運輸途中滅失或損壞風險。買方應注意到 CIP（運費和保險費付至指定目的地）術語只要求賣方投保最低限度的保險險別。如買方需要更多的保險保障，則需要與賣方明確地達成協議，或者自行作出額外的保險安排。

CIP 術語要求賣方在必要時辦理貨物出口清關手續。但是，賣方不承擔辦理貨物進口清關手續，支付任何進口關稅，或者履行任何進口報關手續的義務。

三、在進口國交貨的貿易術語

在《2010 年通則》中，只有 D 組為進口國交貨的貿易術語。本組術語包括：運輸終端交貨（DAT）、目的地交貨（DAP）、完稅后交貨（DDP）。這三種術語都是在目的地交貨的術語，賣方都必須自費訂立運輸合同，將貨物運至指定的目的地，並將貨物置於買方的控制之下，承擔在此之前的一切費用和風險。按這三種術語簽訂的合同，均屬到貨合同。

1. DAT Delivered At Terminal（…named place of destination）運輸終端交貨（指定目的港或目的地）

這一術語的含義是指賣方須自負費用訂立運輸合同，在規定日期或期限內，將符合合同規定的貨物運往指定目的港或目的地指定運輸終端，從到達運輸工具上卸下交由買方處置時，即完成交貨義務。賣方負擔將貨物運至位於指定目的港或目的地的運輸終端並在該處將貨物卸載的一切風險和費用。按此術語，賣方須自費取得出口許可證，辦理出口手續及必要時經由另一國的過境手續，並支付出口所需的一切費用。而買方則須負擔費用取得進口許可證，辦理進口手續，並支付進口所需的一切費用。此術語中的運輸終端包括任何地方，無論是否有遮蔽（即露天與否），例如碼頭、倉庫、集裝箱堆場或公路、鐵路或航空運輸站。在採用此術語時，必須明確具體的交貨地點。該術語適用於任何運輸方式。

建議當事人盡量明確地指定終點站，如果可能，（指定）在約定的目的港或目的地的終點站內的一個特定地點，因為（貨物）到達這一地點前的風險是由賣方承擔的，建議賣方簽訂一份與這樣一種選擇準確契合的運輸合同。

2. DAP Delivered At Place（…named place of destination）目的地交貨（指定目的地）

這一術語是《2010 年通則》新添加的術語，取代了 DAF（邊境交貨）、DES（目的港船上交貨）和 DDU（未完稅交貨）三個術語。該規則的基本含義是指賣方負擔費用訂立運輸合同，將貨物運往指定目的地，在指定目的地，將到達的運送工具上準備卸載的貨物交由買方處置，並承擔在此之前的費用和風險。在此術語下，

第二章　國際貿易術語慣例

賣方須負擔費用，訂立運輸合同，取得出口許可證，辦理出口手續及經另一國的過境手續，而進口所需的一切證件或手續及其費用均由買方負責。採用此術語，買賣雙方最好能清楚地列明約定目的地內的地點，因為至該地點的是雙方風險劃分的界限。該術語適用於任何運輸方式。

3. DDP　Delivered Duty Paid（…named place of destination）完稅后交貨（指定目的地）

這一術語的含義是賣方需自負費用訂立運輸合同，在規定的日期或期限內，將符合合同規定的貨物從出口國運到進口國的指定目的地，將已經辦妥進口通關手續仍放置在到達的運送工具上準備卸載的貨物交給買方，並負擔貨物運至指定地的一切費用和風險。按此術語成交，賣方方需要辦理進出口通關手續，且承擔關稅和增值稅在內的稅捐。也就是說，賣方承擔了貨物出口、進口以及必要時經另一國過境運輸的一切手續、費用和風險。它適用於任何運輸方式。

該術語是 11 種貿易術語中，賣方承擔的責任、費用和風險最大的。任何增值稅或其他進口時需要支付的稅項由賣方承擔，合同另外有約定的除外。如果賣方不能直接或間接地取得進口許可，不建議當事人使用 DDP 術語。如果當事方希望買方承擔進口的所有風險和費用，應使用 DDP 術語。

四、貿易術語的選用

在國際貿易中，FOB、CIF 和 CFR 三種術語最為常用，之所以如此，是因為這三種貿易術語歷史悠久，最為人們所熟悉。同時，在這三種貿易術語下，賣方的交貨地點都是在裝運港，以貨裝上船作為劃分雙方責任、風險的分界點，而且都是憑單交貨，憑單付款，買方或賣方不必到對方國家辦理貨物的交接，對買賣雙方都比較公平和方便。

在中國對外貿易中，我們應多選用上述三種貿易術語。具體地講，出口業務應多選用 CIF 或 CFR 術語，它有利於我方船貨銜接，按時完成出口業務；也有利於促進中國遠洋運輸事業的進一步發展。此外，使用 CIF 術語，還有利於中國保險業的發展和增加保險收入。但有些國家為了扶持其本國保險業的發展，規定其進口貿易必須在本國投保，在這種情況下，我們可使用 CFR 術語。有時，國外進口商向我購買大宗商品，為了得到運價上的優惠，要求自行租船訂艙接運貨物，為了不影響出口，我們也可同意以 FOB 術語成交。在中國進口業務中應多使用 FOB 術語，由我方派船到國外接貨，並由我方自辦保險，以節約外匯運費和保險費支出，促進中國海運和保險業的發展。在我方進口貨物數量較少，或某些國外港口我方不便派船的情況下，我方也可採用 CFR 術語進口貨物。

隨著國際貿易和運輸方式的發展，多式聯合運輸和集裝箱運輸正在被廣泛應用。在中國出口業務中，如果貨物是以集裝箱船或是多式聯運方式運輸的，則應選用

國際貿易慣例與公約

FCA、CPT 或 CIP 術語,以替代傳統的、僅適用於海洋運輸的 FOB、CFR 或 CIF 術語。這樣對我方更有利,因為:①可減輕我方的風險責任,將我方的風險責任從貨裝上船縮短至貨交承運人。FOB、CFR 和 CIF 術語,賣方的交貨地點均為裝運港船上,買賣雙方風險的劃分均以貨物在裝運港裝上船為界;FCA、CPT 和 CIP 術語,賣方交貨地點均為承運人所在地,買賣雙方風險的劃分以貨物交承運人照管的時間、地點為界。②我方交單結匯的時間可提前。FOB、CFR 和 CIF 的賣方憑已裝船提單向銀行結匯,而已裝船提單是在貨物裝上船以後,船公司才予簽發的。賣方將貨物交給承運人到貨物裝上船,其間有時需要幾天,有時甚至多達十幾天。FCA、CPT 和 CIP 的賣方將貨物交給指定的承運人后,即可獲得提單,並憑此提單向銀行收取貨款。

五、《2010 年通則》的主要變化

(一) 術語分類的結構進行了調整

由原來的四組術語減為兩組用語,分別是適用於所有運輸方式的用語,包括 EXW、FCA、CPT、CIP、DAT、DAP 和 DDP,以及適用於水路運輸的用語,包括 FAS、FOB、CFR、CIF。將原來的 13 個貿易術語減至 11 個,創設 DAT 和 DAP 兩個新術語,取代 DAF、DES、DEQ 和 DDU。

所謂 DAT 和 DAP 術語,是「實質性交貨」術語,在將貨物運至目的地過程中涉及的所有費用和風險由賣方承擔。此術語適用於任何運輸方式,因此也適用於各種 DAF、DES、DEQ 以及 DDU 以前被使用過的情形。這兩個新術語有助船舶管理公司弄清碼頭處理費(THC)的責任方。現時常有買方在貨物到港後,投訴被要求雙重繳付碼頭處理費,一是來自賣方,一是來自船公司,而新通則明確了貨物買賣方支付碼頭處理費的責任,可以避免糾紛的發生。

(二)《2010 年通則》也可以被選擇適用於國內貿易

貿易術語在傳統上被運用於國際銷售合同。然而,經濟一體化組織比如自由貿易區和共同市場,比如歐盟和東盟貿易區等,使得原本實際存在的邊界通關手續失去原有意義。國際商會的專家在新版本中首次正式明確這些術語不僅適用於國際銷售合同,也適用於國內銷售合同。顯然,這樣的變化符合通則作為慣例而非法律的性質特點。

(三) FOB、CFR、CIF 下風險劃分界限的重大修改

非常值得注意的是:在新《2010 年通則》中,不再有「船舷」的概念。換言之,在原先的 FOB、CFR 和 CIF 術語解釋中「船舷」的概念被刪除,取而代之的是「裝上船」(placed on board)。之前關於賣方承擔貨物越過船舷為止的一切風險,在新術語環境下變化為「賣方承擔貨物裝上船為止的一切風險,買方承擔貨物自裝運港裝上船后的一切風險」。

第二章　國際貿易術語慣例

（四）電子通信方式被賦予完全等同的效力

在通則的早期版本中已經對需要的單據作出了規定，這些單據可以被電子數據交換信息替代。但現在新《2010年通則》賦予了電子通訊方式完全等同的效力，更全面地規定了電子交易程序的適用方式，只要指明在貨物買賣雙方同意下，電子文件可取代紙質文件。這一規定有利於新的電子程序的演變發展，符合國際貿易市場的電子貨運趨勢。

第二節　1941年美國國際貿易定義修正本

一、《1941年美國對外貿易定義修正本》概述

1919年《美國對外貿易定義》的出版曾在澄清與簡化對外貿易實務方面起過不少作用，並得到世界各國買賣雙方的廣泛承認和使用。但自該定義出版以後，貿易習慣已有很多變化，因而在1940年舉行的第27屆全國對外貿易會議上強烈要求對它作進一步的修訂與澄清，認為這對幫助對外貿易商處理業務是必要的。1941年7月30日美國商會、美國進口商協會及全國對外貿易協會所組成的聯合委員會通過了《1941年美國對外貿易定義修正本》（以下簡稱《定義》）供進口和出口商人共同使用。

這次修正在定義中包括了賣方和買方的一些新的責任，並且在許多方面，對原有責任的解釋也比1919年定義的解釋清楚一些，這些修改對賣方和買方都是有益的。這個定義對美國對外貿易中經常使用的六種貿易術語作瞭解釋，這六種貿易術語是：

Ex　　　（Point of Origin），即產地交貨

FOB　　（Free on Board），即運輸工具上交貨

FAS　　（Free Along Side），即運輸工具旁邊交貨

C&F　　（Cost and Freight），即成本加運費

CIF　　　（Cost, Insurance and Freight），即成本保險費加運費

Ex Dock　（named port of importation），即目的港碼頭交貨

使用《1941年美國對外貿易定義修正本》應注意以下問題：

（1）由於世界各地有很多機構都分別提出了對外貿易定義，而很多國家的法院對這些定義各有不同的解釋，所以由賣方和買方一致同意他們的所訂的合同以《1941年美國對外貿易定義修正本》（以下簡稱《定義》）為準，並接受《定義》所列各點，這是很有必要的。

（2）除下列對外貿易的術語外，還有一些有時使用的術語，如港口交貨（Free Harbor），成本加保險費、運費、佣金（C.I.F.&C.），成本加保險費、運費、利息

國際貿易慣例與公約

(C.I.F.C.& I.)，成本加保險費、運費、佣金、利息（C.I.F.C.&I.），成本加保險費、運費並卸到岸上（C.I.F.Lan-ded），以及其他。除非事先已經準確地理解它們的確切含義，否則這些術語都不宜使用，想借用本《定義》所列術語的解釋去闡述其他術語是不明智的，因此，只要有可能，就應援用已經在這裡下了定義的術語。

（3）在報價或合同中，使用容易被誤解的縮寫是不明智的。

（4）在報價中，應避免使用常見的「英擔」（Hundred-weight）或「噸」（Ton）。因為一英擔可以是短噸的100磅或長噸的112磅，一噸可以是2000磅的短噸或2204.6磅的公噸，也可以是2240磅的長噸。所以在報價和售貨確認書中，對「英擔」或「噸」要明確表示它所代表的實際重量。同樣，關於數量、重量、體積、長度或面積等單位也應該經雙方一致同意作出明確的說明。

（5）如貨物需經檢驗或需要檢驗證書，則雙方事先應協議明確該費用由賣方或由買方負擔。

（6）除另有協議外，賣方應負擔一切費用，直至貨物到達買方必須負責隨後運送事宜的地點為止。

（7）合同中還有很多組成部分不屬於對外貿易定義的範圍，因此，在本《定義》中未予述及。對此，雙方應在磋商合同時另行議定，對於所謂「慣常的」做法尤應如此。

二、價格術語解讀

（一）Ex （Point of Origin），即產地交貨

按此術語，所報價格僅適用於原產地交貨，賣方同意在規定日期或期限內在雙方商定地點將貨物置於買方控製之下。

在此報價下：

賣方責任：

（1）承擔貨物的一切費用和風險，直至買方應負責提貨時為止。

（2）在買方請求並由其負擔費用的情況下，協助買方取得原產地及/或裝運地國家簽發的為貨物出口或在目的地進口所需的各種證件。

買方責任：

（1）在貨物按規定日期或期限內送抵約定地點並置於買方控製下時，應立即受領。

（2）支付出口稅及因出口而徵收的其他稅捐費用。

（3）從買方應負責受領貨物之時起，承擔貨物的一切費用和風險。

（4）支付因領取原產地及/或裝運地國家簽發的，為貨物出口或在目的地進口所需的各種證件的全部費用。

（二）FOB術語的定義

《定義》對FOB術語有獨特的規定，它將FOB術語分為以下六種：

第二章　國際貿易術語慣例

1. 在指定內陸發貨地點的指定內陸運輸工具上交貨

FOB （named inland carrier at named inland point Of departure）

按此術語，所報的價格僅適用於：在內陸裝運地點，由賣方安排並將貨物裝於火車、卡車、駁船、拖船、飛機或其他供運輸用的載運工具之上。在此報價下：

賣方責任：

（1）將貨物裝在載運工具上，或提交內陸承運人裝運。

（2）提供清潔提單或其他運輸收據，註明運費到付。

（3）承擔貨物的任何減失及/或損壞的責任，直至貨物在裝運地被裝上載運工具，並取得承運人出具的清潔的提單或其他運輸收據為止。

（4）在買方請求並由其負擔費用的情況下，協助買方取得原產地及/或裝運地國家簽發的、為貨物出口或在目的地進口所需的各種證件。

買方責任：

（1）負責貨物自內陸裝貨地點裝運后的一切運送事宜，並支付全部運輸費用。

（2）支付出口稅及因出口而徵收的其他稅捐費用。

（3）承擔在指定的內陸起運地點裝運后所發生的任何減失及/或損壞的責任。

（4）支付因領取由原產地及/或裝運地國家簽發的、為貨物出口或在目的地進口所需各種證件的全部費用。

2. 在指定內陸發貨地點的指定內陸運輸工具上交貨，運費預付到指定的出口地點

FOB （named inland carrier at named inland point of departure）Freight prepaid to （named point Of exportation）

按此術語，賣方所報價格包括把貨物運至指定出口地點的運輸費用，並預付至出口地點的運費。賣方在內陸指定起運地點取得清潔提單或其他運輸收據后，對貨物不再承擔責任。

在此報價下：

賣方責任：承擔1項下規定的賣方責任，但其中第2點除外。賣方必須提供清潔的提單或其他運輸收據，並預付至指定出口地點的運費。

買方責任：承擔1項下規定的買方責任，但無須支付從裝貨地點至指定出口地點的運費。

3. 在指定內陸發貨地點的指定內陸運輸工具上交貨，減除至指定出口地點的運費

FOB （named inland carrier at named inland point of departure）Freight Allowed to （named point）

按此術語，賣方所報價格包括貨物至指定地點的運輸費用，但註明運費到付，並將由賣方在價金內減除。賣方在指定內陸起運地點取得清潔的提單或其他運輸收據后，對貨物不再承擔責任。

在此報價下：

賣方責任：承擔1項下規定的賣方責任，但運至指定地點的運輸費用應在發票中減除。

買方責任：承擔1項下規定的買方責任，但要負責支付賣方已減除的由內陸裝運地點到指定地點的運費。

4. 在指定出口地點的指定內陸運輸工具上交貨

FOB （named inland carrier at named point of exportation）

按此術語，賣方所報的價格，包括將貨物運至指定出口地點的運輸費用，並承擔直至上述地點的任何滅失及/或損壞的責任。

在此報價下：

賣方責任：

（1）將貨物裝在載運工具上，或交給內陸承運人裝運。

（2）提供清潔的提單或其他運輸收據，並支付由裝運地點至指定出口地點的一切運輸費用。

（3）承擔貨物的一切滅失及/或損壞責任，直至裝於內陸載運工具上的貨物抵達指定出口地點為止。

（4）在買方請求並由其負擔費用的情況下，協助買方取得原產地及/或裝運地國家簽發的、為貨物出口或在目的地進口所需的各種證件。

買方責任：

（1）承擔貨物在出口地點內陸載運工具上時起的全部運轉責任。

（2）支付出口稅及因出口而徵收的其他稅捐費用。

（3）承擔從裝於內陸載運工具上的貨物抵達指定出口地點時起的一切滅失及/或損壞的責任。

（4）支付因領取由原產地及/或裝運地國家簽發的、為貨物出口或在目的地進口所需各種證件所發生的一切費用。

5. 指定裝運港船上交貨

FOB Vessel （named port of shipment）

按此術語，賣方所報價格包括在指定裝運港將貨物交到由買方提供或為買方提供的海洋輪船上的全部費用。

在此報價下：

賣方責任：

（1）支付在規定日期或期限內，將貨物實際裝載於買方提供的或為買方提供的輪船上而發生的全部費用。

（2）提供清潔的輪船收據或已裝船提單。

（3）承擔貨物一切滅失及/或損壞責任，直至在規定日期或期限內，已將貨物裝載於輪船上為止。

第二章　國際貿易術語慣例

（4）在買方請求並由其負擔費用的情況下，協助買方取得由原產地及/或裝運地國家簽發的、為貨物出口或在目的地進口所需的各種證件。

買方責任：

（1）將船名、開航日期、裝船泊位及交貨時間明確地通知賣方。

（2）當賣方已將貨物交由買方控製，但由於買方指定輪船未能在規定時間內到達或不能裝貨而發生的額外費用及全部風險，由買方承擔。

（3）辦理有關貨物隨后運至目的地的一切運轉事宜：

①辦理保險並支付其費用；

②提供船舶或其他運輸工具並支付其費用。

③支付出口稅及因出口而徵收的其他稅捐費用。

④承擔貨物裝上船后的一切滅失及/或損壞責任。

⑤支付因領取由原產地及/或裝運地國家簽發的、為貨物出口或在目的地進口所需的各種證件（但清潔的輪船收據或提單除外）而發生的一切費用。

6. 進口國指定內陸地點交貨

FOB　（named inland point in county of importation）

按此術語，賣方所報價格包括貨價及運至進口國指定內陸地點的全部運輸費用。

在此報價下：

賣方責任：

（1）負責安排貨物運至進口國指定地點的全部運輸事宜，並支付其費用。

（2）支付出口稅及因出口而徵收的其他稅捐費用。

（3）辦理海洋運輸保險並支付其費用。

（4）除買賣雙方另有約定外，投保戰爭險並支付其費用。

（5）承擔貨物的一切滅失及/或損壞責任，直至裝在載運工具上的貨物抵達進口國的指定內陸地點為止。

（6）支付因取得產地證、領事發票或其他由原產地及/或裝運地國家簽發的為貨物在目的地進口及必要時經由第三國過境運輸所需要的各種證件的費用。

（7）支付全部的各項起岸的費用，包括碼頭捐、起岸費及稅捐等。

（8）支付在進口國的一切報關費用。

（9）支付進口國的關稅和一切適用於進口的稅捐等。

買方責任：

（1）載運工具抵達目的地時，應立即受領貨物。

（2）負擔貨物到達目的地后的一切費用和滅失及/或損壞的責任。

由於《定義》將 FOB 術語分為六種不同情況，所以，在使用的過程中，請注意下列各點：

（1）內陸運輸的方式，如：卡車、火車、駁船、拖船或飛機，應予註明。

（2）如果在內陸運輸途中發生轉換運輸工具的費用，雙方應在事先商定此項費

用由賣方或是買方負擔。

（3）應避免在使用「FOB（named port）」價格術語時，而不指明賣方責任終止和買方責任開始的確切地點。因為如使用此價格術語，一旦貨物在港內交付或裝上海洋輪船以前發生滅失或損壞時，就會引起究竟應由賣方還是買方承擔責任問題的爭議。指明特定的交貨地點，可避免上述誤解。

（4）貨物從內陸載運工具上用駁船或卡車運至船邊，其費用由賣方還是買方負擔，應事先商定。

（5）賣方務必將適用於整列車、整卡車或整駁船運費率的最低數量通知買方。

（6）除「進口國指定內陸地點交貨」FOB（named inland point in county of importation）外，各種FOB價格術語的洽訂海洋運輸艙位、投保海洋運輸險和戰爭險，並準備裝船事宜。因此，有關訂艙、投保海洋運輸險和戰爭險，究竟是作為買方自身的義務，由其自行辦理，或是由賣方同意代買方辦理，買賣雙方應事先取得一致意見。

（7）為保障賣方的利益，賣方應在買賣合同中訂明由買方投保的海洋運輸險中包括標準的倉至倉條款。

（三）FAS（Free Along Side），即運輸工具旁邊交貨

按此術語，賣方所報價格包括將貨物交到各種運輸工具旁邊，如果在FAS後面加上Vessel字樣，則表示「船邊交貨」，即交貨到船的裝貨吊鈎可及之處。

在「船邊交貨」報價下：

賣方責任：

（1）在規定日期或期限之內，將貨物交至船邊或交至由買方或為買方指定或提供的碼頭。支付為搬運重件至上述船邊或碼頭而引起的任何費用。

（2）提供清潔的碼頭收據或輪船收據。

（3）承擔貨物的一切滅失及/或損壞責任，直至將貨物交到船邊或碼頭為止。

（4）在買方請求並由其負擔費用的情況下，協助買方取得原產地及/或裝運地國家簽發的為貨物出口或在目的地進口所需的各種證件。

買方責任：

（1）將船名、開航日期、裝船泊位及交貨時間明確地通知賣方。

（2）辦理從貨物到達船邊以後的一切運轉事宜：

①如有必要，將貨物安放在倉庫或碼頭並支付滯期費及/或倉儲費用；

②辦理保險並支付其費用；

③辦理海洋運輸及其他運輸並支付其費用。

（3）支付出口稅及因出口而徵收的其他稅捐費用。

（4）承擔貨物在以下情況時所發生的任何滅失及/或損壞的責任：裝載於停靠船邊、船上吊鈎可及之處的駁船或其他載運工具上；或放置於碼頭等待裝船；或實際已裝船和裝船以後。

第二章　國際貿易術語慣例

（5）支付因領取由原產地及/或裝運地國家簽發的為貨物出口或在目的地進口所需的各種證件（但清潔的碼頭收據或輪船收據除外）而發生的一切費用。

使用 FAS 術語應注意：

（1）按照船邊交貨價格術語，取得海洋運輸艙位和投保海洋運輸險和戰爭險的責任屬於買方。儘管這是買方的責任，但在很多交易中，賣方可代買方辦理訂艙、投保海洋運輸險和戰爭險，並裝備裝船事宜；也可由買方通知賣方將貨物送到買方指定輪船的船邊，並由買方自行投保海洋運輸險和戰爭險。因此，有關訂艙、投保海洋運輸險和戰爭險，究竟是作為買方自身的義務，由其自行辦理，或是由賣方同意代買方辦理，買賣雙方應事先取得一致意見。

（2）為保障賣方的利益，賣方應在買賣合同中訂明由買方投保的海洋運輸險中包括標準的倉至倉條款。

（四）C&F　（Cost and Freight），即成本加運費

按此術語，賣方報價包括將貨物運到指定目的地的運輸費用在內。

在此報價下：

賣方責任：

（1）負責安排貨物運至指定目的地的運輸事宜，並支付其費用。

（2）支付出口稅或因出口而徵收的其他稅捐費用。

（3）取得運往指定目的地的清潔提單，並迅速送交買方或其代理。

（4）在向買方提供「備運提單」的情況下，對於貨物的滅失及/或損壞，須負責到貨物已送交海運承運人保管時為止。

（5）在向買方提供「已裝船提單」的情況下，對於貨物的滅失及/或損壞，須負責到貨物已裝到船上為止。

（6）在買方請求並由其負擔費用的情況下，提供產地證明書、領事發票或由原產國及/或裝運國所簽發的、為買方在目的地國家進口此項貨物及必要時經由第三國過境運輸所需要的各項證件。

買方責任：

（1）接受提交的各項單證。

（2）在船到達時受領貨物並負責辦理貨物的隨後一切運轉，並支付其費用，其中包括按照提單條款的規定從船上提貨，支付起岸的一切費用，包括一切稅捐和在指定目的地點所需支付的其他費用。

（3）辦理保險並支付其費用。

（4）承擔根據上述第（4）項或第（5）項所規定的賣方責任終止的時間和地點以後貨物的滅失及/或損壞的責任。

（5）支付產地證明書、領事發票或其他由原產地及/或裝運地國家簽發的、為貨物在目的地國家進口及必要時經由第三國過境運輸所需要的任何其他證件的費用。

使用 C&F 術語應注意：

國際貿易慣例與公約

(4) 為保障賣方的利益，賣方應在買賣合同中訂明由買方投保的海洋運輸險中包括標準的倉至倉條款。

(2) 在以下 CIF（成本加保險費、運費）術語的註解中，有很多場合可以應用於 C&F（成本加運費）術語。C&F 的賣方和買方應加以理解。

（五） CIF（Cost, Insurance and Freight），即成本、保險費加運費

按此術語，賣方報價包括貨物的成本、海洋運輸保險費和將貨物運到指定目的地的一切運輸費用在內。

在此報價下：

賣方責任：

（1）負責安排貨物運至指定目的地的運輸事宜，並支付其費用。

（2）支付出口稅，或因出口而徵收的其他稅捐費用。

（3）辦理貨物的海洋運輸保險並支付其費用。

（4）投保在貨物裝船時賣方市場所能得到的戰爭險，其費用由買方負擔；但經賣方同意，由買方投保戰爭險的，不在此例。

（5）取得運往指定目的地的清潔提單及保險單或可轉讓的保險憑證，並立即送交給買方或其代理。

（6）在向買方提供「備運提單」的情況下，對於貨物的滅失及或損壞，須負責到貨物已送交海運承運人保管時為止。

（7）在向買方提供「已裝船提單」的情況下，對於貨物的滅失及/或損壞，須負責到貨物已裝到船上為止。

（8）在買方請求並由其負擔費用的情況下，提供產地證明書、領事發票或由原產國及/或裝運國所簽發的、為買方在目的地國家進口此項貨物及必要時經由第三國過境運輸所需要的各項證件。

買方責任：

（1）接受提交的各項單證。

（2）在船到達時受領貨物並負責辦理貨物的隨后一切運轉，並支付其費用，其中包括按照提單條款的規定從船上提貨，支付起岸的一切費用，包括一切稅捐和在指定目的地點所需支付的其他費用。

（3）支付由賣方投保的戰爭險所需費用。

（4）承擔根據上述第（6）或（7）項所規定的賣方責任終止的時間和地點以后貨物的滅失及/或損壞的責任。

（5）支付產地證明書、領事發票或其他由原產地及/或裝運地國家簽發的、為貨物在目的地國家進口及必要時經由第三國過境運輸所需要的任何其他證件的費用。

使用 CIF 術語應注意：

（1）在通常情況下，賣方有責任預付海洋運費。在有些情況下，運費是貨到以后支付，運費總額從賣方提供的發票中扣除。對此應該事先取得協議，以免由於外

第二章 國際貿易術語慣例

匯波動影響實際運輸費用而產生誤解,或由於信用證支付方式下利息費用的增加所產生的誤解。因此,海洋運費總是應由賣方預付,除非事先與買方訂有貨物運到后支付運費的特別協議。

(2) 買方應該認識到,他無權堅持在接受單據以前檢驗貨物。如果賣方在通過正常途徑寄送單據方面已作了適當努力,即使買方延遲收到單據,也不應為此而拒絕受領貨物。

(3) 賣方與買方不要把與本定義所規定的 CIF 合同義務不符的任何不肯定的條款包括在 CIF 合同之內。在美國和其他國家法院的許多判例中,都曾因在 CIF 合同包含了不肯定的條款,因而宣布該合同無效。

(4) 除非賣方與買方之間事先另有約定,在 CIF 合同中的利息費用應包括在成本之內,而不應當作為單獨項目計算,否則,可採用 C. I. F. &I. (成本加保險費、運費、利息) 術語。

(5) 關於 CIF 交易中的保險問題,賣方與買方應該肯定地就下列各點取得協議:

①對於保險險別,雙方應共同明確是投保水漬險或平安險以及其他屬於特定行業應保的其他險別,或是買方需要獲得單獨保障的險別。賣方與買方應考慮並取得協議的特殊險別有:偷盜、扒竊、滲漏、破碎、受潮、被其他貨物污染,以及對一些特定行業專門投保的險別。重要的是,對應急費用或到付運費和關稅應投保單獨海損和在貨物抵達與報關之后、交貨之前的全損。

②賣方有責任關心並謹慎地選擇一家資信較佳的保險公司。雖然如此,解決保險索賠的風險,仍屬買方。

③在此術語下,戰爭險是由買方負擔風險及費用,由賣方代為投保。重要的是,賣方必須對此與買方取得完全一致的意見,特別是關於費用問題。貨物海洋運輸險與戰爭險最好向同一家保險公司投保,這樣,在確定造成損失的原因時,就不致發生困難。

④賣方應該核實,在投保海洋運輸險或戰爭險中,應包括對罷工、暴動與民變所引起的一般保護。

⑤鑒於不同行業的商品,其在共同海損分攤中的估價的基礎不同,賣方與買方對貨物投保價值,應取得一致意見。最好請有經驗的保險經紀人諮詢,以便保足貨物價值,以避免糾紛。

(六) Ex Dock (named port of importation),即目的港碼頭交貨

按此術語,賣方報價包括貨物的成本和將貨物運到指定進口港的碼頭所需的全部附加費用,並交納進口稅。

在此報價下:

賣方責任:

(1) 負責安排貨物運至指定進口港的運輸事宜並支付其費用。

國際貿易慣例與公約

(2) 支付出口稅及因出口而徵收的其他稅捐費用。

(3) 辦理海洋運輸保險並支付其費用。

(4) 除買賣雙方另有約定外，投保戰爭險並支付其費用。

(5) 承擔貨物的一切滅失及/或損壞責任，直至在指定的進口港碼頭允許貨物停留的期限屆滿時為止。

(6) 支付為取得產地證明書、領事發票、提單簽證的費用，或由原產地及/或裝運地國家所簽發的、為貨物的目的地進口及必要時經由第三國過境運輸所需要的各種證件的費用。

(7) 支付一切起岸費用，包括碼頭捐、卸貨費及稅捐等。

(8) 支付在進口國的一切報關費用。

(9) 除非另有約定，支付進口國的關稅和一切適用於進口的稅捐等。

買方責任：

(1) 在碼頭規定的期限內，從指定進口港碼頭上受領貨物。

(2) 如不在碼頭的規定期限內受領貨物，則承擔貨物的費用與風險。

Ex Dock 術語主要應用在美國的進口貿易方面。它有多種式樣，如「Ex Quay」、「Ex Pier」等等。但是很少用在美國的出口貿易上。

1941 年美國對外貿易定義修訂本對本術語的解釋，特別是 FOB 和 FAS 術語的解釋與《2010 年通則》有明顯的差異，在同美洲國家進行交易時應加以充分的注意。

第三節　1932 年華沙—牛津規則

19 世紀中葉，CIF 貿易術語在國際貿易中被廣泛採用，但由於各國對其解釋不一，從而影響到 CIF 買賣合同的順利履行。為了對 CIF 合同雙方的權利和義務作出統一的規定和解釋，國際法協會於 1928 年在波蘭華沙制訂了 CIF 買賣合同的統一規則，共擬訂二十二條，稱為《1928 年華沙規則》。此后，在 1930 年紐約會議、1931 年巴黎會議和 1932 年牛津會議上，又相繼將此規則修訂為二十一條。因為主要是在牛津會議上修改定稿的，因此定名為《1932 年華沙—牛津規則》。《1932 年華沙——牛津規則》主要說明了 CIF 術語的性質和特點，並具體規定了採用 CIF 價格術語時有關買賣雙方責任的劃分。

《1932 年華沙—牛津規則》自公布后，一直沿用至今，並成為國際貿易中頗有影響國際貿易慣例，這是因為此項規則在一定程度上反應了各國對 CIF 合同的一般解釋。不僅如此，其中某些規定的原則還可適用於其他合同，例如《1932 年華沙—牛津規則》規定，在 CIF 合同中，貨物所有權稱轉於買方的時間，應當是賣方把裝運單據（提單）交給買方的時刻，即以交單時間作為所有權移轉的時間，此項原

第二章　國際貿易術語慣例

則，雖是針對 CIF 合同的特點制訂的，但一般認為也可適用於賣方有提供提單義務的其他合同，可見《1932 年華沙—牛津規則》的制訂和公布，不僅有利於買賣雙方訂立 CIF 合同而且也有利於解決 CIF 合同履行當中出現的爭議，當合同當事人發生爭議時，一般都參照或引用此項規則的規定與解釋來處理。

一、《1932 年華沙—牛津規則》對 CIF 條件的相關規定

（一）賣方的主要義務：

根據《1932 年華沙—牛津規則》（以下簡稱《華沙—牛津規則》），CIF 合同賣方的主要義務是：

（1）必須提供符合合同的貨物，並按港口習慣方式，在合同規定的時間或期限內，在裝運港將貨物裝到船上；負擔貨物損壞或滅失的風險，直到貨物裝上船時為止。

（2）必須根據貨物的性質和預定航線或特定行業慣用的條件，自負費用，訂立合理的運輸合同。該運輸合同必須以「已裝船」提單為證據。

（3）必須自負費用，向信譽良好的承保人或保險公司取得海運保險單，作為一項有效的確實存在的保險合同的證明。除買賣合同特別規定外，該保險單須按特定行業或預定航線上的慣例承保所有的風險，但不包括戰爭險；其保險金額按特定行業慣例予以確定，如無此慣例，則按 CIF 發票價值，加預期利潤 10% 投保。

（4）必須在貨物已裝船時向買方發出裝運通知，說明船名、嘜頭和有關貨物的詳細情況。發出該通知的費用由買方負擔。如果買方未收到這種通知，或偶然遺漏發出通知，買方無權拒收賣方提交的單據。

（5）必須盡可能發送單據，並有責任以各種適當的方式將單據提交或使其得以提交給買方。所謂「單據」，是指提單、發票和保險單，以及根據買賣合同賣方有責任取得並提交買方的附屬於這些單據的其他單據。

（二）買方的主要義務

根據《華沙—牛津規則》，CIF 合同買方的主要義務是：

在正當的單據被提交時，買方必須接受單據，並按買賣合同規定支付價款。買方有權享有檢查單據的合理機會和作該項檢查的合理時間。但在正當的單據被提交時，買方無權以沒有機會檢驗貨物為借口，拒絕接受這種單據，或拒絕按照買賣合同的規定支付價款。

二、CIF 在兩種貿易慣例中的不同解釋

CIF 術語在《華沙—牛津規則》和《2010 年國際貿易術語解釋通則》（以下簡稱《2010 年通則》）中存在一定的差異。而這兩種貿易慣例在國際上都具有較大的影響力，為此，我們要避免在使用上造成混淆。

國際貿易慣例與公約

(一) 關於慣例的適用方式

《華沙—牛津規則》的序言部分明確表示「如果沒有明示依照下述方式採用本規則，那麼，按照CIF條款進行買賣的當事人，其權利和義務不受本規則的約束。」這表明了《華沙—牛津規則》不自動適用於國際買賣合同，除非在合同中有具體的明示字樣表明其適用。而《2010年通則》中的規定則與其相反，只要雙方當事人不排除即可適用。

(二) 關於貨物的劃撥界限

CIF術語下都是由賣方負責裝船的。關於賣方裝船的責任的明確界定就顯得尤為重要。《華沙—牛津規則》第二條「關於賣方裝船的責任」中體現了交單即為劃撥的規定。而並非像《2010年通則》中的那樣是一種裝上船才劃撥，即以貨物在裝運港裝上船完成。

(三) 關於不可抗力的事先時限

在《華沙—牛津規劃》中對於不可抗力的時限有了明確規定，「如果上述原因（不可抗力、任何特殊原因、事故）……如延續超過買賣合同規定的裝船或交給承運人保管的日期或截止期限十四天……全部或部分合同是否仍由賣方履行，可由買賣當事人的任何一方選擇決定，對此，任何一方都可在上述十四天后的七天內進行抉擇並通知對方。」而在《2010年通則》中對於不可抗力並沒有時限的規定。

(四) 關於貨物所有權的轉移

在國際貿易慣例中，只有《華沙—牛津規則》中明確表明了貨物所有權的轉移。根據該規則第六條和第二十條的規定：「即如買方根據法律對訂售貨物享有留置權、保留權或中止交貨權時所有權不發生轉移」，除此之外，「貨物所有權的轉讓時間，就是賣方將有關單據交到買方掌握的時刻」。以提單的轉讓為物權的轉移象徵著提單是貨物所有權的標誌。在任何其他的國際貿易慣例中，對於這一點都採取默示態度，並沒有任何條款明確提單的貨物所有權標誌地位，只除了該條。自然，《2010年通則》對此也沒有說明。

(五) 關於風險轉移

在《華沙—牛津規則》中對於風險轉移的規定具體有下面幾種：①對於海上路貨，在簽訂合同的時候發生風險轉移；②或從貨物裝到船上時起轉由買方承擔；③貨交承運人代替裝船的，則從實際交給承運人之時起，風險轉由買方承擔。在《2010年通則》中風險的轉移是貨物在裝運港裝上船時即由賣方轉移給買方。

(六) 關於賣方對提單的責任

《華沙—牛津規則》第七條二款中「運輸合同可以用『備運』提單或類似單據（視情況而定）作為證明，此提單或單據應當符合良好的商業要求……這樣的『備運』提單或類似單據，就各方面講，應認為是有效提單。」另外本款還說明「如果這樣的單據已經恰當地註明船名和裝船日期，它就應被認為在一切方面相當於『已裝船』提單」，這就暗示了《華沙—牛津規則》不僅適用於備運提單，還適用於預

第二章　國際貿易術語慣例

借提單了。此外，在該條其他款中分別說明了《華沙—牛津規則》在接受單據方面對賣方的要求是更加寬泛的，即賣方可以提供包括已裝船提單、預借提單、聯運提單和備運提單在內的多種提單單據。而《2010年通則》則規定只可以接受已裝船提單。

（七）關於適用的運輸方式

《2010年通則》明確規定CIF術語只適用於水上運輸，不適用於海運以外的其他運輸方式。而《華沙—牛津規則》則允許CIF術語適用於由海運和陸運組成的聯合運輸方式，但同時對內河運輸做出了一定的限制（七條四款）：「除非買方依照買賣合同的條款或特定行業慣例有權利用內河運輸方式，否則貨物不得經由內河運輸。」

（八）關於其他運輸單據的效力

雖然可流通的提單是傳統的貨物運輸單據，但是隨著集裝箱在海洋運輸行業的廣泛應用以及短程運輸的需求，出現了大量的不可流通的或於其他運輸方式類似的運輸單據，如海運單（Sea Way Bill）和提貨單（Delivery Order）等。《華沙—牛津規則》對此的規定仍然是「賣方無權使用提貨單或船貨放行單來代替提單，除非買賣合同有這樣的規定」。《2010年通則》的規定則更加靈活：「如果合同當事人知道買方不打算銷售在途貨物，他們可以達成明確協議來免除賣方提供提單的義務。」

思考題

1. 貿易術語在國際貿易實務中發揮了什麼作用？試舉例說明。
2. 比較分析FOB、CFR和CIF三種貿易術語的異同點。
4. 比較分析F組和C組貿易術語的相同點和不同點。
5. 比較分析FOB、CFR、CIF術語和FCA、CPT、CIP術語對賣方有何不同。
6. 我某外貿公司按CIF貿易術語出口，賣方按照合同的規定裝船完畢取得包括提單在內全套裝運單據。但是，載貨船舶在起航後第二天就觸礁沉沒。買方聞訊後提出拒收單據，拒付貨款。試問賣方應如何處理？為什麼？
7. 有一份出售一級大米300噸的合同，按FOB條件成交，裝船時經公證人檢驗，符合合同規定的品質條件，賣方在裝船后已及時發出裝船通知。但航行途中，由於海浪過大，大米被海水浸泡，品質受到影響。當貨物到達目的港時，只能按三級大米的價格出售，因而買方要求賣方賠償損失。試問：在上述情況下賣方對該項損失是否負有責任？

第三章　國際貿易貨物保險慣例

　　國際貨物保險是國際貿易業務中必不可少的環節。國際貨物在運輸的過程中很可能會遇到自然災害、意外事故等風險,從而給貨物利益相關者帶來損失。因此,貨主為了轉嫁這些損失和風險,可以向保險公司投保,將不定的損失變成固定的費用。當貨物遭受承保範圍內的損失時,可向保險公司取得經濟補償。這種做法能夠有效促進國際貿易的發展。本章介紹的國際貿易貨物保險慣例規定了貨主購買保險的險別、賠償範圍等內容。目前主要的國際貿易貨物保險慣例有《約克—安特衛普規則》和《倫敦保險協會保險條款》。

第一節　保險原則

　　國際貨物運輸保險是投保人(買方或賣方)向保險人按一定金額投保一定的險別,並交納保險費。保險人承保后,如果保險貨物在運輸途中發生保險險別責任範圍內的損失,則按投保金額和損失程度賠償保險單的持有人。國際貨物買賣中的運輸保險按照運輸方式的不同,分為海運保險、陸運保險、空運保險以及郵政包裹運輸保險等,其中業務量最大的是海洋貨物運輸保險。
　　在瞭解具體國際貿易貨物保險公約之前,掌握保險的基本原則尤為重要。保險原則是在保險發展的過程中逐漸形成並被人們公認的基本原則。這些原則作為人們進行保險活動的準則,始終貫穿於整個保險業務。堅持這些基本原則有利於維護保險雙方的合法權益,更好地發揮保險的職能和作用,有利於保障人們的生活安定、社會進步。
　　保險的原則有保險利益原則、近因原則、損失補償原則、最大誠信原則。

第三章　國際貿易貨物保險慣例

一、保險利益原則

保險利益（Insurable Interest）是指被保險人或投保人對保險標的具有的法律上承認的利益。財產保險的被保險人在保險事故發生時對保險標的應當有保險利益。1745 年英國頒布的《海上保險法》（Marine Insurance Act 1745）規定：「沒有可保利益的，或除保險單以外沒有其他可保利益證明的，或通過賭博方式訂立的海上保險合同無效。」可見，如果投保人對保險標的不具有保險利益，則該合同將因目的不合法而無效。這部法律第一次確定了保險利益原則，也即是決定賠償金額的標準是保險利益，而且只有當被保險能證明具有保險利益的情況下，被保險人才有請求權。

二、近因原則

近因原則（Principle of Proximate Cause）要求保險人承保危險的發生與保險標的的損害之間必須具有符合海上保險法的因果關係。在確定保險人是否應該為損失承擔賠償責任，關鍵在於確定損失的近因是否是承保風險。如果損失發生時有多種原因存在，那麼就應該確定哪一種原因是具有獨立的決定性支配力的，再追究保險單是否承保這一風險，作為確定保險人賠償責任的依據。例如，船舶在海上航行可能遭遇一系列風險和事故，可能存在一系列的原因，因此要在這一系列的原因中界定出哪個為近因。如果某一原因的介入打破了原有事件和損害結果的因果關係，並獨立導致了損害結果，則該新介入的原因為近因。如果沒有新原因介入，則是因果關係鏈條中最后一個對損害結果有決定性支配力並能夠為其后一系列原因的充分條件的原因為近因。

三、損失補償原則

損失補償原則是指當保險標的發生保險責任範圍內損失，保險人根據合同進行補償時，補償額不能使被保險人獲得實際損失外的額外利益的保險法律原則。該原則體現了保險制度的目的是將被保險人受到事故的損失降到最低程度，而不是讓其從中獲得額外收益。損失補償原則有三個派生原則，即重複保險分攤原則，代為追償原則，委付原則。

四、最大誠信原則

最大誠信原則實質就是誠信原則，也即誠實、守信。《1906 年英國海上保險法》第十七條規定指出：「海上保險合同以最大誠信為基礎。倘若任何一方不遵守最大誠信原則，另一方得聲明此項契約無效。」在實踐中，一般認為被保險人遵循最大誠信原則而負有告知、陳述、保證等義務，而保險人具有棄權、失權和免責提示等

義務。

● 第二節　國際海洋貨物運輸保險的承保範圍

海洋貨物運輸保險的承保範圍，包括承保的風險、承保的損失和承保的費用。正確理解海上貨物運輸保險的承保範圍，對於瞭解保險條款，選擇保險險別，以及一旦貨物發生損失后如何正確進行索賠和理賠具有重要意義。

一、海洋貨物運輸保險承保的風險

海洋貨物運輸保險的保險人承保的風險即海運風險，主要是海上風險和外來風險兩類，前者包括自然災害和意外事故，后者包括一般外來風險和特殊外來風險，現列表 3-1 並說明：

表 3-1　　　　　　　　海洋貨物運輸保險承保的風險

$$風險\begin{cases}海上風險\begin{cases}自然災害\\意外事故\end{cases}\\外來風險\begin{cases}一般外來風險\\特殊外來風險\end{cases}\end{cases}$$

（一）海上風險（Risk of Sea）

海上風險一般是指船舶或貨物在海上航行中發生的或伴隨海上運輸所發生的風險。

在現代海上保險業務中保險人所承保的海上風險是有特定範圍的，一方面它並不包括一切在海上發生的風險，另一方面它又不局限於航行中所發生的風險。具體地講，海上風險是既包括海上航行中所特有的風險，又包括一些與海上運輸貨物有關的風險。

海上風險由自然災害和意外事故構成。

（1）自然災害（Natural Calamities）是指不以人的意志為轉移的自然界的力量所引起的災害。但在海洋貨物運輸保險業務中，自然災害並非指一切由於自然力量引起的災害，而僅指惡劣氣候、雷電、海嘯、洪水、地震、火山爆發、浪擊落海等人力不可抗拒的自然力所造成的災害。

（2）意外事故（Accident）是指不屬於意料中的原因而造成的事故。在海上貨物運輸保險業務中，意外事故也並非指海上發生的所有意外事故，而僅是指運輸工具的擱淺、觸礁、沉沒、破船、碰撞、失蹤、失火、爆炸等。

在海洋貨物運輸保險中，對上述各種自然災害和意外事故均有專門的解釋，主要有：

第三章　國際貿易貨物保險慣例

（1）惡劣氣候：指海上的颶風和大浪。

（2）浪擊落海：指存在艙面上的貨物在運輸過程中受海浪衝擊落海。

（3）擱淺：是指船舶在航行過程中，由於意外或異常的原因。船底與水下障礙物緊密接觸牢牢地被擱住，並且持續一定時間失去進退自由的狀態。這一狀態必須是在事先預料不到的意外情況下發生的。至於規律性的潮汐漲落使船舶擱淺在沙灘上，則屬於必然現象，不能作為保險的「擱淺」事故。

（4）觸礁：船舶在航行中觸及海中的海礁或岩石等障礙物造成的意外事故。

（5）沉沒：船體的全部或大部分已經沒入水面以下，並已失去繼續航行的能力。

（6）破船：船舶在航行或停泊時遭遇暴風、狂浪等襲擊，造成船體破裂。

（7）失蹤：船舶在航行中失去聯絡，達到一定時間仍無音訊者視為失蹤。

（二）外來風險（Extraneous Risks）

外來風險是指海上風險以外的其他外來原因所造成的風險。這裡的外來原因是指必須是意外的事難以預料的而不是必然發生的外來因素。外來風險可分為一般外來風險和特殊外來風險兩大類。

一般外來風險包括：

（1）失火：指船舶本身、船上設備和機器及貨物自身的燃燒。

（2）偷竊：指貨物被人暗中竊取，不包括公開的攻擊性盜竊。

（3）提貨不著：托運貨物整件提不著。

（4）短量：貨物在運抵目的地時發現數量短少或重量短缺。

（5）沾污：指貨物在運輸途中與其他物質接觸而受污染。

（6）淡水雨淋：指直接由於淡水、雨水淋濕造成貨物的水漬。

（7）滲漏：指流質和半流質的貨物在運輸途中因容器損壞而引起的損失。

（8）破碎：主要指易碎物品在運輸途中因受震動、顛簸、碰撞、受壓等而造成的破碎。

（9）受潮受熱：指由於氣候的驟然變化或船上通風設備失靈，使艙內水汽凝結，造成艙內貨物發潮發熱。

（10）串味：指貨物受到其他異味物品的影響引起串味，失去了原來的味道。

（11）鉤損：指袋裝、捆裝貨物在裝卸搬運過程中因使用吊鉤作業而使貨物受到損壞。

特殊外來風險是指由於政治、軍事、國家、法令、政策及行政措施等外來原因造成的風險。常見的有：戰爭、罷工、武裝衝突、交貨不到、拒收等。

（三）海洋貨物運輸保險承保的損失

在海運貨物保險中，保險人承保由於上述風險造成的損失，現將其列表 3-2 說明如下：

47

表3-2　　　　　　　海洋貨物運輸保險承保的損失

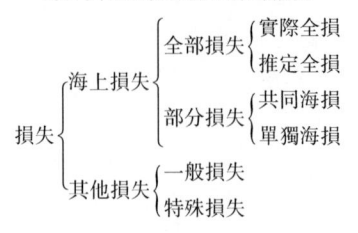

```
         ┌ 海上損失 ┌ 全部損失 ┌ 實際全損
         │         │         └ 推定全損
損失 ─────┤         └ 部分損失 ┌ 共同海損
         │                   └ 單獨海損
         └ 其他損失 ┌ 一般損失
                   └ 特殊損失
```

1. 海上損失（Marine Loss）

海上損失簡稱海損，是指由於海上風險造成的損失。海損按損失程度可分為全部損失和部分損失。

（1）全部損失（Total loss）。整批貨物的全部滅失稱為全部損失。發生全損時，保險人將按照保險金額的100%予以賠償。全損又有實際全損和推定全損之分。

實際全損（Actural Total Loss）是指被保險貨物已經完全損壞或滅失。它包括下列四種情況：

第一，被保險貨物已經完全滅失。如：貨物遭遇大火被全部焚毀；船舶遇難，貨物隨同船舶沉入海底滅失。

第二，被保險貨物遭到嚴重損害已失去了原有的用途和價值。如：水泥被海水浸泡成硬塊；茶葉被海水侵蝕變質。

第三，被保險人對保險貨物的所有權已被剝奪而不能再恢復。如：戰時貨物被敵方所捕獲或沒收。

第四，載貨船舶失蹤達到一定時期（有的國家法律規定為4個月，有的則為6個月，中國海商法規定為2個月）仍無音訊。

推定全損（Constructive Total Loss）是指被保險貨物遭受損失時雖未達到完全滅失的狀態，但對受損貨物進行施救、整理、復原且將其運抵目的地所用的費用將超過貨物在目的地完好狀態下的價格。發生推定全損時，被保險人必須立即向保險人發出「委付通知」，將殘餘貨物及一切權益轉讓給保險人，要求保險人按全損給予賠償，否則將被視為部分損失。

推定全損包含下列三種情況：

第一，被保險人對其船貨的所有權被剝奪，恢復對貨物的所有權所需費用將超過貨物本身的價值。

第二，被保險船舶受損，已達不能修理的程度，如勉強修理，其費用將超過該船舶的價值。

第三，被保險貨物雖未全部受損，但如果將貨物整理續運，所需費用將超過貨物本身的價值。

實際全損和推定全損是有一定區別的。發生實際全損時，被保險貨物已全部滅失和損壞，被保險人可以向保險人要求全部賠償，而不需辦理委付手續。而發生推

第三章 國際貿易貨物保險慣例

定全損時,被保險貨物並未完全滅失,是可以修復或者可以收回的,但所需費用將超過貨物在完好狀態下的價值,被保險人可以向保險人辦理委付手續,要求保險人按全損賠償。

案例分析 3-1

有一被保貨物——精密儀器一臺,貨價為 15,000 美元,載運該貨的海輪,在航行中同另一海輪發生互撞事故,由於船身的激烈震動,而使該臺儀器受到損壞。事後經專家檢驗,認為該臺儀器如修復原狀,則需修理費用 16,000 美元;如拆卸為零件出售,尚可收回 5,000 美元。試問,在上述情況下,這臺受損壞儀器應屬何種損失?保險公司又應如何處理這一損失案件?

分析要點:這臺精密儀器因船舶互撞而受到損失,受損壞的儀器如拆卸為零件出售,尚可收回 5,000 美元的價值,但是如果將它修復至原狀,則修理費用達 16,000 美元,如加上運至目的地的費用總和,超過該貨在目的地的價值。在這種情況下,按照慣例,保險公司則視該批貨物為推定全損,應屬於保險公司賠償的範圍。

在本例中所說的情況屬於推定全損的範圍。保險公司對於發生推定全損的貨物,除按保單的規定,給予賠款外,被保人即貨主,應將該貨物委付給保險公司,即將該貨的權益轉讓給保險公司,並由被保人簽署權力轉讓書作為證據,從而使保險公司在賠付貨款以後,能夠自行處理該貨的殘餘部分,並享受該貨有關其他權益。

(2) 部分損失 (Partial Loss)。凡被保險貨物的損失沒有達到全部損失的程度,稱為部分損失。部分損失按其性質又分為共同海損和單獨海損。

共同海損 (General Average) 是指船在海運途中遇難,船方為維護船舶和所有貨物共同安全使之脫險,而有意識地作出的特殊犧牲或支出的額外費用。

在海洋貨物運輸過程中,因船方採取某種措施而造成的船貨本身的損失或費用損失,並非都是共同海損,構成共同海損必須同時具備以下條件:

第一,共同海損的危險必須是確實存在的或不可避免出現的,危及船舶與貨物的共同安全。

第二,共同海損所採取的救助措施必須是為了解除船、貨的共同危險,人為地、有意識地採取的合理措施。

第三,共同海損的犧牲是特殊的,支出的費用是額外的。也就是說,共同海損的犧牲是為解除危險,而不是危險本身造成的;共同海損的費用是船舶正常營運所需費用以外的。

第四,共同海損所做的犧牲和支出的額外費用最終必須是有效的。即經過搶救措施以後,船舶或貨物的全部或一部分安全抵達目的港;從而避免了船貨同歸於盡的局面。

共同海損發生後,其犧牲或費用應由船舶、貨物和運費三方按獲救價值,按比

例共同分攤。其原則是，全體利害關係人，不論其是否受損，都必須分攤共同海損的犧牲或費用。

案例分析 3-2

例如：有一艘船，價值 500 萬美元，租給一經營者使用，經營者運費收入 15 萬美元，船上有甲、乙、丙、丁四方貨物，甲貨值 60 萬美元、乙貨值 55 萬美元、丙貨值 43 萬美元、丁貨值 20 萬美元。后來船擱淺。為了使船只順利航行，船長命令將丁的貨全部拋入海中，問事后損失如何分攤？

分析要點：

根據損失額 20 萬美元，全船分攤價值（完好價值減去不屬於共同海損的損失金額）為 693 萬美元（500+15+60+55+43+20），則分攤比例為 20/693=2.886%。具體分攤如下：

貨主甲：60×2.886%=1.73 萬美元

貨主乙：55×2.89%=1.59 萬美元

貨主丙：43×2.89%=1.24 萬美元

貨主丁：20×2.89%=0.58 萬美元

船主：500×2.89%=14.43 萬美元

承運人：15×2.89%=0.43 萬美元

這樣，沒有損失的方面共同承擔損失額 19.42 萬美元，並以此補償給實際損失者貨主丁，丁得到補償后實際損失為 20-19.42=0.58（萬美元）。

共同海損分攤是在共同海損理算基礎上進行的。共同海損理算是一項極為複雜的工作，一般都由專業理算機構或人員來進行，他們負責共同海損的審核，估計損失並計算各項犧牲應獲得的補償金額，以及有關利益方應分攤的共同海損金額，然后編製出理算報告，分別送給船、貨各方和保險公司，憑此結算。為了做好共同海損理算工作，各國都設有專門的理算機構，中國共同海損理算工作由中國貿促會海損理算處承辦，而且各國都制訂了相應的理算規則。目前國際上通行的共同海損理算規則是《約克—安特衛普規則》，該規則雖不是強制性的國際公約，但因其內容詳細、辦法合理，已被國際海運、貿易和保險界廣泛接受。中國的《北京理算規則》也是依據《約克—安特衛普規則》制訂的。

單獨海損（Particular Average）是指船舶在航行過程中發生的，除共同海損以外的部分損失。單獨海損是一種特定利益方的部分損失，它不涉及其他貨主或船方，該損失應由受損方單獨承擔。

共同海損與單獨海損雖然同屬部分損失，但兩者是有區別的。首先兩者的成因不同，單獨海損是風險所直接造成的船貨的損失，而共同海損則是為了解除風險人為造成的一種損失。其次兩者的承擔方不同，單獨海損的損失由受損方自己承擔，

第三章　國際貿易貨物保險慣例

而共同海損的損失則由各利害關係方根據獲救價值的大小按比例共同分攤。

案例分析 3-3

某貨輪從天津新港駛往新加坡，在航行途中船舶貨艙起火，大火蔓延至機艙，船長為了船貨的共同安全決定採取緊急措施，往艙中灌水滅火。火雖被撲滅，但由於主機受損，無法繼續航行，於是船長決定雇傭拖輪將貨船拖回新港修理，檢修后重新駛往新加坡。其中的損失與費用有：①1000 箱貨被火燒毀；②600 箱貨由於灌水受到損失；③主機和部分甲板被燒壞；④拖輪費用；⑤額外增加的燃料、船長及船員工資。請指出這些損失中哪些是單獨海損，哪些是共同海損？

分析要點：①1000 箱貨被火燒毀，屬單獨海損；②600 箱貨由於灌水造成損失屬共同海損；③主機和部分甲板被燒壞，屬單獨海損；④拖輪費用以及；⑤額外增加的燃料、船長及船員工資都屬共同海損。

案例分析 3-4

某遠洋運輸公司的「東風」號輪在 6 月 28 日滿載貨物起航，出公海后由於風浪過大偏離航線而觸礁，船底劃破長 2 米的裂縫，海水不斷滲入。為了船貨的共同安全，船長下令拋掉 A 倉的所有鋼材並及時組織人員堵塞裂縫，但無效果。為使船舶能繼續航行，船長請來拯救隊施救，共支出 5 萬美元施救費。船的裂縫補好后繼續航行，不久，又遇惡劣氣候，浸入海水使 B 艙的底層貨物嚴重受損，放在甲板上的 2,000 箱貨物因沒有採用集裝箱裝運也被風浪捲入海裡。問：以上的損失，各屬什麼性質的損失？投保什麼險別的情況下，保險公司給予賠償？

分析要點：①長 2 米的裂縫屬於單獨海損；②A 倉的所有鋼材屬於共同海損；③拯救隊施救，開支 5 萬美元屬於共同海損；④海水浸入使 B 艙的底層貨物嚴重受損屬於單獨海損；⑤2000 箱放在甲板上而被風浪捲入海裡的貨物屬於實際全損。

案例分析 3-5

有一批已投買保險的貨物，受載該批貨物的海輪，在航程中發生火災，經船長下令后施救，火災被撲滅，經事后檢查，該批貨物損失情況如下：①500 箱受嚴重水漬，無其他損失；②500 箱受熱熏損失，還遭受水漬，但沒有火燒痕跡；③200 箱著火但已被撲滅，有嚴重水漬損失；④300 箱已燒毀。試問上述四種情況，應分別屬於何種性質的海損？為什麼？

分析要點：第一種情況，500 箱貨物僅僅受水漬損失，既沒有著火痕跡，也無熱熏損失，應視為共同海損，因為它是船長為了船、貨共同安全，經灌水施救而造成的直接犧牲。

第二種情況，由於沒有發現任何著火痕跡，僅受到熱熏損失和水漬損失，按照

保險業務的習慣做法，通常對熱薰損失應列為單獨海損，這是因為熱薰是火引起的，如果船長不下令施救，該部分貨物有可能著火燃燒。

第三種情況，由於這 200 箱著火，但已被撲滅，雖有嚴重水漬損失，但只能列為單獨海損。這是因為貨物已著火，如不施救，該貨將燒毀，因此，水漬部分不列入共同海損。但目前在實際處理中，也有把它列為共同海損的。

第四種情況是十分清楚的，這 300 箱已燒毀，應屬於單獨海損。

2. 其他損失

凡海上風險以外的其他外來風險造成的損失，均為其他損失。它包括一般損失和特殊損失。前者是由一般外來風險造成的損失，而後者則是由特殊外來風險導致的貨物損失。

(三) 海洋貨物運輸保險承保的費用

保險貨物遭遇保險責任範圍的風險，除了會造成保險貨物的損失，還會引起大量的費用支出，這種費用保險人也給予賠償。在海運保險中，保險人負責賠償的費用主要有施救費用和救助費用。

(1) 施救費用 (Sue and Labor Charges) 是指被保險貨物在遭遇承保責任範圍內的災害事故時，被保險人或其代理人、雇傭人員或受讓人等為防止損失的擴大，採取各種搶救與防護措施所支出的合理費用。

(2) 救助費用 (Salvage Charges) 是指被保險貨物在遭遇承保範圍內的災害事故時，由保險人和被保險人以外的第三者採取救助行動並獲成功，由被救方支付給救助方的報酬。

對於施救費用和救助費用，保險人的賠償責任是不同的。施救費用可在保險貨物本身的保額以外，再賠一個保額，亦即保險人對保險標的損失的賠款和對施救費用的賠償兩者之和，不得超過兩個保險金額。而保險人對救助費用的賠償責任是以不超過獲救財產的價值為限，亦即救助費用與保險貨物本身損失的賠償金額兩者之和，不得超過貨物的保額。

第三節　中國人民保險公司海上貨物保險條款

海洋貨物運輸保險條款是指保險人或保險公司在其保險單內所載明的，明確規定投保人與保險人之間的權利與義務，即賠償的責任範圍、除外責任、保險期限及其他有關事項的條款。所謂險別是保險公司按不同情況所規定的不同的保險範圍，它是保險人承保責任大小、被保險人繳付保險費多少的依據。

為了適應對外貿易的發展，各國都設有國際貨物運輸保險機構，並制訂了相應的保險條款。中國人民保險公司根據中國保險工作的實際情況，並參照國際保險市

第三章　國際貿易貨物保險慣例

場的習慣做法，分別制訂了海洋、陸上、航空及郵包運輸方式的貨物運輸保險條款，以及適用於以上四種運輸方式貨物保險的附加險條款，總稱為「中國保險條款（China Insurance Clauses，簡寫 CIC），在上述各種運輸方式的貨物保險中，海運貨物保險的險種最多。

中國海洋貨物運輸保險的險別，按照是否能單獨投保分為基本險、附加險和專門險三類。基本險所承保的主要是自然災害和意外事故所造成的貨物損失或費用，附加險承保的是其他外來風險所造成的損失和費用。現將中國保險條款中有關海洋貨物運輸保險的險別列表於下表 3-3 並加以說明：

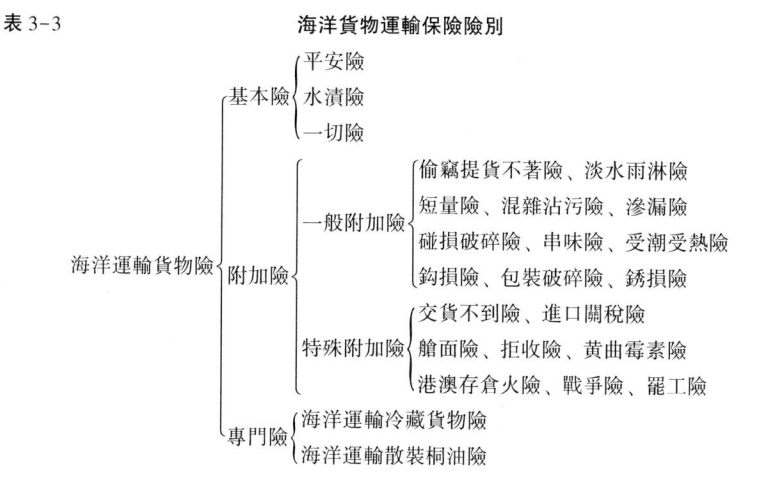

表 3-3　　　　　　　　　海洋貨物運輸保險險別

```
                  ┌ 基本險 ┬ 平安險
                  │        ├ 水漬險
                  │        └ 一切險
                  │                    ┌ 偷竊提貨不著險、淡水雨淋險
                  │        ┌ 一般附加險 ┤ 短量險、混雜沾污險、滲漏險
                  │        │           │ 碰損破碎險、串味險、受潮受熱險
海洋運輸貨物險 ─┤ 附加險 ┤           └ 鈎損險、包裝破碎險、銹損險
                  │        │           ┌ 交貨不到險、進口關稅險
                  │        └ 特殊附加險 ┤ 艙面險、拒收險、黃曲霉素險
                  │                    └ 港澳存倉火險、戰爭險、罷工險
                  └ 專門險 ┬ 海洋運輸冷藏貨物
                          └ 海洋運輸散裝桐油險
```

一、海洋貨物運輸保險的基本險

（一）責任範圍

按照中國人民保險公司 1981 年 1 月 1 日修訂的《海洋運輸貨物保險條款》的規定，海洋運輸貨物保險的基本險別分為平安險、水漬險和一切險三種，各自的責任範圍是不同的。

1. 平安險（Free From Particular Average，簡稱 FPA）

根據英文翻譯，平安險的原意是「單獨海損不賠」，即保險人在承保這種險別時，對全損和共同海損負責，而不負責賠償被保險貨物所遭受的單獨海損損失。隨著保險業的發展，平安險的責任範圍也進一步擴大，現在保險人對某些特定情況下的單獨海損也賠。

平安險的承保責任範圍包括：

（1）被保險貨物在運輸途中由於惡劣氣候、雷電、海嘯、地震、洪水等自然災害造成整批貨物的全部損失或推定全損。

（2）由於運輸工具遭受擱淺、觸礁、沉沒、互撞、與流冰或其他物體碰撞以及

53

國際貿易慣例與公約

失火、爆炸等意外事故造成貨物的全部或部分損失。

（3）在運輸工具已經發生擱淺、觸礁、沉沒、焚毀等意外事故的情況下，貨物在此前后又在海上遭受惡劣氣候、雷電、海嘯等自然災害所造成的部分損失。

（4）在裝卸或轉運時由於一件或數件貨物整件落海造成的全部或部分損失。

（5）被保險人對遭受承保責任內危險的貨物採取搶救、防止或減少貨損的措施而支付的合理費用。但以不超過該批被搶救貨物的保險金額為限。

（6）運輸工具遭遇海難后，在避難港由於卸貨所引起的損失以及在中途港、卸貨港由於卸貨、存倉和運送貨物所產生的特別費用。

（7）共同海損的犧牲、分攤和救助費用。

（8）運輸契約訂有「船舶互撞責任」條款，根據該條款規定應由貨方償還船方的損失。

平安險是三種基本險別中保險人責任最小的。在CIF條件下，除非合同另有規定，一般賣方只負責投保平安險。

案例分析 3-6

有一批貨物以按發票總值110%投保了平安險（F. P. A.），載運該批貨物的海輪於5月3日在海面遇到暴風雨的襲擊，使該批貨物受到部分水漬，損失貨值為10,000元；該輪在繼續航行中，又於5月8日發生觸礁事故，又使該批貨物發生部分損失，亦為貨值10,000元。試問保險公司對上述損失是否承擔賠償責任，為什麼？

分析要點：上例中的被保貨物，在航行中連續遭到了兩次損失，第一次損失發生於5月3日，是由於自然災害而造成的。按照平安條款，在一般情況下，對於自然災害而造成的這種部分損失是不負賠償責任的，但是如果由於運輸工具發生意外事故而使貨物發生部分損失，則屬於平安險的賠償範圍。因此，按照平安險的責任範圍，在一般情況下，保險公司對該批貨物的第一次損失是不負責賠償的。但值得注意的是，在本例中，存在著特殊情況，即在5月3日發生自然災害而使貨物遭到部分損失之后，又於5月8日發生了船舶觸礁的事故，按照平安險的責任範圍規定：「在船舶已經發生擱淺、觸礁、沉沒、互撞、焚毀意外事故的情況下，而貨物在此前后由於自然災害所造成的部分損失也應列入賠償範圍。」

案例分析 3-7

有批貨物投保了平安險，該批貨物在裝船過程中，有8件貨物落海，其中5件貨物全部損失，而另3件貨物由於打撈及時，僅造成部分損失。試問，保險公司應負責賠償幾件？為什麼？

分析要點：應該賠付8件，因為平安險條款對於裝船、卸貨、轉運時由於一件

第三章　國際貿易貨物保險慣例

或數件整件貨物落海造成的全部或部分損失均負責賠償。如中國人民保險公司海洋運輸貨物保險條款平安險的責任範圍第四點規定：「在裝卸貨轉運時由於一件或數件整件貨物落海的全部或部分損失。」

2. 水漬險（With Particular Average，簡稱 WA 或 WPA）

水漬險英文的含義是「單獨海損也賠」，它除了包括平安險各項責任外，還負責由於自然災害所造成的部分損失。

水漬險的承保責任範圍是：

（1）平安險所承保的全部責任。

（2）被保險貨物在運輸途中，由於惡劣氣候、雷電、海嘯、地震、洪水等自然災害造成的部分損失。

3. 一切險（All Risks）

一切險的責任範圍，除包括平安險和水漬險的責任外，還包括被保險貨物在運輸途中由於一般外來原因所造成的全部或部分損失。具體地說，一切險的責任既包括平安險、水漬險，還包括一般附加險的全部險別。一般附加險的險別有：偷竊、提貨不著險，淡水雨淋險，短量險，混雜、沾污險，滲漏險，碰損、破碎險，串味險，受潮受熱險，鈎損險，包裝破裂險 11 種。

一切險的承保責任也是有一定的範圍的，保險人並非對任何風險所造成的損失都負賠償責任，對因貨物的內在缺陷和自然損耗，以及運輸延遲、戰爭和罷工所導致的損失，保險人均不負賠償責任。

（二）除外責任

除外責任是保險人不負賠償責任的範圍。中國人民保險公司《海洋運輸貨物保險條款》中，對海運基本險的除外責任有以下五項規定：

（1）被保險人的故意行為或過失所造成的損失。

（2）屬於發貨人的責任所引起的損失。

（3）在保險責任開始前，被保險貨物已存在的品質不良或數量短差所造成的損失。

（4）被保險貨物的自然損耗、本質缺陷、特性以及市價跌落、運輸延遲所造成的損失或費用。

（5）戰爭險和罷工險條款規定的責任範圍和除外責任。

（三）責任期限

責任期限是指保險人承擔責任的起訖時限。按照國際保險業的習慣做法，中國貨物基本險的保險期限，一般也採用「倉至倉條款（Warehouse to Warehouse Clause，簡稱 W/W Clause）」。它的基本內容是：保險人對被保險貨物所承擔的保險責任，自被保險貨物運離保險單所載明的發貨人倉庫或儲存處所時開始生效，包括正常運輸過程中的海上、陸上、內河和駁船運輸在內，直至該貨物到達保險單所載明的目的地收貨人的倉庫或儲存處所為止。如貨物未抵達收貨人倉庫或儲存處所，則以被

保險貨物在最后卸貨港全部卸離海輪后起滿 60 天為止。如在上述 60 天需將被保險貨物運到非保險單所載明的目的地時，則於貨物開始轉運時終止。

但應注意不同價格術語影響 W/W 的責任起訖點。

在 CIF 下，保險責任起訖期間是「倉至倉」。因為在 CIF 條件下，賣方以自己的名義投保海上貨運保險，當貨物越過船舷后，賣方以背書形式將保險單的權利轉移給買方。因此，貨物自發貨人倉庫運出至越過船舷以前，這段時間發生的損失，除了賣方可向保險公司提出索賠之外，買方也可憑背書轉讓的保險單向保險人索賠，即在 CIF 條件下，買方可按倉至倉對全程運輸中的損失享有向保險人索賠的權利。

但在 FOB、CFR 條件下，保險責任起訖期間是：「船至倉」。因為在 FOB 和 CFR 條件下，是由買方負責投保海上貨物運輸保險的，買方投保的海上貨運保險是自貨物在起運港越過船舷之后才生效的，保險公司對買方所負的賠償責任，僅限於貨物在起運港有效越過船舷以後，由承保風險所造成的損失。

案例分析 4-8

有一份 CIF 合同出售大米 50 噸，賣方在裝船前投保了一切險加戰爭險，自南美內陸倉庫起，直至英國倫敦買方倉庫為止。貨物從賣方倉庫運往碼頭途中，發生了承保範圍內的損失。問：①當賣方憑保險單向保險公司提出索賠時，能否得到賠償？②若採用的術語改為 FOB 或 CFR，則賣方能否得到保險公司的賠償？

分析要點：①若採用 CIF 術語，賣方憑保險單向保險公司提出索賠時，能得到賠償。因為此時貨物的風險和損失由賣方承擔，並且賣方以自己的名義投保海上貨運保險，一旦貨物有損失可憑保險單獲得保險公司的賠償。②若採用的術語改為 FOB 或 CFR，則賣方不能得到保險公司的賠償。因為雖然貨物的風險和損失由賣方承擔，但是由買方負責投保海上貨物運輸保險的，賣方未以自己的名義投保海上貨運保險，所以賣方不能得到保險公司的賠償，除非賣方為這段貨物運輸單獨投保。

(四) 索賠期限

索賠期限是被保險貨物發生保險責任範圍內的風險與損失時，被保險人向保險人提出索賠的有效期限。中國人民保險公司《海洋運輸貨物保險條款》規定的索賠時效為，自被保險貨物在目的港卸離海輪之日起算，最多不超過兩年。但按 1993 年 7 月 1 日施行的《中華人民共和國海商法》的規定，索賠時效為自保險事故發生之日起算兩年。

二、海洋貨物運輸保險的附加險

上述基本險所承保的是由於自然災害和意外事故所造成的風險損失。貨物在運輸過程中除可能遭受到此種風險損失外，還可能會遇到其他各種外來原因所引起的風險損失。因此，保險人在基本險條款之外，又制訂了各種附加險條款。這些附加

第三章　國際貿易貨物保險慣例

險是對基本險的補充和擴大，不能單獨投保，投保人必須在投保一種基本險的基礎上才能加保一種或數種附加險。

目前，《中國保險條款》中的附加險有一般附加險和特殊附加險兩種。

(一) 一般附加險

一般附加險所承保的是一般外來風險所造成的全部或部分損失。中國人民保險公司承保的一般附加險主要有以下 11 種：

1. 偷竊、提貨不著險 (Theft Pilferage and Non-delivery)

這一險別承保在保險有效期內，被保險貨物被偷竊或貨物在目的地整件提不著貨的損失。

2. 淡水雨淋險 (Fresh Water/Rain Damage)

承保貨物在運輸途中由於直接遭受雨淋或淡水所造成的損失。

3. 短量險 (Risk of Shortage)

這一險別承保貨物在運輸過程中因外包裝破裂或散裝貨物發生的數量短缺或重量短少的損失。

4. 混雜、沾污險 (Risk of Intermixture and Contamination)

承保貨物在運輸過程中因混進雜質或被污染所致的損失。

5. 滲漏險 (Risk of Leakage)

承保流質、半流質、油類等貨物，因容器損壞而引起的滲漏損失，或用液體儲藏的貨物因液體滲漏而使貨物變質、腐爛所致的損失。

6. 碰損、破碎險 (Risk of Clash and Breakage)

這一險別承保貨物在運輸過程中因震動、碰撞、受壓而引起破碎和碰撞所致的損失。

7. 串味險 (Risk of Odour)

承保貨物在運輸過程中，因受其他帶異味貨物的影響而引起的串味損失。

8. 受潮受熱險 (Damage Caused by Sweating and Heating)

承保貨物在運輸過程中，由於氣候突然變化，或由於船上通風設備失靈致使船艙內水汽凝結、發潮或發熱所造成的損失。

9. 鈎損險 (Hook Damage)

承保貨物在裝卸過程中因遭受鈎損而引起的損失。

10. 包裝破裂險 (Breakage of Packing)

承保貨物在運輸過程中因包裝破裂所造成的損失，以及為續運安全需要對包裝進行修補或調換所支付的費用。

11. 銹損險 (Risk of Rust)

承保貨物在運輸過程中因生鏽造成的損失。

當投保險別為平安險和水漬險時，可加保上述 11 種一般附加險中的一種或多種。如果已投保了一切險，則不需要加保一般附加險，因為，一切險的責任範圍已

包括了上述 11 種附加險所承保的損失和費用。

（二）特殊附加險

特殊附加險主要承保由於特殊外來風險所造成的全部或部分損失。特殊附加險有下列險別：

1. 交貨不到險（Failue to Delivery）

對不論由於何種原因，已裝船貨物不能在預定抵達目的地的日期起算 6 個月內交貨，保險公司均按全部損失賠付。

2. 進口關稅險（Import Duty Risk）

如果被保險貨物發生保險責任範圍的損失，而被保險人仍須按完好貨物價值完稅的，保險公司對受損部分貨物所繳納的進口關稅負責賠償。

3. 艙面險（On Deck Risk）

保險人對裝於艙面上的貨物的損失負責賠償，但保險人一般只負責賠償貨物被拋棄或被風浪衝擊落水的損失。

4. 拒收險（Rejection Risk）

對不論什麼原因造成的進口國當局拒絕貨物進口或沒收貨物所造成的損失，保險人負責賠償。投保該險時，被保險人必須持有進口所需的一切文件。

5. 黃曲霉素險（Aflatoxin Risk）

承保貨物因所含黃曲霉素超過進口國限制標準，被拒絕進口，或者被沒收，或者被強制改變用途而造成的損失。

6. 貨物出口到香港（包括九龍在內）或澳門存倉火險責任擴展條款（Fire Risk Extension Clause for Storage of Cargo at Destination Hongkong, including Kowloon, or Macao）

被保險貨物到達目的地卸離運輸工具後，如直接存放於保險單載明的過戶銀行所指定的倉庫，存倉期間由於發生火災所造成的損失，保險人負責賠償。這一險別的保險期限，是從貨物運入過戶銀行指定的倉庫時開始，直到銀行解除貨物的權益為止，或運輸責任終止時起滿 30 天為止。

7. 戰爭險（War Risk）

戰爭險的責任範圍包括：直接由於戰爭、類似戰爭行為和敵對行為、武裝衝突或海盜行為所造成的損失；由於上述原因引起的捕獲、拘留、扣留、禁制、扣押等所造成的損失；各種常規武器，包括水雷、炸彈等所造成的損失；由本險責任範圍所引起的共同海損犧牲、分攤和救助費用。但對由於敵對行為使用原子或熱核製造的武器所造成的損失，以及由於執政者、當權者或者其他武器集團的扣押、拘留引起的承保航程的喪失或挫折所造成的損失不負賠償責任。

戰爭險的保險責任期限是以「水上危險」為限，即以貨物在起運港裝上海輪或駁船時開始，到目的港卸離海輪時為止。如被保險貨物不卸離海輪或駁船，則以海輪到達目的港的當日午夜起算滿 15 天，保險責任自行終止。

第三章　國際貿易貨物保險慣例

8. 罷工險（Strikes Risk）

承保貨物由於罷工者、被迫停工工人或參加工潮、暴動、民眾鬥爭的人員的行為或任何人的惡意行為所造成的直接損失，和上述行動或行為所引起的共同海損的犧牲、分攤和救助費用。但對在罷工期間由於勞動力短缺，或不能使用勞動力所造成的被保險貨物的損失或費用如：因罷工而引起的動力或燃料缺乏，使冷藏機停止工作造成冷藏貨物化凍變質的損失；因罷工無勞動力搬運貨物，致使貨物堆積在碼頭遭受雨淋的損失；以及因罷工無法在原定港口卸貨，改運其他港口卸貨致使運費增加的損失等，保險人不負賠償責任。

罷工險的保險責任期限，也採用「倉至倉條款」。

被保險人在投保了基本險中任一種的基礎上，均可另行加保有關的特殊附加險。按照國際保險業的習慣，在投保戰爭險的前提下，加保罷工險不另收費。

案例分析 3-9

我方按 CIF 條件出口大豆 1000 公斤，計 10,000 包，合同規定投保一切險加戰爭險、罷工險。貨物卸至目的港碼頭後，當地碼頭工人開始罷工。在工人和政府的武裝力量對抗中，該批大豆有的被撒在地上，有的被當成掩體，有的丟失，總共損失近半。請問這種損失保險公司是否負責賠償？

分析要點：保險公司應給予賠償。罷工險是保險人承保罷工者、被迫停工工人、參加工潮、暴動和民眾、戰爭的人員採取行動所造成的承保貨物的直接損失。本案中，賣方應買方的要求在戰爭險的基礎上加附罷工險，保險公司按「倉至倉」條款承保。貨抵目的港卸至碼頭後，由於遇碼頭工人罷工與政府武裝發生衝突，工人將大米包壘成掩體進行對抗，導致 50% 貨物損失屬罷工險承保範圍內的損失，我方可向保險公司提出索賠。

案例分析 3-10

我方按 CIF 條件出口凍帶骨兔 10 公噸，合同規定：投一切險加戰爭險、罷工險。貨到目的港後，當地碼頭工人開始罷工，港口無人作業，貨物無法卸載。不久貨輪因無法補充燃料致冷凍設備停機。等罷工結束，該冷凍食品已變質。請問這種損失保險公司是否負責賠償？

分析要點：本案的貨物損失保險公司不負責賠償，因為該損失不是罷工者、被迫停工工人、參加工潮、暴動和民眾鬥爭的人員採取行動造成的承保貨物的直接損失，而是間接損失，不在罷工險的賠償責任範圍。

三、海洋貨物運輸保險的專門險

在中國海洋貨物運輸保險中，還有兩種專門險：海洋運輸冷藏貨物保險和海洋

運輸散裝桐油險。

(一) 海洋運輸冷藏貨物保險 (Ocean Marine Insurance Frozen Products)

1. 海洋運輸冷藏貨物保險險別及責任範圍

海洋運輸冷藏貨物保險分為冷藏險 (Risk for Shipment of Frozen Products) 與冷藏一切險 (All Risks for Shipment of Frozen Products) 兩種。

冷藏險的責任範圍除負責水漬險的責任外，還承保由於冷藏機器停止工作連續達 24 小時以上所造成的貨物腐爛或損失。

冷藏一切險的責任範圍，除包括冷藏險的各項責任外，還負責承保被保險貨物在運輸途中由於一般外來原因所造成的腐爛或損壞。

2. 海洋運輸冷藏貨物保險的除外責任

海洋運輸冷藏貨物保險的除外責任，除上述海洋運輸貨物保險的除外責任外，還包括以下兩方面：

(1) 被保險貨物在運輸過程中的任何階段，因未存放在有冷藏設備的倉庫或運輸工具中，或輔助運輸工具沒有隔溫設備所造成鮮貨腐爛的損失。

(2) 被保險貨物在保險責任開始時，因未保持良好狀態，包括整理加工和包裝不妥、冷凍上的不合規定及肉食骨頭變質所引起的腐爛和損失。

海洋運輸冷藏貨物保險的責任期限與海洋運輸貨物三種基本險的責任期限基本相同，也採用「倉至倉條款」。但是，貨物到達保險單所載明的最后目的港，如在 30 天內卸離海輪，並將貨物存入岸上冷藏倉庫後還繼續負責，但以貨物全部卸離海輪時起算滿 10 天為限。如果在上述期限內貨物一經移出冷藏倉庫，保險責任即告終止。如果貨物卸離海輪后不存入冷藏倉庫，保險責任自卸離海輪時終止。

(二) 海洋運輸散裝桐油保險

海洋運輸散裝桐油保險的責任範圍是：保險人承保不論什麼原因造成的被保險散裝桐油的短少、滲漏、沾污或變質的損失。

海洋運輸散裝桐油保險的責任期限也是「倉至倉條款」。但如果被保險散裝桐油運抵目的港不及時卸載，則自海輪抵達目的港時起算滿 15 天，保險責任自行終止。

第四節　倫敦保險協會海運貨物保險條款

為了適應對外貿易的發展，各國保險組織都有各自的保險條款。其中影響較大的是英國倫敦保險協會所制定的《協會貨物條款》(Institute Cargo Clause, ICC)。該條款是根據 1906 年英國《海上保險法》和 1779 年英國國會確認的「勞埃德船、貨保險單價格」制定的，最早版本制定於 1912 年，經過多次修改於 1963 年 1 月 1 日定型為《協會貨物條款》，現行條款是 1982 年 1 月 1 日修訂完畢於 1983 年 4 月 1 日

第三章 國際貿易貨物保險慣例

起實施的。目前中國以 CIF 價格條件對外出口時，外國客戶經常會要求採用《協會貨物條款》（ICC）進行投保，因此瞭解和掌握《協會貨物條款》的知識是有必要的。

倫敦保險協會海運貨物保險條款主要有六種：協會貨物條款［Institute Cargo Clause（A），ICC（A）］；協會貨物條款［Institute Cargo Clause（B），ICC（B）］；協會貨物條款［Institute Cargo Clause（C），ICC（C）］；協會戰爭險條款（Institute War Clause-Cargo）；協會罷工險條款（Institute Strikes Clause-Cargo）；惡意損害險條款（Malicious Damage Clauses）。在六種險別中，前面三種為主險，可以單獨投保。戰爭險和罷工險也可以單獨投保，而惡意損害險則不能單獨投保。

一、《協會海運貨物保險條款》主要險別的承保責任與除外責任

ICC 的主要險別是 ICC（A）、ICC（B）和 ICC（C），其風險承擔範圍由大到小。這三種主險與《中國保險條款》（China Insurance Clauses，CIC）的主險種相似。ICC（A）類似於一切險，ICC（B）類似於水漬險，ICC（C）類似於平安險，但範圍比平安險小一些。

1. ICC（A）

（1）承保風險

ICC（A）是基本險中承保範圍最廣的一種，即除規定的除外責任以外的一切風險所造成保險標的的損失均予以賠償。

（2）除外責任

①一般除外責任。具體包括了：被保險人故意行為所造成的損失和費用；保險標的的自然滲漏，重量或容量的自然損耗，或自然磨損；由於保險標的包裝或準備不足或不當造成的損失或費用；由於保險標的本質缺陷或特性造成的損失和費用；直接由延遲引起的損失或費用，即使延遲是由承保風險所引起；由於船舶所有人、經理人、租船人或經營人破產或不履行債務造成的損失或費用；由於使用任何原子或核子裂變和（或）聚變或其他類似反應或放射性作用或放射性物質的戰爭武器造成的損失或費用。

②不適航和不適宜除外責任條款。例如，船舶或駁船不適航造成的損失和費用；船舶、運輸工具、集裝箱或大型海運箱不適宜安全運載保險標的而造成的損失等。

③戰爭除外責任條款。包括了：戰爭、內戰、革命、叛亂、造反或由此引起的內亂，或交戰國或針對交戰國的任何敵對行為造成的損失和費用；捕獲、拘留、扣留、禁制、扣押（海盜行為除外）以及這種行動的后果或這方面的企圖造成的損失和費用；遺棄的水雷、魚雷、炸彈或其他遺棄的戰爭武器造成的損失和費用。

④罷工除外責任條款。該險種不負擔以下原因造成的損失和費用：罷工者、被迫停工工人或參與工潮、暴動或民變人員；罷工、被迫停工、工潮、暴動或民變；

61

任何恐怖主義者或者任何人出於政治目的採取的行動。

2. ICC（B）

（1）承保風險

該險別以羅列風險的形式來說明承保範圍，也即凡是列出的即可承保，凡是沒有列出的均不負責。其承保範圍包括了：①火災或爆炸；②船舶或駁船遭受擱淺、觸礁、沉沒或傾覆；③陸上運輸工具的傾覆或出軌；④船舶、駁船或其他運輸工具同除水以外的任何外界物體碰撞或接觸；⑤在避難港卸貨；⑥地震、火山爆發或雷電；⑦共同海損犧牲；⑧拋貨或浪擊落海；⑨海水、湖水或河水進入船舶、駁船、其他運輸工具、集裝箱、或海運集裝箱貯存處所。⑩貨物在船舶或駁船裝卸時落海或跌落造成任何整件的全損。

（2）除外責任

該險別的除外責任與 ICC（A）基本相同，但是有兩點不同：第一，ICC（B）對由任何個人或數人非法行動故意損壞或故意破壞保險標的或其任何部分不承擔責任，而 ICC（A）則需要承擔。第二，ICC（B）對海盜行為不負保險責任，而 ICC（A）則將其列入保險範圍。

3. ICC（C）

（1）承保風險

與前面兩種險別相較，ICC（C）的承保風險要小得多，其具體承保的風險是：①火災或爆炸；②船舶或駁船遭受擱淺、觸礁、沉沒或傾覆；③陸上運輸工具的傾覆或出軌；④船舶、駁船或運輸工具同除水以外的任何外界物體碰撞；⑤在避難港卸貨；⑥共同海損的犧牲；⑦拋貨。

（2）除外責任

ICC（C）的除外責任與 ICC（B）完全相同。

二、《協會海運貨物保險條款》附加險

ICC 的附加險包括了戰爭險、罷工險和惡意損害險。ICC 的戰爭險和罷工險在保險公司的同意下可以單獨承保，而 CIC 的附加險一般情況下不能承保的。

1. 戰爭險

戰爭險主要承保由於下列原因造成的標的物的損失：①戰爭、內戰、革命、叛亂、造反或由此引起的內亂，或交戰國或針對交戰國的任何敵對行為；②捕獲、拘留、扣留、禁止或扣押，以及這些行為的后果或這方面的企圖；③遺棄的水雷、魚雷、炸彈或其他遺棄的戰爭武器。戰爭險的除外責任與 ICC（A）的「一般除外責任」及「不適航、不適貨除外責任」大致相同。

2. 罷工險

罷工險主要承保標的物的下列損失：①罷工者、被迫停工工人或參與工潮、暴

動或民變人員造成的損失或費用；②罷工、被迫停工或工潮、暴動或民變造成的損失或費用；③任何恐怖主義者或任何人出於政治目的採取的行動所造成的損失或費用。

3. 惡意損害險

惡意損害險是 ICC 中不能單獨投保的險別。它所承保的是被保險人以外的其他人（如船長、船員等）的故意破壞行動所致被保險貨物的滅失或損害。由於 ICC（B）和 ICC（C）都將惡意損害險的情況排除在外，所以如需防範此類風險應另加保惡意損害險。

三、《協會海運貨物保險條款》保險期限

在保險期限規定上，海運貨物保險的期限一般均採用「倉至倉」的條款，也即是自貨物運離保險單所載明的啓運地倉庫或儲存處所開始運輸時起生效，包括正常運輸過程，直至運到下述地點時終止。包括了：保險單所載明的目的地收貨人或其他最后倉庫或儲存處所；在保險單所載明目的地之前或目的地的任何其他倉庫或儲存處所，由被保險人擇選用作；被保險貨物在最后卸載港全部卸離海輪后滿 60 天為止。這些地點以先發生者為準。

貨物在本保險責任終止前於最后卸載港卸離海輪，需轉運到非保險單載明的其他目的地時，保險責任仍按上述規定終止，但以該項貨物開始轉運時終止。在被保險人無法控制的運輸延遲、任何繞道、被迫卸貨、重行裝載、轉運以及船東或租船人運用運輸契約賦予的權限所作的任何航海上的變更的情況下，各險別仍繼續有效。

與其他險別不同，海運貨物戰爭險的期限一般是「僅限於水上危險」。

第五節　約克—安特衛普規則

《約克—安特衛普規則》（The York Antwerp）已被國際海運、貿易和保險界所接受，是在海洋運輸提單、租船合同和保險契約中約定採用的國際慣例。目前，它的適用範圍比較廣泛，國際上凡是載運國際貿易商品的海輪發生共同海損事故，一般都按照《約克—安特衛普規則》進行理算。

一、《約克—安特衛普規則》的制訂歷史背景

《約克—安特衛普規則》是國際上使用最為廣泛的共同海損理算規則，產生於 19 世紀后半葉，歷經 1877 年、1890 年、1924 年、1950 年、1974 年、1994 年和 2004 年 7 次修訂。

《約克—安特衛普規則》的 7 次修訂體現了該規則持續地朝著簡化的方向發展

國際貿易慣例與公約

和完善，不斷平衡船貨雙方的利益，並促進各國相關海商法制的修改和變革。1860年英國全國社會科學院促進會在英國的格拉斯哥城制定了《格拉斯哥決議》（Glasgow Resolution 1860）。該決議明確了統一共同海損理算規則的必要性，並對共同海損中犧牲和費用的某些問題作了初步劃分。在這一決議的基礎上，1864年國際共同海損大會在英國約克城通過了包含11條關於共同海損理算的《1864年約克規則》（The York Rules 1864）。1877年在比利時的安特衛普通過該規則並改名為《1877年約克—安特衛普規則》。該決議讓各國的共同海損理算制度逐步走向統一。1890年「各國改革和編撰法律協會」會議在英國利物浦增加了「安全完成航程」的規定到《約克—安特衛普規則》，並在1903年會議上補充了一條沿用至今的新規定，則是「即使引起犧牲或費用的事故可能是由於航程中某一方的過失造成的，也不影響要求分攤共同海損的權利，但這並不妨礙非過失方與過失方之間就此項過失提出索賠或抗辯」。1924年國際法協會在瑞典斯德哥爾摩的第33屆會議通過修訂的《約克—安特衛普規則》。該版的規則更加系統和規範化，共有30條規定，其中第一組稱為字母規則，共7條原則性規定；第二組稱為數字規則，共23條具體做法。1950年的《約克—安特衛普規則》增加了兩款解釋規則，一款說明凡是與本規則規定相抵觸的法律和慣例都不適用，共同海損理算適用本規則規定；另一款則是說明數字規則優於字母規則。1974年國際海事委員會再次對《約克—安特衛普規則》進行修訂，取消了過去對修理船舶以新換舊的計算方法，刪除了因起浮船舶造成滿帆損失的老舊規定，增加了對救火造成船舶、貨物損失的定性，增加了救助報酬的規定，並對核定貨物補償和分攤以及計算辦法做出了簡化規定。《1994年約克—安特衛普規則》有更強的系統和規範，增加了首要規則。《2004年約克—安特衛普規則》調整了規則數字排序，修改了救助報酬、船員工資、給養和其他費用、臨時修理、共同海損利息等內容。

二、《約克—安特衛普規則》的首要規則

共同海損（General Average）是指貨船在運輸過程中遇到災害和事故，威脅到船舶所有貨物的共同安全。為了維護船貨的安全，保證船舶能正常行駛，由船方有意識地、合理地採取措施所作出的某些特殊的支出和費用。這些損失和費用則是共同海損。

《約克—安特衛普規則》有七條首要規則，主要是界定共同海損的原則。

規則A：只有在為了共同安全，使同一航程中的財產脫離危險，有意而合理地做出特殊犧牲或支付特殊費用時，才能構成共同海損行為。共同海損犧牲和費用，應按具體規則，由各分攤方分攤。

規則B：如果船舶拖帶或頂推其他船舶而它們都從事商業活動而不是救助作業，則處於同一航程之中。如果所採取的措施是為了使這些船舶及其貨物（如果有）脫

第三章　國際貿易貨物保險慣例

離共同危險, 則應適用本規則。如果一艘船舶只要脫離其他船舶便能獲得安全, 則同其他船舶不處於共同的危險之中, 但如果脫離本身是共同海損行為, 則共同航程繼續存在。

規則 C: 只有屬於共同海損行為直接后果的損失或費用, 才應作為共同海損。環境損害或因同一航程中的財產漏出或排放污染物所引起的損失或費用不得認作共同海損。不論是在航程中或其后發生的滯期損失、行市損失和任何因遲延所遭受的損失或支付的費用以及任何間接損失都不得認作共同海損。

規則 D: 即使引起犧牲或費用的事故, 可能是由於航程中某一方的過失所造成的, 也不影響要求分攤共同海損的權利, 但這不妨礙非過失方與過失方之間就此項過失可能提出的任何索賠或抗辯。

規則 E: 提出共同海損索賠的一方應負舉證責任, 證明所索賠的損失或費用應作為共同海損。所有提出共同海損索賠的關係方應於共同航程終止后十二個月內將要求分攤的損失或費用書面通知海損理算師。如不通知或經要求后十二個月內不提供證據支持所通知的索賠或關於分攤方的價值的詳細材料, 則海損理算師可以根據他所掌握的材料估算補償數額或分攤價值。除非估算明顯不正確, 否則不得提出異議。

規則 F: 凡為代替本可作為共同海損的費用而支付的額外費用, 可作為共同海損並受到補償, 無須考慮對於其他有關方有無節省, 但其數額不得超過被代替的共同海損費用。

規則 G: 共同海損損失和分攤的理算, 應以航程終止的時間和地點的價值為基礎。本條規定不影響對編製海損理算書地點的決定。船舶在任何港口或地點停留, 而按照規定發生共同海損補償時, 如果全部貨物或其中的一部分用其他運輸方式運往目的地並已盡可能通知了貨方, 則共同海損的權利和義務, 將盡可能地如同沒有此一轉運而是在運輸合同和所適用的法律所許可的時間內可以由原船繼續原航程一樣。因適用本條第三款, 認作共同海損補償而由貨物分攤的部分不應超過假如由貨主承擔費用把貨物轉運至目的港所應支付的費用。

這七條規則指出了共同海損的成立要件和確定原則。共同海損的成立要件包括了:

第一, 同一海上航程中屬於不同利益方的財產遭遇到共同危險。一方面, 同一海上航程中具有不同財產利益方。通常在船舶、貨物或者其他財產結為一體時海上航行期間, 船舶所有人、貨主和船舶承租人等當事人的利益是密切相關聯的。這裡的利益相關人還包括了參與救助其他船舶的商業船只。另一方面, 必須確實存在共同危險。這裡的共同危險是指確實存在威脅船舶、貨物以及其他財產安全的客觀情況。如果是通過主觀臆斷誤以為有危險而採取措施帶來的損失不能認為是共同海損。另外, 危險必須是共同的, 也即同一航程中所有財產都面臨著共同的威脅。如果只有部分財產面臨危險, 就不存在共同海損。但這些面臨著共同危險的部分財產, 則

存在共同海損。此外，危險的起因不影響共同海損的成立。例如，即使引發危險是同一航程中一方的過失，但不影響共同海損的分攤，但是其他各方可以對過失方提出索賠或抗辯。

第二，為了共同安全而有意和合理地採取了措施。這裡指的「合理」是採取措施盡可能小地以最小的損失換取船舶、貨物和其他財產的最大安全。

第三，採取的措施直接造成了特殊的財產犧牲或額外費用支出。共同海損是人為造成的特殊損失或產生的費用，而非海上危險導致的直接損失。採取措施的直接后果是導致財產的犧牲或費用的支出。《約克—安特衛普規則》還列舉了非共同海損的情況。例如規則C指出環境損害或因同一航程中的財產漏出或排放污染物所引起的損失或費用不能作為共同海損。

以上三項為共同海損的成立要件，缺一不可。如果某項損失符合上述要件，則屬於共同海損。舉證責任在於提出共同海損索賠的一方。

三、《約克—安特衛普規則》的具體細則

（一）共同海損的犧牲和費用

共同海損的犧牲是指共同海損行為造成有形的物質損壞或滅失。共同海損的費用（General Avaerage Expenditure）是指共同海損行為造成金錢上的支出。在共同海損的事故中，費用的支付主要出於兩大類：一是為了船舶、貨物和其他財產的共同安全而支付，二是為了船舶繼續安全完成航程而支付的費用。

《約克—安特衛普規則》界定了不同環境不同條件下發生的共同海損的犧牲和費用，具體包括了：

（1）為共同安全做出的犧牲。①為了共同安全做出犧牲或其后果和為了共同安全進行拋棄而開艙或打洞以致進水，造成共同航程中的財產的損失，應作為共同海損受到補償。②在遭遇危險時，為了共同安全的需要，用作燃料的貨物、船用材料和物料，應認作共同海損，但船用材料和物料費用受到補償時，為完成原定航程本應消耗的燃料的估計費用，應從共同海損中扣除。

（2）為撲滅火災（Extinguishing Fire on Shipboard）做出的犧牲。為了撲滅船上火災，因水或其他原因使船舶、貨物遭受損壞，包括將著火船舶擱淺或鑿沉所造成的損壞，均應作為共同海損受到補償。這裡值得注意的是，在滅火過程中船上消防設備中原有的任何滅火劑和物品不能作為共同海損，只有為了滅火而重新添加或更換的滅火劑和其他物品的消耗才是共同海損。

（3）有意擱淺（Voluntary Stranding）造成的損壞。船舶無論是否勢必擱淺，如果為了共同安全有意擱淺，因此所造成的共同航程中的財產損失應認定為共同海損。

（4）減載擱淺船舶所引起的費用和損壞。作為共同海損行為而卸下擱淺船舶的貨物、船用燃料和物料時，其減載、租用駁船和重裝（如果發生）的額外費用和由

第三章　國際貿易貨物保險慣例

此造成共同航程中的財產的任何滅失或損壞，都應認作共同海損。處理擱淺船舶而設法起浮船舶造成的損壞也是共同海損。在船舶擱淺並有危險的情況下，如經證明確是為了共同安全，有意使機器、鍋爐冒受損壞的危險而設法起浮船舶，由此造成任何機器和鍋爐的損壞，應認定為共同海損，但船舶在浮動狀態下因使用推進機器和鍋爐所造成的損失，在任何情況下都不得作為共同海損受到補償。

（5）在避難港等地的費用。①船舶因遭遇意外事故、犧牲或其他特殊情況，為了共同安全必須駛入避難港、避難地或駛回裝貨港、裝貨地時，其駛入這種港口或地點的費用，應認作共同海損；其后該船舶裝載原裝貨物或其一部分駛出該港口或地點的相應費用，也應認作共同海損。②船舶在某一避難港或避難地不能進行修理而需轉移到另一避難港口或地點時，此第二避難港口或地點應視作避難港或避難地適用本條的規定。此項轉移費用，包括臨時修理和拖帶費用，應作為共同海損。③在裝貨、停靠或避難港口或地點在船上搬移或卸下貨物、燃料或物料的費用，應認作共同海損，如果這種搬移或卸載是共同安全所必需，或者是為了使船舶因犧牲或意外事故所造成的損壞得以修理，而且此項修理是安全地完成航程所必需的。但如果船舶的損壞是在裝貨或停靠港口或地點發現的，而且航程中沒有發生過與此項損壞有關的任何意外事故或其他特殊情況，則不在此列。④當貨物、燃料或物料的搬移或卸載費用可認作共同海損時，該貨物、燃料或物料的存儲費，包括合理支付的保險費、重裝費和積載費也應認作共同海損。

（6）駛入和停留在避難港等地的船員工資、給養和其他費用。①如果船舶駛入避難港、避難地或駛回裝貨港、裝貨地的費用按《約克—安特衛普規則》可認作共同海損，則由此而引起的航程延長期間合理產生的船長、高級船員和一般船員的工資、給養和消耗的燃料、物料，也應認作共同海損。這裡的工資應包括付給船長、高級船員和一般船員或為他們的利益而支付的一切款項，不論這種款項是法律規定由船東支付的或者是根據雇傭條件支付的。②由於意外事故、犧牲或其他特殊情況，船舶駛入或停留在任何港口或地點，如果是為了共同安全的需要，或者是為了使船舶因犧牲或意外事故所造成的損壞得以修理，而且此項修理是安全地完成航程所必需的，則在此種港口或地點額外停留期間，直至該船舶完成或應能完成繼續航行的準備工作之時為止所消耗的燃油和物料應認作共同海損，但此燃油和物料中為修理的消耗不能認作共同海損。③額外停留期間的港口費用也應認作共同海損。④在下列情況下產生的，應認作共同海損：第一，由同一航程以外的第三方為了共同安全所採取措施，該方本可獲得救助報酬的；第二，為了共同安全必須駛入避難港、避難地或駛回裝貨港、裝貨地時，船舶進入或離開任何港口或地點的條件的，或者是船舶在任何港口或地點停留的條件的；第三，為了貨物卸載、儲存和重裝的需要，如果這些措施的費用可以認作共同海損。

（7）貨物在卸載等過程中遭受的損壞。只有當搬移、卸載、儲存、重裝和積載貨物、燃料或物料的費用可認作共同海損時，由於各該措施的后果而使貨物、燃料

67

或物料所遭受的損失才應作為共同海損受到補償。

（8）提供的款項。為籌款支付共同海損費用而變賣貨物致使貨主遭受的資本損失，均應認作共同海損。共同海損費用墊款的保險費，也應作為共同海損。

（二）不能作為共同海損的犧牲與費用

（1）拋棄（Jettison）造成的損失。除非按照公認的海運習慣運送，被拋棄的貨物不得作為共同海損受到補償。例如，被拋棄財產在被拋棄前已經受到損毀，則不能作為共同海損受到補償。

（2）因菸熏或因火引起熱烤所造成的貨物損壞。

（3）切除的殘餘部分。因切除由於意外事故原已折斷或實際上已經毀損的船舶殘留部分所遭受的損失，不得作為共同海損受到補償。

（4）救助報酬。救助款項，包括所生利息和相關的法律費用，應由付款方自行承擔而不得認作共同海損，除非與救助有關的一方已支付應由另一方承擔的（根據獲救價值而不是按共同海損分攤價值計算的）全部或部分救助費用（包括利息和法律費用），在理算中，應由另一方支付但該方未付的救助費用應貸記付款方，借記由他方代其付款的一方。

（5）在裝貨、停靠或避難港口或地點，只是為了重新積載在航程中移動的貨物而產生的在船上搬移或卸下貨物、燃料或物料的費用，除非該項重新積載是共同安全所必需的，不得認作共同海損。

（6）因維修而額外停留期間的港口費用，以及維修消耗的燃油和物料。此外，如果船舶的損壞是在裝貨或停靠港口或地點發現的，而且航程中沒有發生過與此項損壞有關的任何意外事故或其他特殊情況，則在修理上述損壞的額外停留期間所消耗的燃料、物料和港口費用不得認作共同海損，即使這項修理是安全的完成航程所必需的。

（7）在裝貨、停靠或避難港口或地點，船舶實際已有污染物漏出或排放，為了防止或減輕污染或環境損害而採取任何額外措施的費用，不得作為共同海損受償。

（8）未經申報或申報不實的貨物。未通知船舶所有人或其代理人而裝載的貨物或裝運時故意謊報的貨物所遭受的損失，不得作為共同海損。但此項貨物如果獲救，仍有參加共同海損分攤的責任。裝運時不正當地以低於實際價值申報的貨物遭受損失時，應按申報價值受到補償，但應按實際價值參加分攤。

（三）共同海損的分攤理算規則

共同海損的分攤（General Average Contribution）是指船主、貨主等利益相關者按照共同海損之后獲救價值的比例分攤損失。這是因為共同海損的犧牲和費用是為了船舶和貨物的利益相關者免受損失而支出的。通常共同海損的理算是複雜的工作，涉及專業性極強，因此通常是由海損理算師或專門從事海損理算的機構來處理。共同海損理算的依據以當事人合同約定為依據，如合同未約定，則需要按照各國的法律來進行。多數國家法律規定應按照理算地所在國的法律進行，但也有一些國家規

第三章　國際貿易貨物保險慣例

定按照《約克—安特衛普規則》來進行理算。

1. 共同海損的理算程序

一般來說，共同海損的理算程序包括了：①共同海損當事人提出理算申請，並附送證明材料。共同海損的案件適用「誰主張誰舉證」的原則。②海損理算人接受申請。③海損理算人協助船方向其他受益方收集共同海損擔保。在實踐中，公共海損擔保包括了海損協議書、現金擔保、共同海損擔保函、行使留置權或船舶優先權等。④海損理算人收集相關的文件材料，核算和計算共同海損金額、分攤價值和金額。⑤海損理算人編製共同海損理算書，將共同海損理算書寄送給有關方。

2. 共同海損的分攤

（1）共同海損的分攤，應以航程終止時財產的實際淨值為基礎，但貨物應以卸貨時的價值為基礎，此項價值應根據送交收貨人的商業發票確定；如果沒有此項發票，則應根據裝運價值確定。貨物的價值應包括保險費和運費（但不由貨方承擔風險的運費除外），並扣減卸貨前和卸貨時所遭受的損失。確定船舶的價值時，無須考慮該船因訂有光船或定期租船契約而產生的有利或不利影響。

（2）上述價值如果沒有包括犧牲的財產作為共同海損受到補償的數額，則應加上這一數額。有風險的客、貨運費，應扣減假如船舶和貨物在共同海損行為發生之日全部損失就無須為賺得該項費用而支付的、不屬於共同海損的費用和船員工資。財產價值還應扣減在共同海損行為發生以後所支付的一切額外費用，但已作為共同海損的費用或根據1989年國際救助公約第十四條或任何其他實質上類似的規定裁決應由船舶承擔的特別補償除外。

（3）在規則G的情況下，貨物和其他財產，除非在運達目的地以前售出或另作處理，應以其在原目的地交貨時的價值為基礎參加分攤；船舶則應以其在卸貨完畢時的實際淨值參加分攤。

（4）如果貨物在運達目的地以前出售，應按出售淨得的數額加上作為共同海損受到補償的數額參加分攤。

（5）郵件、旅客行李、私人物品和隨帶的機動車輛，不參加共同海損分攤。

3. 共同海損損失金額計算

（1）運費損失。如果貨物的損失是共同海損行為造成的，或者已作為共同海損受到補償，則由於貨物損失所引起的運費損失，也應作為共同海損受到補償。損失的運費總額應扣減其所有人為賺得此項運費本應支付但由於犧牲而無須支付的費用。

（2）貨物因犧牲所受損失的補償數額。犧牲的貨物，作為共同海損受到補償的數額，應是以其在卸貨時的價值為基礎計算出的損失。此項價值應根據送交收貨人的商業發票確定；如果沒有此項發票，則應根據裝運價值確定。貨物在卸貨時的價值應包括保險費和運費，但不由貨方承擔風險的運費除外。如果受損貨物已經出售，而其損失數額未經另行議定，則作為共同海損受到補償的數額，應根據出售淨得數額與按照本條第一款計算的完好淨值之間的差額確定。

(3) 船舶損壞。共同海損行為造成的船舶、機器和船具的損失，應作為共同海損的數額如下：如已經修理或更換，按該項損失的修理或更換的實際合理費用，並根據規則第十三條的規定進行扣減。如未經修理或更換，按該項損失引起的合理貶值，但不得超過估計的修理費用。如船舶遭受實際全損或修理費用超過修復後的船舶價值，則作為共同海損的數額應為該船的估計完好價值減去不屬於共同海損的損失的估計修理費用和船舶在受損狀態下的價值（如果售出則為出售淨得）的余額。

(4) 修理費用的扣減。用新材料或新部件更換舊材料或舊部件時，如果船齡不超過十五年，列入共同海損的修理費用，不作「以新換舊」的扣減，否則應扣減三分之一。是否扣減，應按船齡確定，船齡是從船舶建成之年的十二月三十一日起計算至共同海損行為發生之日為止。但絕緣材料、救生艇和類似小艇、通訊和航海儀器和設備、機器和鍋爐應按各自使用的年數確定。扣減應只從新材料或新部件制成並準備安裝到船上時的價值扣減。供應品、物料、錨和錨鏈不作扣減。干塢費、船臺費和移泊費應全部認作共同海損。船底刷洗、油漆或塗層的費用不應列入共同海損，但如在共同海損行為發生之日以前十二月內曾經油漆或塗層，則油漆或塗層費用的半數應作為共同海損。

思考題

1. 試述保險的基本原則。
2. 《倫敦保險協會海運貨物保險》ICC（A）的除外責任是什麼？
3. 《倫敦保險協會海運貨物保險》ICC（B）的承保責任是什麼？
4. 什麼是共同海損？《約克—安特衛普規則》中的共同海損的犧牲和費用包括哪些？
5. 《約克—安特衛普規則》中不能作為共同海損的犧牲和費用有哪些？
6. 共同海損分攤原則是什麼？

第四章　國際貿易支付慣例

　　國際貿易支付慣例是指由國際性的實務組織或團體負責協調、統一各有關貿易方的立場，就國際貿易支付中的相關問題、程序和方式，所達成的為各方認可、接受和將在國際貿易支付業務中得到遵循的國際性的貿易支付規定、規範、慣例和原則。目前世界上比較重要的國際貿易支付慣例主要有：《托收統一規則》簡稱《URC522》、《跟單信用證統一慣例（2007 年修訂本）》第 600 號出版物，簡稱為《UCP600》等。

　　國際貿易支付慣例大多是由國際性的商業組織或團體來組織編纂和負責解釋的，國際商會是其中最為重要的機構之一。國際商會（International Chamber of Commerce, ICC）由美國商會發起，是世界上重要的民間經貿組織，成立於 1919 年，總部設在巴黎，是由來自世界各國的生產者、消費者、製造商、貿易商、銀行家、保險家、運輸商、法律經濟專家等組成的國際性的非政府機構。其宗旨是：在經濟和法律領域裡，以有效的行動促進國際貿易和投資的發展。其工作方式為：制定國際經貿領域的規則、慣例，並向全世界企業界和商界推廣應用；尋求與各國政府以及國際組織對話，以求創造一個利於自由貿易和自由競爭的國際環境；促進各國或各地區會員之間的經貿合作，並向全世界商界提供實際和實用的服務。

　　國際貿易支付慣例的基本特點如下：

　　(1) 存在應用前提。所有的支付慣例都有具體的應用情況，所有的當事人都必須受其約束，除非在支付慣例中有明確表達的規定情況除外。

　　(2) 貼近國際事務。總體來說，所有的國際支付慣例已得到從事金融和貿易活動的銀行界和商業界的接受和認可，因為這些慣例緊密反應了國際金融和商務活動的實際。

　　(3) 規範國際支付行為，推進國際貿易發展。所有的國際支付慣例的推行都不

同程度上促進了國際貿易的可行性、公平性和規則化。

(4) 與時俱進，不斷更新。所有的國際支付慣例都被修訂過，並隨著時代的發展不斷在更新，以與國際商務活動的變化同步發展。

第一節　托收統一規則

在國際貿易中，各國銀行辦理托收業務時，往往由於當事人各方對權利、義務和責任的解釋不同，各個銀行的具體業務做法也有差異，因而會導致爭議和糾紛。國際商會為調和各有關當事人之間的矛盾，以利國際貿易和金融活動的開展，早在1958年即草擬了《商業單據托收統一規則》（The Uniform Rules for Collection, ICC Publication No. 322），並建議各國銀行採用該規則。后幾經修訂，國際商會於1995年公布了新的《托收統一規則》國際商會第522號出版物，簡稱《URC522》，並於1996年1月1日生效。《托收統一規則》自公布實施以來，被各國銀行所採用，已成為托收業務的國際慣例。

按照《URC522》的解釋，銀行在托收業務中只提供服務，不提供信用。銀行只是以委託人的代理人的身分行事，既無保證付款人必然付款的責任，也無檢查審核貨運單據是否齊全、是否符合買賣合同要求的義務。因此，托收方式與匯付方式一樣，同樣屬於商業信用的性質。需要注意的是，該規則本身不是法律，因而對一般當事人沒有約束力。只有在有關當事人事先約定的條件下，才受該慣例的約束。

《托收統一規則》（URC522）共7部分26條，包括總則及定義、托收的形式和結構，提示方式，義務與責任，付款、利息、手續費及其他費用，其他規定。根據《托收統一規則》規定托收意指銀行根據所收的指示，處理金融單據或商業單據，目的在於取得付款和/或承兌，憑付款和/或承兌交單，或按其他條款及條件交單。上述定義中所涉及的金融單據是指匯票、本票、支票或其他用於付款或款項的類似憑證；商業單據是指發票、運輸單據、物權單據或其他類似單據，或除金融單據之外的任何其他單據。

一、總則和定義

第一條：《托收統一規則》第522號的應用。

（1）國際商會第522號出版物《托收統一規則》1995年修訂本將適用於第二款所限定的並在第四款托收指示中列明適用該項規則的所有托收項目。除非另有明確的約定，或與某一國家、某一政府，或與當地法律和尚在生效的條例有所抵觸，本規則對所有的關係人均具有約束力。

（2）銀行沒有義務必須辦理某一托收或任何托收指示或以后的相關指示。

第四章　國際貿易支付慣例

（3）如果銀行無論出於何種理由選擇了不辦理它所收到的托收或任何相關的托收指示，它必須毫不延誤地採用電訊，或者如果電訊不可能時採用其他快捷的工具向他收到該項指示的當事人發出通知。

對本條的評述：

第一條（1）款：《URC522》屬於國際貿易慣例性質，由當事人自願選用，不具有法律強制約束力。因此，本款明確規定，《URC522》僅適用於在「托收指示」（collection instruction）原文中註明適用該規則的托收。委託人或委託行也可在托收指示中做出與 URC522 不同的規定，且此項更改的效力優於 URC522 的規定。為使托收業務所涉及各方當事人銘記一國法規可能會使《URC522》及托收指示書中的有關規定無效，本款對 URC522 的適用規定了例外，即：除非與一國、一州或地方所不得違反的法律和/或法規有抵觸，URC522 對一切有關當事人均具約束力。

第一條（2）款：要注意區分「托收」與「托收指示」。《URC522》所稱「托收」（collection）一詞意指托收單據，而「托收指示」一詞則指發出托收單據一方就辦理該筆托收業務所做的有關指示。銀行並非一定要處理托收及相關事宜，它有權選擇是否處理托收業務。

第一條（3）款：如果收到托收的銀行不能處理整個托收或其中任何指示，該銀行有義務以電訊或其他快捷方式通知發送者。該款是對銀行不辦理托收業務行為的約束。需要強調的是，一旦銀行通知其不能處理托收或不能執行一項指示，則銀行可以自動決定將單據退還發送者，而無須採取更多的行動。

第二條 托收的定義。

就本條而言：

（1）托收是指銀行依據所收到的指示處理下述（2）款所限定的單據，以便於：

a. 取得付款和/或承兌；或

b. 憑以付款或承兌交單；或

c. 按照其他條款和條件交單。

（2）單據是指金融單據和/或商業單據。

a. 金融單據是指匯票、本票、支票或其他類似的可用於取得款項支付的憑證；

b. 商業單據是指發票、運輸單據、所有權文件或其他類似的文件，或者不屬於金融單據的任何其他單據。

（3）光票托收是指不附有商業單據的金融單據項下的托收。

（4）跟單托收是指：

a. 附有商業單據的金融單據項下的托收；

b. 不附有金融單據的商業單據項下的托收。

對本條的評述：

第二條（1）款清楚地標明了托收過程中的不同操作方式。需要注意的是，《URC522》所涉及的托收必須是經由銀行辦理的托收。因非經銀行辦理的托收業務

國際貿易慣例與公約

各地做法差異甚大，尚未形成公認的準則，為此，《URC522》工作小組認為目前尚不能對非銀行托收制定某些具體規則。

第二條（2）款是對單據的分類，分成金融單據和商業單據兩種。

第二條（3）款和（4）款是根據托收單據的不同種類，把托收分為光票托收和跟單托收兩種。《URC522》解釋的跟單托收中的「單」是指除金融單據以外的商業單據，只要有商業單據，不管是否有金融單據，都屬於跟單托收。只有商業單據而不使用匯票等金融單據是為了逃避印花稅。商業單據並非必須包括海運提單等物權憑證，但在實際進出口業務中，為掌握貨物所有權，出口商通常均將物權憑證（如全套正本海運提單）附於跟單托收項下。此時，買方在未付清貨款前拿不到物權憑證，提不走貨物，貨物的所有權仍屬賣方。如買方到期拒不付款贖單，賣方除可與買方交涉外，還可將貨物另行處理或再裝運回。

第三條 托收的關係人

（1）就本條而言，托收的關係人有：

a. 委託人即委託銀行辦理托收的有關人；

b. 寄單行即委託人委託辦理托收的銀行；

c. 代收行即除寄單行以外的任何參與處理托收業務的任何銀行。

（2）付款人即根據托收指示向其提示單據的人。

對本條的評述：

第三條（1）款中對代收行的定義看起來並不包括托收行，實際上並不一定。在國內托收中，托收行也可能是代收行，因此應採取一種實用的態度，以便利托收業務。儘管付款人最終會捲入到托收過程中，但他不是最初的當事方，因此，付款人的定義就與其他當事方的定義被分別進行表述。

二、托收的形式和結構

第四條 托收指示

（1）a. 所有送往托收的單據必須附有一項托收指示，註明該項托收將遵循《托收統一規則》第522號文件並且列出完整和明確的指示。銀行只準允根據該托收指示中的命令和本規則行事；

b. 銀行將不會為了取得指示而審核單據；

c. 除非托收指示中另有授權，銀行將不理會來自除了他所收到托收的有關人/銀行以外的任何有關人/銀行的任何指令。

（2）托收指示應當包括下述適宜的各項內容：

a. 收到該項托收的銀行詳情，包括全稱、郵政和SWIFT地址、電傳、電話和傳真號碼和編號；

b. 委託人的詳情包括全稱、郵政地址或者辦理提示的場所以及，如果有的話，

第四章 國際貿易支付慣例

電傳、電話和傳真號碼；

　　c. 付款人的詳情包括全稱、郵政地址或者辦理提示的場所以及，如果有的話，電傳、電話和傳真號碼；

　　d. 提示銀行（如有的話）的詳情，包括全稱、郵政地址以及，如果有的話，電傳和傳真號碼；

　　e. 待托收的金額和貨幣；

　　f. 所附單據清單和每份單據的份數；

　　g.

　　i. 憑以取得付款和/或承兌和條件和條款；

　　ii. 憑以交付單據的條件：

　　付款和/或承兌；

　　其他條件和條款。

　　繕制托收指示的有關方應有責任清楚無誤地說明，確保單據交付的條件，否則的話，銀行對此所產生的任何后果將不承擔責任；

　　待收取的手續費指明是否可以放棄。

　　h. 待收取的利息，如有的話，指明是否可以放棄，包括利率、計息期、適用的計算期基數（如一年按 360 天還是 365 天）；

　　i. 付款方法和付款通知的形式；

　　j. 發生不付款、不承兌和/或與其他批示不相符時的指示。

　　(3) a. 托收指示應載明付款人或將要辦理提示場所的完整地址。如果地址不全或有錯誤，代收銀行可盡力去查明恰當的地址，但其本身並無義務和責任。

　　b. 代收銀行對因所提供地址不全或有誤所造成的任何延誤將不承擔責任或對其負責。

　　對本條的評述：

　　按照第四條（1）款的 a、b 項的規定，所有的托收必須附有一項單獨的托收指示，銀行僅按托收指示本身中的那些指示行事，而不會在其他地方尋找指示，沒有義務審核單據來獲取指示。指示不可顯示在單個單據上，即使顯示，銀行也將不予理會。例如，一筆托收業務的托收指示中未註明要求付款人應付利息，但托收單據中的匯票卻載有要求付款人支付有關利息的規定。對此，按 URC522 的規定，代收行對匯票上的該規定將不予理會，即僅憑托收指示行事，而不要求付款人支付利息。

　　第四條（1）款的 c 項意在阻止以所謂的「全球托收」對代收行增加額外的責任。這一用語描述了在世界某些地方流行的一種做法，比方說一家位於遠東的銀行發出的托收的進展情況由另一家銀行，例如一家位於美國的銀行來跟蹤，此時代收行就會收到來自后一銀行的指示/查詢。除了引起托收過程的混亂外，還會在托收行的授權要求方面產生問題。這並不意味著不能聽從來自需要時的代理人的指示，只要按照第二十五條的規定有來自委託人的適當授權。

第四條（1）款 a~j 項說明了托收得以適當處理所需要的細節。例如，根據第四條（2）款 h 項，可能需要表明作為計息基礎的一年是 360 天還是 365 天，以及計息天數。就月而言，同樣應表明一年 360 天中每一個月是否為 30 天。

按照第四條（3）款的規定，委託人和托收行負有提供內容完備的托收指示的義務，以滿足托收的需要。其中，付款人或提示所在地的地址要完整、明確、具體，否則代收行對因托收指示中提供的地址不完整或不準確所造成的延誤不承擔任何責任。

三、提示的形式

第五條　提示

（1）就本條款而言，提示是表示銀行按照指示使單據對付款人發生有效用的程序。

（2）托收指示應列明付款人將要採取行動的確切期限。

諸如首先、迅速、立即和類似的表述不應用於提示、或付款人贖單採取任何其他行動的任何期限。如果採用了該類術語，銀行將不予理會。

（3）單據必須以銀行收到時的形態向付款人提示，除非被授權貼附任何必需的印花、除非另有指示費用由向其發出托收的有關方支付以及被授權採取任何必要的背書或加蓋橡皮戳記，或其他托收業務慣用的和必要的辨認記號或符號。

（4）為了使委託人的指示得以實現，寄單行將以委託人所指定的銀行作為代收行。在未指定代收行時，寄單行將使用他自身的任何銀行或者在付款或承兌的國家中，或在必須遵守其他條件的國家中選擇另外的銀行。

（5）單據和托收指示可以由寄單行直接或者通過；另一銀行作為中間銀行寄送給代收行。

（6）如果寄單行未指定某一特定的提示行，代辦行可自行選擇提示行。

對本條的評述：

第五條（1）款是對提示的含義進行界定。「提示」是指，提示行（代收行）向付款人說明向其托收的單據已到達，要求付款人按托收指示中的條件來付款贖單或承兌贖單的過程，但並不包括將單據交給付款人的過程。

第五條（2）款對如何規定提示時限及付款人受提示后履行責任的時限提出了要求，即當事人應使用類似「30 天」、「一個月」等明確時間來限定，不應使用籠統的用語。

第五條（3）款說明，提示行應按原樣提示單據，不得在單據上刪減或加註自己的意見，除了業務標誌、收單日期等習慣上需要的戳記。

第五條（4）款、（5）款和（6）款意在賦予托收行和代收行盡可能多的行動自由和決定權，即便沒有委託人的明確指示。

第四章　國際貿易支付慣例

第六條　即期/承兌

如果是見單即付的單據，提示行必須立即辦理提示付款不得延誤；如果不是即期而是遠期付款單據，提示行必須在不晚於應到期日，如是要承兌立即辦理提示承兌，如是付款時立即辦理提示付款。

對本條的評述：

第六條規定的是提示行處理即/遠期托收提示的期限。根據該條規定，無論是付款提示還是承兌提示，提示行都必須「毫不拖延」地向付款人提示。

第七條　商業單據的交單（承兌交單 D/A 和付款交單 D/P）

（1）附有商業單據必須在付款時交出的托收指示，不應包含遠期付款的匯票。

（2）如果托收包含有遠期付款的匯票，托收指示應列明商業單據是憑承兌不是憑付款交給付款人。如果未有說明，商業單據只能是付款交單，而代收行對由於交付單據的任何延誤所產生的任何后果將不承擔責任。

（3）如果托收包含有遠期付款的匯票而且托收指示列明應憑付款交出商業單據時，則單據只能憑該項付款才能交付，而代收行對由於交單的任何延誤所產生的任何結果將不承擔責任。

對本條的評述：

實踐中，銀行經常會收到包含遠期匯票的托收，該托收指示單據憑付款交付（即 D/P 遠期托收）。這可能是由某些情形所導致的，例如為符合出口商所在國的外匯管制要求或應出口商的明確要求。然而 D/P 遠期托收存在的問題是托收單據所涉及的貨物可能已經到達目的地，但付款人無法取得貨物，因為單據尚處於銀行的控制中等待付款。在此期間，貨物可能被卸在碼頭或其他約定地點，並有滅失或損壞的風險。此外，D/P 遠期托收業務還有其他風險，如有些國家不承認遠期付款交單，一直將 D/P 遠期作 D/A 處理，兩者在這些國家法律上的解釋是一樣的，操作也相同，而根據 URC522 精神，若托收業務與一國、一州或地方所不得違反的法律和/或法規有抵觸，則 URC522 對有關當事人不具有約束力，而此時若出口商自認貨權在握，不做相應風險防範，而進口商信譽欠佳，則極易造成錢貨兩空的被動局面。基於這些原因，按照第七條（1）款規定，國際商會不提倡使用 D/P 遠期托收。

第七條（2）款規定，托收指示應說明商業單據是憑承兌（D/A）還是憑付款（D/P）發放給付款人。若無上述說明，商業單據只能是付款放單支付。

第七條（3）款重申遠期付款交單托收應當僅在付款后交付單據，並指出對由此可能引起的任何延誤及/或問題，銀行不承擔任何責任。

第八條　代製單據

在寄單行指示或者是代收行或者是付款人應代制托收中未曾包括的單據（匯票、本票、信託收據、保證書或其他單據）時，這些單據的格式和詞句應由寄單行提供。否則的話，代收行對由代收行和/或付款人所提供任何該種單據的格式和詞句將不承擔責任或對其負責。

對本條的評述：

有時代收行和付款人被要求製作委託人/托收行沒有發送的單據，這種要求可能：

 a. 在最初連同托收發送的指示中提出。

 b. 或者在任何隨後的指示中提出。例如，委託人/托收行可能要求憑付款人或任何后續的買方的承諾函、本票或信託收據交付單據。在這種情況下，如果委託人/托收行在收到此類單據時發現其形式和措辭不符合要求，那麼採取任何更正措施都為時已晚。考慮到這一情況，委託人/托收行被要求發送適當的單據作為樣本，或者至少提供此類單據的形式和措辭的完整細節。如果沒有這樣做，而是由代收行/付款人去製作/簽署他們準備的單據，規則清楚地規定，他們對此類單據的形式和數據內容不承擔任何責任。

四、義務和責任

第九條 善意和合理的謹慎

銀行將以善意和合理的謹慎辦理業務。

對本條的評述：

本條重申了這一事實，即銀行僅能以善意及合理的謹慎行事，且應當遵守當地的慣例和法律。在托收方式下，銀行雖不承擔保證付款的責任，但作為受託人仍須盡職盡責，履行收款義務。如果因為銀行的失職，給委託人造成不應有的損失，銀行不能免除責任。

第十條 單據與貨物/服務/行為

（1）未經銀行事先同意，貨物不得以銀行的地址直接發送給該銀行或者以該行作為收貨人或者以該行為抬頭人。然而，如果未經銀行事先同意而將貨物以銀行的地址直接發送給了該銀行，或以該行做了收貨人或抬頭人，並請該行憑付款或承兌或憑其他條款將貨物交付給付款人，該行將沒有提取貨物的義務，其風險和責任仍由發貨方承擔。

（2）銀行對與跟單托收有關的貨物即使接到特別批指示也沒有義務採取任何行動包括對貨物的倉儲和保險，銀行只有在個案中如果同意這樣做時才會採取該類行動。撇開前述第一條（3）款的規定，即使對此沒有任何特別的通知，代收銀行也適用本條款。

（3）然而，無論銀行是否收到指示，它們為保護貨物而採取措施時，銀行對有關貨物的結局和/或狀況和/或對受託保管和/或保護的任何第三方的行為和/或疏漏概不承擔責任。但是，代收行必須毫不延誤地將其所採取的措施通知對其發出托收指示的銀行。

（4）銀行對貨物採取任何保護措施所發生的任何費用和/或花銷將由向其發出

第四章　國際貿易支付慣例

托收的一方承擔。

（5）a. 撤開第十條（1）的規定，如果貨物是以代收行作為收貨人或抬頭人，而且付款人已對該項托收辦理了付款、承兌或承諾了其他條件和條款，代收行因此對貨物的交付作了安排時，應認為寄單行已授權代收行如此辦理。

b. 若代收行按照寄單行的指示按上述第十條（1）款的規定安排交付貨物，寄單行應對該代收行所發行的全部損失和花銷給予賠償。

對本條的評述：

銀行處理單據而不是處理貨物或任何基礎合同。在這方面，銀行採取其他任何立場都是困難的，因為他們不是承運人或倉庫保管人，而且某些國家的國內法實際上甚至禁止銀行具有上述功能。

第十條（1）款首先規定了貨物不能發送或托運給銀行，除非銀行預先同意為前提。這是基本原則。如果該原則未被遵守，則本條清楚地規定銀行對任何後果不承擔責任。

按照第十條（2）款的規定，銀行的免責範圍有所放寬：第一，對於貨物，即使托收指示中明確要求銀行採取保護措施，如進行倉儲和保險，銀行也沒有義務這樣做。第二，銀行只有在事先同意的範圍內，才有義務對貨物採取必要的保護措施。第三，銀行決定對貨物不採取保護措施時，即使沒有告知，也不承擔責任。

第十條（3）款明確規定，當銀行為保護貨物而採取行動時，銀行對貨物的后果或狀況及受委託完成此任務的第三方的任何作為和不作為不承擔任何責任；但是代收行必須將其所採取的任何措施毫不延誤地通知向其發出托收指示的銀行。

第十條（4）款規定，銀行對貨物採取任何保護措施所發生的任何費用都由向其發出托收的一方承擔。

第十條（5）款體現了對代收行的保護。（5）款 a 項規定，當貨物已發送給代收行或代收行的指定人為收貨人，此時代收行的交貨視為具有托收的自動授權性質。由此推定，這樣交貨的責任由托收行承擔。（5）款 b 項表明，代收行因交貨產生的費用和損失由托收行承擔，最終由委託人承擔。

第十一條　對被指示的免責

（1）為使委託人的指示得以實現，銀行使用另一銀行或其他銀行的服務是代該委託人辦理的，因此，其風險由委託人承擔；

（2）即使銀行主動地選擇了其他銀行辦理業務，如該行所轉遞的指示未被執行，該行不承擔責任或對其負責；

（3）一方指示另一方去履行服務，指示方應受到被指示方的法律和慣例所加於的一切義務和責任的制約，並承擔賠償的責任。

對本條的評述：

本條的意圖十分清楚，指示方必須承擔第一位的風險。第十一條（3）款規定，被指示方因履行外國法律或慣例加諸的義務而承擔的責任和費用應得到償付。

國際貿易慣例與公約

第十二條 對收到單據的免責

（1）銀行必須確定它所收到的單據應與托收批示中所列表面相符，如果發現任何單據有短缺或非托收指示所列，銀行必須以電訊方式（如電訊不可能時，以其他快捷的方式）通知從其收到指示的一方，不得延誤；銀行對此沒有更多的責任。

（2）如果單據與所列表面不相符，寄單行對代收行收到的單據種類和數量應不得有爭議；

（3）根據第五條（3）款和上述第十二條（1）、（2）款，銀行將按所收到的單據辦理提示而無需做更多的審核。

對本條的評述：

按照第十二條（1）款，銀行核對單據時，只要與托收指示有表面不符之處，不管是有遺漏，還是有多出單據的情形，都應該立即以電訊方式或其他快捷方式告知發出指示的一方。只要清點了單據種類及份數，銀行對所收到的單據沒有其他的義務。

第十二條（2）款規定，如果委託人/托收行在托收指示中沒有列明單個的單據以及這些單據的數量，則他們就不能對代收行聲稱所收到的單據的性質和數量提出異議。這一規定可避免托收行與代收行之間就未列明的單據發生糾紛。

第十二條（3）款進一步強調，只要代收行按收到的單據的原樣進行提示且清點了單據份數，他們就不需審查單據內容。

第十三條 對單據有效性的免責

銀行對任何單據的格式、完整性、準確性、真實性、虛假性或其法律效力、或對在單據中載明或在其上附加的一般性和/或特殊性的條款不承擔責任或對其負責；銀行也不對任何單據所表示的貨物的描述、數量、重量、質量、狀況、包裝、交貨、價值或存在、或對貨物的發運人、承運人、運輸行、收貨人和保險人或其他任何人的誠信或行為和/或疏忽、清償力、業績或信譽承擔責任或對其負責。

對本條的評述：

本條強調銀行只依單據表面狀況處理單據本身，而不涉及單據以外的事情，因為銀行不參加貨物交易，不瞭解貨物情況，也不具備貨物交易的專門知識。這樣的規定可使銀行避免對其無法控制的事項承擔責任。

第十四條 對單據在傳送中的延誤和損壞以及對翻譯的免責

（1）銀行對任何信息、信件或單據在傳送中所發生的延誤和/或損壞、或對任何電訊在傳遞中所發生的延誤、殘損或其他錯誤、或對技術條款的翻譯和/或解釋的錯誤不承擔責任或對其負責；

（2）銀行對由於收到的任何指示需要澄清而引起的延誤將不承擔責任或對其負責。

對本條的評述：

本免責不局限於訊息，還包括信件、單據、毀損、翻譯及解釋；而且，它明確

第四章 國際貿易支付慣例

表明銀行對因此發生的任何延誤不承擔責任。

第十五條 不可抗力

銀行對由於天災、暴動、騷亂、戰爭或銀行本身不能控制的任何其他原因、任何罷工或停工而使銀行營業中斷所產生的后果不承擔責任或對其負責。

對本條的評述：

這是一條標準的免責條款，銀行對於不可抗力事件引起的后果概不負責。

五、付款

第十六條 立即匯付

（1）收妥的款項（扣除手續費和/或支出和/或可能的化銷）必須按照托收指示中規定的條件和條款不延誤地付給從其收到托收指示的一方，不得延誤。

（2）撇開第一條（3）的規定和除非另有指示，代收行僅向寄單行匯付收妥的款項。

對本條的評述：

對於第十六條（1）款中的「毫不延遲」應如何解釋，《URC522》未做規定。考慮到每筆托收業務各異，《URC522》也未能對代收行延誤撥交款項應承擔的利息損失做出明確規定。

第十六條（2）款提請注意這樣的事實，即除非代收行同意，否則，在正常程序中，收妥款項應支付給托收行。這樣規定的目的在於防止詐欺和洗錢，因為監管當局對銀行交易中防止詐欺和洗錢有嚴格的要求。

第十七條 以當地貨幣支付

如果單據是以付款地國家的貨幣（當地貨幣）付款，除托收指示另有規定外，提示行必須憑當地貨幣的付款，交單給付款人，只要該種貨幣按托收指示規定的方式能夠隨時處理。

第十八條 用外匯付款

如果單據是以付款地國家以外的貨幣（外匯）付款，除托收指示中另用規定外，提示行必須憑指定的外匯的付款，交單給付款人，只要該外匯是按托收指示規定能夠立即匯出。

對本第十七條和第十八條的評述：

第十七條和第十八條旨在強調這樣的一個事實，即只有在有現成的資金可以迅速地向委託人/托收行匯出時，單據才能交付給付款人。托收行有必要知曉許多國家存在外匯管制條例，這意味著付款人的付款只有在獲得外匯管理當局的批准後才能匯出。在多數情況下，這種批准程序需要時間，在辦理期間，基礎合同項下的貨物可能已經到達目的地，但是付款人不能提取貨物，因為根據上述條款，單據還未交付給他們。如果適當的話，托收行應當在托收指示中表明是否可以憑存入的本國貨

幣作為保證金交付單據，並等待外匯管理當局的批准，或者只有在資金獲得匯出的批准后方可交付單據。在后一情形中，委託人必須知曉貨物存在的風險。

第十九條 分期付款

(1) 在光票托收中可以接受分期付款，前提是分批的金額和條件是付款當地的現行法律所允許。只有在全部貨款已收妥的情況下，才能將金融單據交付給付款人。

(2) 在跟單托收中，只有在托收指示有特別授權的情況下，才能接受分期付款。然而，除非另有指示，提示行只能在全部貨款已收妥後才能將單據交付給付款人。

(3) 在任何情況下，分期付款只有在符合第十七條或第十八條中的相應規定時將會被接受。如果接受分期付款將按照第十六條的規定辦理。

對本條的評述：

允許付款人部分付款能便利付款人資金週轉，方便其分批提貨，及時出售部分貨物。接受部分付款的情形：①對於光票托收來說，只有在付款地法律允許的情況下才能接受部分付款；②對於跟單托收而言主要針對遠期 D/P 來說，只有在托收指示有特別授權的情況下才能接受部分付款，而且除非另有指示，提示行只能在全部貨款已收妥後才能將單據交與付款人，此時，提示行對延遲交單產生的后果不負責。因此，如托收指示允許付款人「部分付款、分批提貨」，委託人/寄單行應同時在托收指示中明確註明提示行何時交單及交付代表多少貨物的單據，以達到使付款人「分批提貨」的目的。

六、利息、手續費和費用

第二十條 利息

(1) 如果托收指示中規定必須收取利息，但付款人拒付該項利息時，提示行可根據具體情況在不收取利息的情況下憑付款或承兌或其他條款和條件交單，除非適用第二十條 (3) 款。

(2) 如果要求收取利息，托收指示中應明確規定利率、計息期和計息方法。

(3) 如托收指示中明確地指明利息不得放棄而付款人以拒付該利息，提示行將不交單，並對由此所引起的延遲交單所產生的后果將不承擔責任。當利息已被拒付時，提示行必須以電訊（當不可能時，可用其他便捷的方式）通知曾向其發出托收指示的銀行，不得延誤。

對本條的評述：

在托收中，利息問題曾出現過很多糾紛。因此，《URC522》試圖通過本條將利息問題規定得盡可能清楚明瞭。按照第二十條 (1) 款，若托收指示規定應收取利息，而付款人拒付利息，提示行可以憑付款或承兌或其他條款或條件交付單據，而不再收取利息，但 (3) 款規定的情況例外。按照第二十條 (3) 款的規定，如果托

第四章　國際貿易支付慣例

收指示明確規定利息不得放棄，則提示行在付款人拒付利息時，只能做提示而不能交單，並應將情況立即告知向其發出指示的銀行，即在利息問題得到解決前單據不得交付給付款人。同樣，銀行對單據交付延遲產生的任何后果不承擔責任。因此，委託人/托收行應該明白規定利息不得放棄的指示可能造成延誤及貨物風險所帶來的后果。

第二十一條　手續費和費用

（1）如果托收指示中規定必須收取手續費和（或）費用須由付款人承擔，而后者拒付時，提示行可以根據具體情況在不收取手續費和 A（或）費用的情況下憑付款或承兌或其他條款和條件交單，除非適用第廿一款（2）條。

每當托收手續費和（或）費用被這樣放棄時，該項費用應由發出托收的一方承擔，並可從貨款中扣減。

（2）如果托收指示中明確指明手續費和（或）費用不得放棄而付款人又拒付該項費用時，提示行將不交單，並對由此所引起的延誤所產生的后果將不承擔責任。當該項費用已被拒付時，提示行必須以電訊，當不可能時可用其他便捷的方式通知曾向其發出托收指示的銀行，不得延誤。

（3）在任何情況下，若托收指示中清楚地規定或根據本《規則》，支付款項和（或）費用和（或）托收手續費應由委託人承擔，代收行應有權從向其發出托收指示的銀行立即收回所支出的有關支付款、費用和手續費，而寄單行不管該托收結果如何應有權向委託人立即收回它所付出的任何金額連同它自己的支付款、費用和手續費。

（4）銀行對向其發出托收指示的一方保留要求事先支付手續費和（或）費用用以補償其擬執行任何指示的費用支出的權利，在未收到該項款項期間有保留不執行該項指示的權利。

對本條的評述：

手續費和開支常常是托收中爭議的事項，因此，URC522 設立了單獨的條款，以便使要求的每一部分都能被清楚和單獨地予以表述。

第二十一條（1）款規定，若托收指示中規定手續費及費用由付款人承擔，而付款人拒付時，除（2）款規定的情況外，該費用應由委託人承擔。

第二十一條（2）款規定，如果托收指示規定手續費和開支不得放棄，則在此方面的任何爭議得到解決前代收行不得交付單據。相應的，代收行對交付單據的任何遲延不承擔責任。此時，代收行不能擅自放棄收費，只能速洽托收行，再依據托收指示處理。

第二十一條（3）款清楚地表明需要對手續費立即進行結算。

按照第二十一條（4）款的規定，某些情況下，代收行需要支付的開支和手續費遠遠多於正常的票據處理手續費。例如，當代收行同意托收行及/或委託人安排貨物的交付時，可能需要托收行及/或委託人支付關稅和運輸費用。特別是當金額很大

83

時，本款規定了銀行要求事先支付的權利。當委託人所在國的外匯管制可能使資金匯出發生困難時，此條便具有特別重要的意義，可充分保護銀行的利益。

七、其他條款

第二十二條 承兌

提示行有責任注意匯票承兌形式是否看來是完整的和正確的，但是，對任何簽字的真實性或簽署承兌的任何簽字人的權限不負責任。

第二十三條 本票和其他憑證

提示行對在本票、收據或其他憑證上的任何簽字的真實性或簽字人的權限不負責任。

對以上兩條的評述：

在某些地方，托收業務不僅要求銀行證實付款人承兌匯票時簽字的真實性，而且要求銀行檢查簽字人是否有權簽署承兌。國際商會認為這種要求不是普遍的國際慣例，以地區習慣為基礎為國際社會制定規則不恰當。另外，通常代收行/提示行與付款人並無直接業務關係，此時，上述銀行無法證實有關票據上付款人簽字的真實性。此外，還存在付款人沒有銀行關係的情況。為此，《URC522》在上述兩條中明確規定，提示行僅應負責查看匯票的承兌形式在表面上是否完整和正確，但對任何簽字的真實性及匯票、本票、收據或其他憑證上的簽字人是否已得到充分授權不負任何責任。

第二十四條 拒絕證書

托收指示對當發生不付款或不承兌時的有關拒絕證書應有具體的指示（或代之以其他法律程序）。

銀行由於辦理拒絕證書或其他法律程序所發生的手續費和（或）費用將由向其發出托收指示的一方承擔。

對本條的評述：

按有關國家法律規定，如匯票持票人向付款人提示匯票遭到付款人拒付，即遭到付款人拒絕承兌匯票或拒絕支付匯票金額時，為使持票人向匯票的背書人和出票人行使追索權，持票人應及時請求付款地的法定公證人、法院、銀行等機構做出證明拒付事實的文件，該文件即稱為「拒絕證書」（protest），它是持票人憑以向其「前手」進行追索的法律依據。有些國家必須要求拒絕證書以使持票人享有追索權，而在另外一些國家裡，拒絕證書並不是持票人行使追索權的前提。鑒於以上考慮，《URC522》規定：托收指示應對遭到拒絕付款或拒絕承兌時有關拒絕證書事宜或代之以其法律程序給予明確指示，否則，與托收有關的銀行無義務作成拒絕證書。有關辦理拒絕證書等的手續費和/或開支應由發出托收指示的一方負擔。

第四章　國際貿易支付慣例

第二十五條 預備人（Case-of-need）

如果委託人指定一名代表作為在發生不付款和（或）不承兌時的預備人，托收指示中應清楚地、詳盡地指明該預備人的權限。在無該項指示時，銀行將不接受來自預備人的任何指示。

對本條的評述：

《URC522》第四條（1）款 a 項規定，除非托收指示另有授權，銀行對來自委託方/銀行以外任何一方/銀行的任何指示將不予理會，但此項規定並不免除銀行執行由「需要時的代理」所發出的指示的義務。按《URC522》第二十五條的規定，如委託人指定了一名「需要時的代理」，他必須在托收指示中明確而充分地註明該代理的權限，如是否有權提貨、指示減價、修改交單條件等；否則，銀行將不接受該代理的任何指示。

第二十六條 通知

代收行應按下列規則通知托收狀況：

（1）通知格式

代收行對向其發出托收指示的銀行給予所有通知和信息必須要有相應的詳情，在任何情況下都應包括后者在托收指示中列明的銀行業務編號。

（2）通知的方法：

寄單行有責任就通知的方法向代收行給予指示，詳見本款（3）a，（3）b 和（3）c 的內容。在無該項指示時，代收行將自行選擇通知方法寄送有關的通知，而其費用應由向其發出托收指示的銀行承擔。

（3）a. 付款通知

代收行必須無延誤地對向其發出托收指示的銀行寄送付款通知，列明金額或收妥金額、扣減的手續費和（或）支付款和（或）費用額以及資金的處理方式。

b. 承兌通知

代收行必須無延誤地對向其發出托收指示的銀行寄送承兌通知。

c. 不付款或不承兌的通知

提示行應盡力查明不付款或不承兌的原因，並據以向對其發出托收指示的銀行無延誤地寄送通知。

提示行應無延誤地對向其發出托收指示的銀行寄送不付款通知和（或）不承兌通知后 60 天內未收到該項指示，代收行或提示行可將單據退回給向其發出指示的銀行，而提示行方面不承擔更多的責任。

對本條的評述：

第二十六條是對銀行間的通知事宜所做的規定。（1）款規定，代收行發給托收行的托收信息應符合托收指示。（2）款規定，托收行有義務給予代收行關於付款和承兌通知、拒付通知的指示，否則，代收行可自行選擇通知方式。（3）款 c 項規定，如在發出拒絕付款及/或拒絕承兌通知后 60 天內，提示行未收到處理單據的指

示，可將單據退回向其發出托收指示的銀行，而不再承擔任何其他責任。

第二節　跟單信用證統一慣例

　　國際商會為明確信用證有關當事人的權利、責任、付款的定義和術語，減少因解釋不同而引起各有關當事人之間的爭議和糾紛，調和各有關當事人之間的矛盾，於 1930 年擬訂了一套《商業跟單信用證統一慣例》，並於 1933 年正式公布。

　　隨著國際貿易變化，國際商會分別在 1951 年、1962 年、1974 年、1978 年、1983 年、1993 年進行了多次修訂，稱為《跟單信用證統一慣例》（Uniform Customs and Practice for Documentary Credits），被各國銀行和貿易界所廣泛採用，已成為信用證業務的國際慣例。但其本身不是一個國際性的法律規章。現行的是 2007 年版本，從 2007 年 7 月起，《跟單信用證統一慣例（2007 年修訂本）》第 600 號出版物開始執行，簡稱為《UCP600》。

　　《跟單信用證統一慣例》（國際商會第 600 號出版物）（Uniform Customs and Practice for Documentary Credits, 2007 revision, I. C. C. Publication No. 600），該慣例經過多次修訂，內容日益充實和完善，是全世界公認的非政府商業機構制定的最為成功的國際慣例。目前世界上 100 多個國家及地區近萬家銀行在信用證上聲明適用 UCP。

　　當信用證條款與《UCP600》有衝突時，一般採用信用證條款的規定。如果《UCP600》與國家法律衝突，則以國家法律為準。

　　《跟單信用證統一慣例》（UCP 600）共 39 條，第 1~5 條為 UCP 的適用範圍、定義、解釋、信用證與合同、單據與貨物、服務或履約行為；第 6~13 條為兌用方式、截止日和交單地點、開證行責任、保兌行責任、信用證及其修改的通知、修改、電訊傳輸的和預先通知的信用證和修改、指定、銀行之間的償付安排；第 14~16 條為單據審核標準、相符交單、不符單據、放棄及通知；第 17~28 條為正本單據及副本、商業發票、涵蓋至少兩種不同運輸方式的運輸單據、提單、不可轉讓的海運單、租船合同提單、空運單據、公路、鐵路或內陸水運單據、快遞收據、郵政收據或投郵證明、「貨裝艙面」、「托運人裝載和計數」、「內容據托運人報稱」及運費之外的費用、清潔運輸單據、保險單據及保險範圍；第 29~32 條為截止日或最遲交單日的順延、信用證金額、數量與單價的伸縮度、部分支款或部分發運、分期支款或分期發運；第 33~37 條為交單時間、關於單據有效性的免責、關於信息傳遞和翻譯的免責、不可抗力、關於被指示方行為的免責；第 38 條是可轉讓信用證；第 39 條是款項讓渡。

　　此外，國際商會把《跟單信用證統一慣例電子交單補充規則》（UCP

第四章　國際貿易支付慣例

Supplement to UCP500 for Electronic Presentation，國際商會 eUCP1.0 版）修改為《跟單信用證電子交單統一慣例》（the Uniform Customs and Practice for Documentary Credits for Electronic Presentation，eUCP1.1）作為《UCP600》的補充規則。eUCP 共有 12 個條款。《UCP600》很多條款不對電子交單產生影響，要與 eUCP 一起使用。在電子交單或電子和紙製單據混合方式提交單據時，要同時使用 eUCP 和《UCP600》兩個規則。

一、《跟單信用證統一慣例》的特點

（一）《UCP 600》的國際慣例任意法性質更為凸顯

《UCP600》充分賦予了當事人修改或排除適用其條款的權利，更適應當事人特定交易的具體需要，也順應了國際貿易公約和國際商務慣例的發展趨勢。

（二）《UCP 600》對若干重要概念的定義更為準確

《UCP 600》新闢定義條款對信用證所涉 14 個核心概念進行定義，這些概念涉及信用證的方方面面，包括信用證的性質、信用證各方當事人、與付款和交單相關的概念。這一新闢的定義條款既對《UCP 500》（《跟單信用證統一慣例》第 500 號出版物）中的相關概念加以提煉，又對實踐中迫切需要明確的概念予以修改或補充，例如與信用證性質和付款密切相關的「兌付」（honor）、「議付」（negotiate）和「相符交單」（complying presentation）。下面分別就這些概念加以比較評析：

1. 信用證的定義

《UCF600》第 2 條規定：「信用證意指一項約定，無論其如何命名或描述，該約定不可撤銷並因此構成開證行對相符交單予以兌付的確定承諾；」第 3 條的「釋義條款」進而規定：「信用證是不可撤銷的，即使信用證中對此未作指示也是如此」。上述「定義條款」與《UCF500》第 2 條相比顯得更為精煉，且增加了「不可撤銷」的定性，與《UCP500》形成了明顯的區別；而「釋義條款」乾脆明確了信用證的不可撤銷性，從此一改可撤銷信用證與不可撤銷信用證共存的局面。分析對比《UCP 400》（《跟單信用證統一慣例》第 400 號出版物）關於「如果信用證無表示是否可撤銷則被視為可撤銷」的規定，和《UCP500》關於「如果信用證無註明是否可撤銷則被視為不可撤銷」的規定，《UCP600》關於「信用證不可撤銷」的屬性已得到了確認。在新慣例實施後，所有信用證都將為不可撤銷信用證。這將有利於維護信用證的嚴肅性和開證行的信譽，更有利於維護受益人的合法權益。

2. 與付款密切相關的定義

「兌付」是定義條款中的一個新增概念，它與「議付」和「償付」都是與付款密切相關的重要概念。根據定義條款的規定「兌付是指：①對於即期付款信用證即期付款；②對於延期付款信用證發出延期付款承諾並到期付款；③對於承兌信用證承兌由受益人出具的匯票並到期付款」三種行為，從而明確了開證行和其他相關銀

87

行的付款責任。

「議付」在定義條款中是指：被指定銀行在其應獲得償付的銀行日或在此之前，通過向受益人預付或者同意向受益人預付的方式購買相符交單項下的匯票（匯票付款人為被指定銀行以外的銀行）或單據的行為。該定義與《UCP 500》中的「議付」定義有所區別，它明確指出「議付」是對受益人的預付或承諾預付，同時也明確了議付是對匯票或單據的一種購買行為。該定義承認了遠期議付信用證的存在，並將議付行對受益人的融資納入了受保護的範圍。

「償付」並未在定義條款中規定，但它是與銀行付款密切相關的一個重要概念，並出現在《UCP 600》的第七條 C 款、第八條 C 款和第十三條中。按照其中的規定，償付專指銀行之間的付款行為，在銀行之間進行款項索償時使用。

通過分析上述定義，我們可以明白開證行的付款行為不能稱之為議付；而議付行的付款行為也不能稱之為兌付；同理，銀行之間的款項索償只能稱之為償付，這些概念在不同場合、不同當事人之間不能混用。

3. 交單與相符交單的定義

「交單」與「相符交單」同樣被列入定義條款之中，前者是指「將信用證項下的單據提交至開證行或指定銀行的行為」。后者是指「與信用證中的條款與條件、本慣例中所適用的規定及國際標準銀行實務相一致的交單」。這就是說，確定相符交單應符合信用證條款、《UCP 600》和國際標準銀行實務三項依據的要求。《UCP 500》第十條雖然也有類似交單的規定，但遠不如《UCP 600》的定義條款明確，更沒有列明相符交單的具體依據。

以上幾個重要概念幾乎涉及信用證交易的各個環節，是確定信用證各當事方權利義務的基礎，《UCP 600》在《UCP500》的基礎上對這些重要概念進行系統定義，不能不說是一個新突破。

（三）《UCP600》使信用證的獨立性原則得以強化

信用證獨立性原則是信用證的基本原則，其效力和性質獨立於基礎合同之外而不受其影響和制約，各當事人的權責僅以信用證為依據，開證行僅憑相符交單付款。該項原則的確定一方面使開證行承擔信用證項下相符交單的絕對付款責任，另一方面使開證行擺脫進出口基礎交易糾紛的糾纏。

《UCP600》第四條 a 款重申了信用證的獨立性原則，其中從三個層次規定了該原則：

（1）信用證與作為其依據的基礎合同是相互獨立的交易，即使信用證中提及該合同，銀行也與該合同完全無關，且不受其約束。

（2）一家銀行作出承兌、議付或履行信用證項下其他義務的承諾，並不受申請人與開證行之間或與受益人之間在已有關係下產生的索償或抗辯的制約。

（3）受益人在任何情況下，不得利用銀行之間或申請人與開證行之間的契約關係。上述三個方面的規定，層層深入，首先闡明了該原則的含義；其次明確了銀行

第四章 國際貿易支付慣例

兌付、議付行為的獨立性；再次明確否定了受益人在主張權利和抗辯中利用基礎交易的關係。該款規定與《UCP500》第三條的內容大致相同，不同的是，《UCP 600》第四條還新增了一款，作為該條的 b 款。其中規定：「開證行應勸阻申請人將基礎合同、形式發票或其他類似文件的副本作為信用證整體組成部分的做法」。該款的增設目的是為了提示開證行勸阻申請人將基礎合同作為信用證組成部分，以免使信用證與基礎合同糾纏不清而動搖信用證的獨立性。這一新規定實際上是對信用證獨立原則的強化。

（四）《UCP 600》中銀行審單標準與要求更為明確、細化與合理

《UCP600》第十四條和第十六條是銀行審單標準與要求的規定，特別是第十四條以十二個款項的篇幅明確規定並細化了銀行審核單據的標準與要求，該條規定是在對 UCP500 第十三條、第三十一條 c 款、第三十七條 c 款等內容以及國際標準銀行實務相關內容進行整合的基礎上作出的。其中許多條款顯示出更明確、更進步和更具操作性的特點。

1. 刪除了銀行審單應盡合理注意義務的要求

第十四條 a 款規定：「銀行審單時僅以單據為基礎，以決定單據在表面上看來是否構成相符交單。」該款與《UCP 500》第十三條 a 款的基本內容相似，但刪除銀行審單時必須「盡合理之注意」這一無法操作之要求。這一規定實際上是對「單據表面相符原則」的重申，也是對實踐中長期形成的「單據表面嚴格相符原則」的確認。

2. 縮短了審單時限並適用單一的天數標準

第十四條 b 款前半段規定：「銀行應自收到單據的第二天起最多不超過 5 個銀行工作日的時間以決定交單是否相符。」與《UCP 500》第十三條 b 款關於「銀行審單必須在合理時間內完成，但應當自收到單據的第二天起不超過 7 個營業日」的審單時限的規定相比，《UCP600》刪去了「合理時間內」審單的提法，並將審單時限縮短為「最多不超過 5 個銀行工作日」。這一修改使原有對單據處理時間適用雙重標準簡化為單純的天數標準，無需受「合理時間」這一模糊概念的約束，因而這一規定顯得更明確，更直截了當，也更有利於加快單據的傳遞。還應當指出的是，該條 b 款的后半段還對審單時限增加了「該時限不因單據提交日適逢信用證到期日或最遲交單日或在其后而被縮減或受到其他影響」的規定。按照這一規定，即使銀行在信用到期日或信用證規定的最遲交單日后收到單據，也應按規定時限對單據進行審查並完成后續工作，而不能不經過審單就直接認定為不符交單。

3. 直接規定了交單期限

第十四條 c 款明確規定：「交單若包含有運輸單據的，則必須在不遲於裝運日后的 21 個公曆日提交，但無論如何不得遲於信用證的到期日。」但《UCP500》第四十三條 a 款還規定「每個要求運輸單據的信用證應以裝運日為起點規定一個交單期限，若無此種規定，則單據應在裝運日后 21 公曆日內提交」。《UCP600》直接明確

規定了交單期限,因而不要求信用證就交單期限再作規定。據此,凡信用證明確規定了交單期限的,就視為當事人對《UCP600》第十四條c款的排除適用,交單期限則應遵守信用證之約定,當然信用證的到期日也應被考慮在內。

4. 確定了「相符交單」的新審單標準

第十四條d款規定:「單據中內容的描述不必與信用證、信用證對該項單據的描述以及國際標準銀行實務完全一致,但不得與該項單據中的內容、其他規定的單據或信用證相衝突。」這一規定顯然為銀行審單確立了「相符交單」的新標準,即單據應符合該慣例和國際標準銀行實務的要求;單據與信用證之間、單據與單據之間以及單據內的信息之間應相互不衝突。這一審單標準被簡化為「單證相符、單單相符和單內相符」。

「單證相符」標準要求單據與信用證之間「不必完全一致(need not be identical to),但必須不衝突(but must not conflict with)」即可。這一標準在其后的第十八條c款關於「商業發票的描述應與信用證中顯示內容相符」的要求,以及該條e款關於「其他單據中對貨物的描述可使用統稱」的規定中得到了具體體現。

「單單相符」標準要求單據與單據之間「不必完全一致,但必須不衝突」。假設發票中寫明了貨物規格,但重量單、裝箱單中無此種顯示,它們之間雖不完全一致,但也並無衝突,因此它們並不存在不符點。如果按照《UCP500》關於單據之間「不能不一致」的要求,則上述單據即被認為存在不符點。

「單內相符」標準則要求單據內部信息「不必完全一致但必須不衝突」。假設某公司出具的商業發票上印製著該公司的名稱為「××Biological Technology Research and Development LTD, co.」,但在發票中的簽名與蓋章均顯示為「×× Biological Technology R&D LTD, Co.」,這種不一致在《UCP600》看來並不構成不符點。

這一新的審單標準極大放寬了相符程序的要求,使銀行在日后的審單實踐中再不得以任何不足為要的細節為由拒收單據和拒絕付款,從而確保了進出口雙方的合法權益。

5. 確立了「單據只要看來滿足其功能需要」的新要求

第十四條f款規定,「如果信用證要求提交的運輸單據、保險單據和商業發票以外的單據,未規定該單據由何人出具或單據的內容,只要所提交單據的內容看來滿足其功能需要,銀行將予以接受」。該款規定與《UCP500》第二十一條規定相似,但增加了「看來滿足其功能需要」(appears to fulfill the function)的要求以替代原有所交單據的內容「並無不一致」的規定。這一修改目的顯然是為了放寬「單單相符」的審單程序要求。然而,《UCP 600》對「單據的功能」並無明確規定,這將給銀行審查「其他單據」時依「只要看來滿足其功能需要」的要求留下了不確定因素,因為不同國家的法律和銀行習慣做法對單據是否「看來滿足其功能需要」存在不一致的理解和認識,判斷結果可能截然相反。

第四章　國際貿易支付慣例

6. 明確了單據的出單日期不得遲於信用證規定的交單日期

第十四條 i 款規定：「單據的出單日期可以早於信用證開立日期，但不得遲於信用證規定的交單日期」。這一規定雖與《UCP500》第 22 條的實質內容無異，但在措辭上更清晰、更明確，它將其中出單日期早於信用證開立日期的「單據須在信用證和本慣例規定的時限內提交」改為「單據的簽發日期不得遲於信用證規定的交單日期」。由於實踐中，買賣合同的賣方通常根據合同的規定在信用證開立前就已開始備貨並完成相關的檢驗工作，檢驗證書和產地證書的簽發日期常有早於信用證開立日期的情況，《UCP600》一方面對於這種實際情況予以再次確認，另一方面對於簽發日期遲於信用證規定的交單日期的單據予以明確否認。這一規定既尊重事實，又符合時間順序與單據實際操作程序的要求。

7. 明確了申請人與受益人的地址不必與信用證或其他單據上的地址相同

依據《UCP500》「嚴格一致」的審單原則，銀行往往要求申請人和受益人的地址和聯繫信息必須與信用證嚴格相符，從而導致了許多不必要的退單和拒付糾紛，《UCP 600》吸取了相關教訓，在該條款明確指出：「當受益人和申請人的地址顯示在任何規定的單據上時，不必與信用證或其他單據中顯示的地址相同，但必須與信用證中述及的各自地址處於同一國家內。」這一規定雖然是對「嚴格一致」原則的鬆動，又一次放寬了銀行審單的標準，但它對於促成交易，避免不必要的糾紛將起到積極的作用。

8. 擴大了運輸單據出具人的範圍

根據《UCP500》第三十條的規定，銀行僅接受作為承運人或其代理人的運輸行出具的運輸單據，而不接受運輸行出具的運輸單據。但從近年國際貨運市場的發展來看，貨運代理行業已經成為國際貿易中一支不可或缺的隊伍，其中有的已發展為承運人的代理人，代理其簽發運輸單據。為了滿足實踐中的需要，《UCP 600》刪除了 UCP500 的這一規定，在該條 c 款中規定：「假如運輸單據能夠滿足本慣例第十一條、二十條、二十一條、二十二條、二十三條或第二十四條的要求，則運輸單據可以由承運人、船東、船長或租船人以外的任何一方出具」。這顯然擴大了運輸單據出具人的範圍，其中雖然未直接提及，實際上已表達了對其所出具的運輸單據的認可，與承運人、船東、船長或租船人出具的運輸單據一樣，只要滿足相關要求，銀行將予以接受。

9. 賦予了當事人放棄或尋求放棄單據不符點的權利

《UCP 600》第十六條關於「不符單據與不符點的放棄」的規定與《UCP500》第十四條的相關規定並無實質區別，均賦予了開證申請人和銀行放棄或尋求放棄單據不符點的權利。顯然，在 UCP600 第十四條的新審單標準下，銀行再不得以任何不足為要的不符點為由拒收單據和拒付款項，因為「單單相符」、「單內相符」並不要求單據之間與單據內部信息完全一致，而只要不衝突即可。這一新審單標準極大放寬了相符程序的要求，使原本根據《UCP500》的審單標準被判斷為單據存有不

國際貿易慣例與公約

符點的情形，在《UCP600》的新審單標準下可能被開證行和申請人放棄而付款贖單。

（五）《UCP600》最新發展成果對實踐的主要影響

《UCP600》的最新發展是多方面的，隨著其在實踐中被廣泛接受與適用，其影響將日益深入貿易界、銀行界和法律界，信用證當事人權利義務的實現與履行以及各國的信用證立法都將不同程度地受到影響，只要一國認可並以該慣例為依據辦理對外支付，該國就必然要修改本國的相關法律規定，以避免其與該慣例發生衝突。

（1）《UCP600》的任意法性質賦予了國際貨物買賣合同當事人適用慣例的充分選擇權、修改權與排除適用權，滿足了當事人特定交易的需要。

（2）《UCP 600》關於「不可撤銷信用證」的定性，結束了可撤銷與不可撤銷信用證共存的局面，使信用證的嚴肅性和銀行的信譽，以及受益人的合法權益得到了有效維護。

（3）《UCP600》關於信用證獨立性原則的重申與強化，一方面確立了被指定銀行、保兌行和議付行的獨立性，否定了受益人在主張權利和抗辯中利用基礎交易的關係；另一方面提示了開證行勸阻開證申請人將基礎合同作為信用組成部分的做法，有利於避免和減少因信用證與基礎合同相糾纏而產生不必要的糾紛。

（4）《UCP600》關於「單證相符、單單相符和單內相符」的新審單標準，直接對銀行的審單實踐產生重大影響，銀行再不得以任何不足為要的細節為由拒收單據和拒絕付款，使買賣合同當事人的合法權益得到有效保障。

（5）《UCP600》關於「單一天數標準的審單時限的確定、交單期限的直接規定、交單日期的確定、運輸單據出具人範圍的擴大」等等規定，都對當事人履行合同提出了明確的要求，對當事人權利義務產生了直接的影響。

此外，《UCP 600》的最新發展成果也將影響各國的信用證立法，例如中國2006年1月1日起實行的《最高人民法院關於審理信用證糾紛案件若干問題的規定》就吸納了《UCP600》的許多新成果，尤其是其中第二條、第六條、第七條關於「當事人意思自治」選擇適用慣例以及審單標準與要求的規定幾乎與《UCP600》的新審單標準與要求完全相符。

可以預見，隨著《UCP 600》在實踐中的廣泛適用，其最新發展成果將日益深入國際貿易實踐和各國立法，從而對國際貿易的有序進行和健康發展起到重要的促進作用。

二、《跟單信用證統一慣例》的主要內容

第一條 UCP的適用範圍

《跟單信用證統一慣例——2007年修訂本，國際商會第600號出版物》（簡稱「UCP」）乃一套規則，適用於所有的其文本中明確表明受本慣例約束的跟單信用證

第四章　國際貿易支付慣例

(下稱信用證)(在其可適用的範圍內,包括備用信用證。)除非信用證明確修改或排除,本慣例各條文對信用證所有當事人均具有約束力。

第二條　定義

就本慣例而言:

通知行——指應開證行的要求通知信用證的銀行。

申請人——指要求開立信用證的一方。

銀行工作日——指銀行在其履行受本慣例約束的行為的地點通常開業的一天。

受益人——指接受信用證並享受其利益的一方。

相符交單——指與信用證條款、本慣例的相關適用條款以及國際標準銀行實務一致的交單。

保兌——指保兌行在開證行承諾之外做出的承付或議付相符交單的確定承諾。

保兌行——指根據開證行的授權或要求對信用證加具保兌的銀行。

信用證——指一項不可撤銷的安排,無論其名稱或描述如何,該項安排構成開證行對相符交單予以交付的確定承諾。

承付——指:

a. 如果信用證為即期付款信用證,則即期付款。

b. 如果信用證為延期付款信用證,則承諾延期付款並在承諾到期日付款。

c. 如果信用證為承兌信用證,則承兌受益人開出的匯票並在匯票到期日付款。

開證行——指應申請人要求或者代表自己開出信用證的銀行。

議付——指指定銀行在相符交單下,在其應獲償付的銀行工作日當天或之前向受益人預付或者同意預付款項,從而購買匯票(其付款人為指定銀行以外的其他銀行)及/或單據的行為。

指定銀行——指信用證可在其處兌用的銀行,如信用證可在任一銀行兌用,則任何銀行均為指定銀行。

交單——指向開證行或指定銀行提交信用證項下單據的行為,或指按此方式提交的單據。

交單人——指實施交單行為的受益人、銀行或其他人。

案例分析 4-1

中國某公司採用 CIF 價出口價值 25,000 美元貨物去新加坡,××年 10 月 31 日美國花旗銀行新加坡分行開來信用證。12 月初,中方從有關方面獲知,開證申請人已倒閉。此時貨物已在裝運港,你認為中方該如何處理?

分析要點:中方應按合同規定裝運貨物,並向相關銀行提交與信用證相符的單據,要求銀行付款。因為,按《UCP600》第二條規定,「指一項不可撤銷的安排,無論其名稱或描述如何,該項安排構成開證行對相符交單予以交付的確定承諾」。

國際貿易慣例與公約

這意味著開證行負有第一性付款責任，即使開證申請人已倒閉，但只要受益人提交了與信用證相符的單據，開證行一定要承擔付款責任。

案例分析 4-2

某出口公司收到一份國外開來的 L/C，出口公司按 L/C 規定將貨物裝出，但在尚未將單據送交當地銀行議付之前，突然接到開證行通知，稱開證申請人已經倒閉，因此開證行不再承擔付款責任。問：出口公司如何處理？

分析要點：中方公司應將單據送交當地銀行議付，並由議付行將單據送交開證行索償，開證行不能因開證申請人倒閉而拒絕承擔付款責任。因為開證行負有第一性付款責任，即使開證申請人已倒閉，但開證行對提交的與信用證相符的單據仍要承擔付款責任。

案例分析 4-3

我某絲綢進出口公司向中東某國出口絲綢織製品一批，合同規定：出口數量為 2100 箱，價格為 2500 美元/箱 CIF 中東某港，5—7 月份分三批裝運，即期信用證付款，買方應在裝運月份開始前 30 天將信用證開抵賣方。合同簽訂後，買方按合同的規定依時將信用證開抵賣方，其中匯票條款載有「匯票付款人為開證行/開證申請人」字樣。我方在收到信用證後未留意該條款，即組織生產並裝運，待製作好結匯單據到付款銀行結匯時，付款銀行以開證申請人不同意付款為由拒絕付款。問：付款銀行的做法有無道理？為什麼？

分析要點：銀行的做法是有道理的。本案中，信用證條款規定「匯票付款人為開證行/開證申請人」，該條款改變了信用證支付方式下，開證銀行承擔第一性付款責任的性質，使本信用證下的第一付款人為開證行和/或開證申請人，只要開證申請人不同意付款，開證行就可以此為由拒絕付款。因此，銀行的拒付是有道理的。

第三條　解釋

就本慣例而言：

如情形適用，單數詞形包含複數含義，複數詞形包含單數含義。

信用證是不可撤銷的，即使未如此表明。

單據簽字可用手簽、摹樣簽字、穿孔簽字、印戳、符合或任何其他機械或電子的證實方法為之。

諸如單據須履行法定手續、簽證、證明等類似要求，可由單據上任何看擬滿足該要求的簽字、標記、戳或標籤來滿足。

一家銀行在不同國家的分支機構被視為不同的銀行。

用諸如「第一流的」、「著名的」、「合格的」、「獨立的」、「正式的」、「有資格的」或「本地的」等詞語描述單據的出單人時，允許除受益人之外的任何人出具該

第四章 國際貿易支付慣例

單據。

除非要求在單據中使用，否則諸如「迅速地」、「立刻地」或「盡快地」等詞語將被不予理會。

「在或大概在（on or about）」或類似用語將被視為規定事件發生在指定日期的前後五個日曆日之間，起訖日期計算在內。「至（to）」、「直至（until、till）」、「從⋯⋯開始（from）」及「在⋯⋯之間（between）」等詞用於確定發運日期時包含提及的日期，使用「在⋯⋯之前（before）」及「在⋯⋯之后（after）」時則不包含提及的日期。

「從⋯⋯開始（from）」及「在⋯⋯之后（after）」等詞用於確定到期日期時不包含提及的日期。

「前半月」及「后半月」分別指一個月的第一日到第十五日及第十六日到該月的最后一日，起訖日期計算在內。

一個月的「開始（beginning）」、「中間（middle）」及「末尾（end）」分別指第一到第十日、第十一日到第二十日及第二十一日到該月的最后一日，起訖日期計算在內。

第四條 信用證與合同

a. 就其性質而言，信用證與可能作為其開立基礎的銷售合同或其他合同是相互獨立的交易，即使信用證中含有對此類合同的任何援引，銀行也與該合同無關，且不受其約束。因此，銀行關於承付、議付或履行信用證項下其他義務的承諾，不受申請人基於與開證行或與受益人之間的關係而產生的任何請求或抗辯的影響。

受益人在任何情況下不得利用銀行之間或申請人與開證行之間的合同關係。

b. 開證行應勸阻申請人試圖將基礎合同、形式發票等文件作為信用證組成部分的做法。

案例分析 4-4

國外一家貿易公司與中國某進出口公司訂立合同，購買小麥 500 噸。合同規定，2012 年 1 月 20 日前開出信用證，2 月 5 日前裝船。1 月 28 日買方開來信用證，有效期至 2 月 10 日。由於賣方按期裝船發生困難，故電請買方將裝船期延後至 2 月 17 日並將信用證有效延長至 2 月 20 日，買方回電表示同意，但未通知開證銀行。2 月 17 日貨物裝船后，賣方到銀行議付時，遭到拒絕。問題：

（1）銀行是否有權拒付貨款？

（2）作為賣方，應當如何處理此事？

分析要點：

（1）銀行有權拒絕議付。理由如下：根據《UCP600》的第四條的規定，信用證雖是根據買賣合同開出的，但一經開出就成為獨立於買賣合同的法律關係。銀行

95

國際貿易慣例與公約

只受原信用證條款約束，而不受買賣雙方之間合同的約束。合同條款改變，信用證條款未改變，銀行就只按原信用證條款辦事。買賣雙方達成修改信用證的協議並未通知銀行並得到銀行同意，銀行可以拒付。

(2) 作為賣方，當銀行拒付時，可依修改后的合同條款，直接要求買方履行付款義務。

第五條　單據與貨物、服務或履約行為

銀行處理的是單據，而不是單據可能涉及的貨物、服務或履約行為。

案例分析 4-5

中國甲公司向比利時乙公司訂購貨物，合同中約定貨物的標準達到 M 級，並要求對方在出廠時提供甲 M 級標準合格證書，甲公司在申請開立信用證時未要求對方提供 M 級合格證書作為議付單據。發貨后，甲公司在未付款的情況下先提到貨物，發現質量不符合合同規定的 M 標準，並請當地檢疫部門出具證明，提交給銀行，要求銀行拒付。問：銀行可否拒付？

分析要點：銀行不能拒付。因為根據《UCP600》的第四條的規定，信用證雖是根據買賣合同開出的，但一經開出就成為獨立於買賣合同的法律關係。銀行只受原信用證條款約束，而不受買賣雙方之間合同的約束。又根據《UCP600》的第五條的規定，信用證業務銀行處理的是單據，只要賣方提交了與信用證規定相符的單據，銀行必須承擔付款責任。

案例分析 4-6

某筆進出口業務，約定分兩批裝運，支付方式為即期信用證。第一批貨物發送后，買方辦理了付款贖單手續，但收到貨物后，發現貨物品質與合同嚴重不符，便要求開證行通知議付行對第二批信用證項下的貨運單據不要議付，銀行不予理睬。后來議付行對第二批信用證項下的貨運單據仍予議付。議付行議付后，付款行通知買方付款贖單，遭到買方的拒絕。問：(1) 銀行處理方法是否合適？(2) 買方應如何處理此事為宜？

分析要點：(1) 銀行的處理方法是合適的；本案憑即期信用證支付方式結匯。在信用證結方式下，信用證是一種自足文件，銀行在辦理信用證業務時，只根據信用證的有關規定審核出口商提交的單據，只要「單單一致，單證一致」，銀行就承擔第一性的付款責任。因此，本案中的議付行對第二批貨物的議付，是符合信用證業務的做法的。(2) 案中的買方應先付款贖單，再與出口方取得聯繫，共同商議如何解決貨物品質與合同嚴重不符的問題。

第四章　國際貿易支付慣例

案例分析 4-7

我某食品進出口公司向澳洲某國出口鮮活品一批，雙方規定以即期信用證為付款方式。

買方在合同規定的開證時間內開來信用證，證中規定：「一俟開證人收到單證相符的單據並承兌后，我行立即付款。」我方銀行在審核信用證時，把問題提出來，要求受益人注意該條款。但某食品進出口公司的業務員認為該客戶為老客戶，應該問題不大，遂根據信用證的規定裝運出口。當結匯單據交到付款行時，付款行以開證行認為單據不符不願承兌為由拒付。問：銀行拒絕付款有無道理？

分析要點：(1) 銀行的做法是有道理的。本案中，信用證條款規定「一俟開證人收到單證相符的單據並承兌后，我行立即付款」。該條款改變了信用證支付方式下，開證銀行承擔第一性付款責任的性質，使本信用證下開證行付款的前提條件不是「單單一致，單證一致」，而是開證申請人收到單證相符的單據並承兌后。這時，只要開證申請人不承兌，開證行就可以此為由拒付。因此，銀行的拒絕付款是有道理的。

案例分析 4-8

日本某銀行應當地客戶的要求開立了一份不可撤銷的議付 L/C，出口地為上海，證中規定單證相符后，議付行可向日本銀行的紐約分行（開證行）索償。上海一家銀行議付了該筆單據，並在 L/C 有效期內將單據交開證行，同時向其紐約分行索匯，順利收回款項。第二天開證行提出單據有不符點，要求退款。議付行經落實，確定不符點成立，但此時從受益人處得知，開證申請人已通過其他途徑（未用提單）將貨提走。議付行可否以此為理由拒絕退款？

分析要點：不能拒絕退款。因為：(1) L/C 業務是純單據業務，單證不符不能付款，銀行僅處理單據，不問貨物真實情況。(2) 儘管開證申請人將貨物提走，但開證行並未將單據交給開證申請人。所以，議付行應向受益人追索所墊付的貨款，退款給開證行。

第六條　兌用方式、截止日和交單地點

a. 信用證必須規定可在其處兌用的銀行，或是否可在任一銀行兌用。規定在指定銀行兌用的信用證同時也可以在開證行兌用。

b. 信用證必須規定其是以即付款、延期付款，承兌還是議付的方式兌用。

c. 信用證不得開成憑以申請人為付款人的匯票兌用。

d

i. 信用證必須定一個交單的截止日。規定的承付或議付的截止日將被視為交單的截止日。

ii. 可在其處兌用信用證的銀行所在地即為交單地點。可在任一銀行兌用的信用證其交單地點為任一銀行所在地。除規定的交單地點外，開證行所在地也是交單地點。

e. 除非如第二十九條 a 款規定的情形，否則受益人或者代表受益人的交單應截止日當天或之前完成。

第七條　開證行責任

a. 只要規定的單據提交給指定銀行或開證方，並且構成相符交單，則開證行必須承付，如果信用證為以下情形之一：

i. 信用證規定由開證行即期付款，延期付款或承兌；

ii. 信用證規定由指定銀行即期付款但其未付款；

iii. 信用證規定由指定銀行延期付款但其未承諾延期付款，或雖已承諾延期付款，但未在到期日付款；

iv. 信用證規定由指定銀行承兌，但其未承兌以其為付款人的匯票，或雖然承兌了匯票，但未在到期日付款。

v. 信用證規定由指定銀行議付但其未議付。

b. 開證行自開立信用證之時起即不可撤銷地承擔承付責任。

c. 指定銀行承付或議付相符交單並將單據轉給開證行之后，開證行即承擔償付該指定銀行的責任。對承兌或延期付款信用證下相符合單金額的償付應在到期日辦理，無論指定銀行是否在到期日之前預付或購買了單據，開證行償付指定銀行的責任獨立於開證行對受益人的責任。

第八條　保兌行責任

a. 只要規定的單據提交給保兌行，或提交給其他任何指定銀行，並且構成相符交單，保兌行必須：

i. 承付，如果信用證為以下情形之一：

a) 信用證規定由保兌行即期付款、延期付款或承兌；

b) 信用證規定由另一指定銀行延期付款，但其未付款；

c) 信用證規定由另一指定銀行延期付款，但其未承諾延期付款，或雖已承諾延期付款但未在到期日付款；

d) 信用證規定由另一指定銀行承兌，但其未承兌以其為付款人的匯票，或雖已承兌匯票未在到期日付款；

e) 信用證規定由另一指定銀行議付，但其未議付。

ii. 無追索權地議付，如果信用證規定由保兌行議付。

b. 保兌行自對信用證加具保兌之時起即不可撤銷地承擔承付或議付的責任。

c. 其他指定銀行承付或議付相符交單並將單據轉往保兌行之后，保兌行即承擔償付該指定銀行的責任。對承兌或延期付款信用證下相符交單金額的償付應在到期日辦理，無論指定銀行是否在到期日之前預付或購買了單據。保兌行償付指定銀行

第四章　國際貿易支付慣例

的責任獨立於保兌行對受益人的責任。

d. 如果開證行授權或要求一銀行對信用證加具保兌，而其並不準備照辦，則其必須毫不延誤地通知開證行，並可通知此信用證而不加保兌。

第九條　信用證及其修改的通知

a. 信用證及其任何修改可以經由通知行通知給受益人。非保兌行的通知行通知信用及修改時不承擔承付或議付的責任。

b. 通知行通知信用證或修改的行為表示其已確信信用證或修改的表面真實性，而且其通知準確地反應了其收到的信用證或修改的條款。

c. 通知行可以通過另一銀行（「第二通知行」）向受益人通知信用證及修改。第二通知行通知信用證或修改的行為表明其已確信收到的通知的表面真實性，並且其通知準確地反應了收到的信用證或修改的條款。

d. 經由通知行或第二通知行通知信用證的銀行必須經由同一銀行通知其後的任何修改。

e. 如一銀行被要求通知信用證或修改但其決定不予通知，則應毫不延誤地告知自其處收到信用證、修改或通知的銀行。

f. 如一銀行被要求通知信用證或修改但其不能確信信用證、修改或通知的表面真實性，則應毫不延誤地通知看似從其處收到指示的銀行。如果通知行或第二通知行決定仍然通知信用證或修改，則應告知受益人或第二通知行其不能確信信用證、修改或通知的表面真實性。

第十條　修改

a. 除第三十八條別有規定者外，未經開證行、保兌行（如有的話）及受益人同意，信用證即不得修改，也不得撤銷。

b. 開證行自發出修改之時起，即不可撤銷地受其約束。保兌行可將其保兌擴展至修改，並自通知該修改時，即不可撤銷地受其約束。但是，保兌行可以選擇將修改通知受益人而不對其加具保兌。若然如此，其必須毫不延誤地將此告知開證行，並在其給受益人的通知中告知受益人。

c. 在受益人告知通知修改的銀行其接受該修改之前，原信用證（或含有先前被接受的修改的信用證）的條款對受益人仍然有效。受益人應提供接受或拒絕修改的通知。如果受益人未能給予通知，當交單與信用證以及尚未表示接受的修改的要求一致時，即視為受益人已作出接受修改的通知，並且從此時起，該信用證被修改。

d. 通知修改的銀行應將任何接受或拒絕的通知轉告發出修改的銀行。

e. 對同一修改的內容不允許部分接受，部分接受將被視為拒絕修改的通知。

f. 修改中關於除非受益人在某一時間內拒絕修改否則修改生效的規定應被不予理會。

國際貿易慣例與公約

案例分析 4-9

中國 A 公司向加拿大 B 公司以 CIF 術語出口一批貨物，合同規定 4 月份裝運。B 公司於 4 月 10 日開來不可撤銷信用證，此證按《UCP600》規定辦理。證內規定：裝運期不得晚於 4 月 15 日。此時我方已來不及辦理租船訂艙，立即要求 B 公司將裝期延至 5 月 15 日。隨后 B 公司來電稱：同意展延船期，有效期也順延一個月。我 A 公司於 5 月 10 日裝船，提單簽發日 5 月 10 日，並於 5 月 14 日將全套符合信用證規定的單據交銀行辦議付。試問：中國 A 公司能否順利結匯？為什麼？

分析要點：A 公司不能結匯，因為：（1）根據《UCP600》規定，信用證一經開出，在有效期內，未經受益人及有關當事人的同意，開證行不得片面修改和撤銷，只要受益人提供的單據符合信用證規定，開證行必須履行付款義務。本案中 A 公司提出信用證裝運期的延期要求僅得到 B 公司的允諾，並未由銀行開出修改通知書，所以 B 公司同意修改是無效的。（2）信用證上規定裝運期「不晚於 4 月 15 日」，而 A 公司所交提單的簽發日為 5 月 10 日。與信用證規定不符，即單證不符，銀行可以拒付。

第十一條　電訊傳輸的和預先通知的信用證和修改

a. 以經證實的電訊方式發出的信用證或信用證修改即被視為有效的用證或修改文據，任何后續的郵寄確認書應被不予理會。

如電訊聲明「詳情后告」（或類似用語）或聲明以郵寄確認書為有效信用證或修改，則該電訊不被視為有效信用證或修改。開證行必須隨即不遲延地開立有效信用證或修改，其條款不得與該電訊矛盾。

b. 開證行只有在準備開立有效信用證或作出有效修改時，才可以發出關於開立或修改信用證的初步通知（預先通知）。開證行作出該預先通知，即不可撤銷地保證不遲延地開立或修改信用證，且其條款不能與預先通知相矛盾。

第十二條　指定

a. 除非指定銀行為保兌行，對於承付或議付的授權並不賦予指定銀行承付或議付的義務，除非該指定銀行明確表示同意並且告知受益人。

b. 開證行指定一銀行承兌匯票或做出延期付款承諾，即為授權該指定銀行預付或購買其已承兌的匯票或已做出的延期付款承諾。

c. 非保兌行的指定銀行收到或審核並轉遞單據的行為並不使其承擔承付或議付的責任，也不構成其承付或議付的行為。

第十三條　銀行之間的償付安排

a. 如果信用證規定指定銀行（「索償行」）向另一方（「償付行」）獲取償付時，必須同時規定該償付是否按信用證開立時有效的 ICC 銀行間償付規則進行。

b. 如果信用證沒有規定償付遵守 ICC 銀行間償付規則，則按照以下規定：

第四章　國際貿易支付慣例

　　i. 開證行必須給予償付行有關償付的授權，授權應符合信用證關於兌用方式的規定，且不應設定截止日。

　　ii. 開證行不應要求索償行向償付行提供與信用證條款相符的證明。

　　iii. 如果償付行未按信用證條款見索即償，開證行將承擔利息損失以及產生的任何其他費用。

　　iv. 償付行的費用應由開證行承擔。然而，如果此項費用由受益人承擔，開證行有責任在信用證及償付授權中註明。如果償付行的費用由受益人承擔，該費用應在償付時從付給索償行的金額中扣取。如果償付未發生，償付行的費用仍由開證行負擔。

　　c. 如果償付行未能見索即償，開證行不能免除償付責任。

第十四條　單據審核標準

　　a. 按指定行事的指定銀行、保兌行（如果有的話）及開證行須審核交單，並僅基於單據本身確定其是否在表面上構成相符交單。

　　b. 按指定行事的指定銀行、保兌行（如有的話）及開證行各有從交單次日起至多五個銀行工作日用以確定交單是否相符。這一期限不因在交單日當天或之後信用證截止日或最遲交單日屆至而受到縮減或影響。

　　c. 如果單據中包含一份或多份受第十九條、第二十條、第二十一條、第二十二條、第二十三條、第二十四條或第十二五條規制的正本運輸單據，則須由受益人或其代表在不遲於本慣例所指的發運日之後的二十一個日曆日內交單，但是在任何情況下都不得遲於信用證的截止日。

　　d. 單據中的數據，在與信用證、單據本身以及國際標準銀行實務參照解讀時，無須與該單據本身中的數據，其他要求的單據或信用證中的數據等同一致、但不得矛盾。

　　e. 除商業發票外，其他單據中的貨物、服務或履約行為的描述，如果有的話，可使用與信用證中的描述不矛盾的概括性用語。

　　f. 如果信用證要求提交運輸單據、保險單據或者商業發票之外的單據，卻未規定出單人或其數據內容，則只要提交的單據內容看似滿足所要求單據的功能，且其他方面符合第十四條 d 款，銀行將接受該單據。

　　g. 提交的非信用證所要求的單據將被不予理會，並可被退還給交單人。

　　h. 如果信用證含有一項條件，但未規定用以表明該條件得到滿足的單據，銀行將視為未作規定並不予理會。

　　i. 單據日期可以早於信用證的開立日期，但不得晚於交單日期。

　　j. 當受益人和申請人的地址出現在任何規定的單據中時，無須與信用證或其他規定單據中所載相同，但必須與信用證中規定的相應地址同在一國。聯絡細節（傳真、電話、電子郵件或類似細節）作為受益人和申請人地址的一部分時將被不予理會。然而，如果申請人的地址和聯絡細節為第十九條、第二十條、第二十一條、第

二十二條、第二十三條、第二十四條或第二十五條規定的運輸單據上的收貨人或通知方細節的一部分時,應與信用證規定的相同。

k. 在任何單據中註明的托運人或發貨人無須為信用證的受益人。

l. 運輸單據可以由任何人出具,無須為承運人、船東、船長或租船人,只要其符合第十九條、第二十條、第二十一條、第二十二條、第二十三條或第二十四條的要求。

第十五條　相符交單

a. 當開證行確定交單相符時,必須承付。

b. 當保兌行確定交單相符時,必須承付或者議付並將單據轉遞給開證行。

c. 當指定銀行確定交單相符並承付或議付時,必須將單據轉遞給保兌行或開證行。

第十六條　不符單據、放棄及通知

a. 當按照指定行事的指定銀行、保兌行(如有的話)或者開證行確定交單不符時,可以拒絕承付或議付。

b. 當開證行確定交單不符時,可以自行決定聯繫申請人放棄不符點。然而這並不能延長第十四條b款所指的期限。

c. 當按照指定行事的指定銀行、保兌行(如有的話)或開證行決定拒絕承付或議付時,必須給予交單人一份單獨的拒付通知。

該通知必須聲明:

i. 銀行拒絕承付或議付;及

ii. 銀行拒絕承付或者議付所依據的每一個不符點;及

iii.

a) 銀行留存單據聽候交單人的進一步指示;或者

b) 開證行留存單據直到其從申請人處接到放棄不符點的通知並同意接受該放棄,或者其同意接受對不符點的放棄之前從交單人處收到其進一步指示;或者

c) 銀行將退回單據;或者

d) 銀行將按之前從交單人處獲得的指示處理。

d. 第十六條c款要求的通知必須以電訊方式,如不可能,則以其他快捷方式,在不遲於自交單之翌日起第五個銀行工作日結束前發出。

e. 按照指定行事的指定銀行、保兌行(如有的話)或開證行在按照第十六條c款iii項a)發出了通知后,可以在任何時候單據退還交單人。

f. 如果開證行或保兌行未能按照本條行事,則無權宣稱交單不符。

g. 當開證行拒絕承付或保兌行拒絕承付或者議付,並且按照本條發出了拒付通知后,有權要求返還已償付的款項及利息。

第十七條　正本單據及副本

a. 信用證規定的每一種單據須至少提交一份正本。

第四章　國際貿易支付慣例

b. 銀行應將任何帶有看似出單人的原始簽名、標記、印戳或標籤的單據視為正本單據，除非單據本身表明其非正本。

c. 除非單據本身另有說明，在以下情況下，銀行也將其視為正本單據：

i. 單據看似由出單人手寫、打字、穿孔或蓋章；或者

ii. 單據看似使用出單人的原始信紙出具；或者

iii. 單據聲明其為正本單據，除非該聲明看似不適用於提交的單據。

d. 如果信用證使用諸如「一式兩份（in duplicate）」、「兩份（in two fold）」、「兩套（in two copies）」等用語要求提交多份單據，則提交至少一份正本，其餘使用副本即可滿足要求，除非單據本身另有說明。

第十八條　商業發票

a. 商業發票：

i. 必須看似由受益人出具（第三十八條規定的情形除外）；

ii. 必須出具成以申請人為抬頭（第三十八條 g 款規定的情形除外）；

iii. 必須與信用證的貨幣相同；且

iv. 無須簽名

b. 按指定行事的指定銀行、保兌行（如有的話）或開證行可以接受金額大於信用證允許金額的商業發票，其決定對有關各方均有約束力，只要該銀行對超過信用證允許金額的部分未作承付或者議付。

c. 商業發票上的貨物、服務或履約行為的描述應該與信用證中的描述一致。

第十九條　涵蓋至少兩種不同運輸方式的運輸單據

a. 涵蓋至少兩種不同運輸方式的運輸單據（多式或聯合運輸單據），無論名稱如何，必須看似：

i. 表明承運人名稱並由以下人員簽署：

a）承運人或其具名代理人，或

b）船長或其具名代理人。

承運人、船長或代理人的任何簽字，必須標明其承運人、船長或代理人的身分。代理人簽字必須表明其系代表承運人還是船長簽字。

ii. 通過以下方式表明貨運站物已經在信用證規定的地點發送，接管或已裝船。

a）事先印就在文字、或者

b）表明貨物已經被發送、接管或裝船日期的印戳或批註。

運輸單據的出具日期將被視為發送、接管或裝船的日期，也即發運的日期。然而如單據以印戳或批註的方式表明了發送、接管或裝船日期，該日期將被視為發運日期。

iii. 表明信用證規定的發送、接管或發運地點，以及最終目的地、即使：

a）該運輸單據另外還載明了一個不同的發送、接管或發運地點或最終目的地，或者。

103

國際貿易慣例與公約

　　b)該運輸單據載有「預期的」或類似的關於船只，裝貨港或卸貨港的限定語。

　　iv.為唯一的正本運輸單據、或者、如果出具為多份正本，則為運輸單據中表明的全套單據。

　　v.載有承運這條款和條件，或提示承運條款和條件參見別處（簡式/背面空白的運輸單據）。銀行將不審核承運條款和條件的內容。

　　vi.未表明受租船合同約束。

　　b.就本條而言，轉運指在從信用證規定的發送、接管或者發運地點最終目的地的運輸過程中從某一運輸工具上卸下貨物並裝上另一運輸工具的行為（無論其是否為不同的運輸方式）。

　　c.

　　i.運輸單據可以表明貨物將要或可能被轉運，只要全程運輸由同一運輸單據涵蓋。

　　ii.即使信用證禁止轉運，註明將要或者可能發生轉運的運輸單據仍可接受。

第二十條　提單

　　a.提單，無論名稱如何，必須看似；

　　i.表明承運人名稱，並由下列人員簽署：

　　a)承運人或其具名代理人，或者

　　b)船長或其具名代理人。

承運人，船長或代理人的任何簽字必須標明其承運人，船長或代理人的身分。

代理人的任何簽字必須標明其系代表承運人還是船長簽字。

　　ii.通過以下方式表明貨物已在信用證規定的裝貨港裝上具名船只：

　　a)預先印就的文字，或

　　b)已裝船批註註明貨物的裝運日期。

提單的出具日期將被視為發運日期，除非提單載有表明發運日期的已裝船批註，此時已裝船批註中顯示的日期將被視為發運日期。

如果提單載有「預期船只」或類似的關於船名的限定語，則需已裝船批註明確發運日期以及實際船名。

　　iii.表明貨物從信用證規定的裝貨港發運至卸貨港。

如果提單沒有表明信用證規定的裝貨港為裝貨港，或者其載有「預期的」或類似的關於裝貨港的限定語，則需以已裝船批註表明信用證規定的裝貨港、發運日期以及實際船名。即使提單以事先印就的文字表明了貨物已裝載或裝運於具名船只、本規定仍適用。

　　iv.為唯一的正本提單，或如果以多份正本出具，為提單吉表明的全套正本。

　　v.載有承運條款和條件，或提示承運條款和條件參見別外（簡式/背面空白的提單）。銀行將不審核承運條款和條件的內容。

　　vi.未表明受租船合同約束。

第四章　國際貿易支付慣例

b. 就本條而言，轉運系指在信用證規定的裝貨港到卸貨港之間的運輸過程中，將貨物從船卸下並再裝上另一船的行為。

c.

i. 提單可以表明貨物將要或可能被轉運，只要全程運輸由同一提單涵蓋。

ii. 即使信用證禁止轉運，註明將要或可能發生轉運的提單仍可接受，只要其表明貨物由集裝箱、拖車或子船運輸。

d. 提單中聲明承運人保留轉運權利的條款將被不予理會。

第二十一條　不可轉讓的海運單

a. 不可轉讓的海運單，無論名稱如何，必須看似：

i. 表明承運人名稱並由下列人員簽署：

a）承運人或其具名代理人，或者

b）船長或其具名代理人。

承運人、船長或代理人的任何簽字必須標明其承運人、船長或代理人的身分。

代理簽字必須標明其系代表承運人還是船長簽訂。

ii. 通過以下方式表明貨物已在信用證規定的裝貨上具名船只：

a）預先印就的文字、或者

b）已裝船批註表明貨物的裝運日期。

不可轉讓海運單的出具日期將被視為發運日期，除非其上帶有已裝船批註註明發運日期，此明已裝船批註註明的日期將被視為發運日期。

如果不可轉讓海運單載有「預期船只」或類似的關於船名的限定語，則需要以已裝船批註表明發運日期和實際船只。

iii. 表明貨物從信用證規定的裝貨港發運至卸貨港。

如果不可轉讓海運單未以信用證規定的裝貨港為裝貨港，或者如果其載有「預期的」或類似的關於裝貨港的限定語，則需要以已裝船批註表明信用證規定的裝貨港、發運日期和船只。即使不可轉讓海運單以預先印就的文字表明貨物已由具名船只裝載或裝運，本規定也適用。

iv. 為唯一的正本不可轉讓海運單，或如果以多份正本出具，為海運單上註明的全套正本。

v. 載有承運條款的條件，或提示承運條款和條件參見別處（簡式/背面空白的海運單）。銀行將不審核承運條款和條件的內容。

vi. 未註明受租船合同約束。

b. 就本條而言，轉運系指在信用證規定的裝貨港到卸貨之間的運輸過程中，將貨物從船卸下並裝上另一船的行為。

c.

i. 不可轉讓海運單可以註明貨物將要或可能被轉運，只要全程運輸由同一海運單涵蓋。

ii. 即使信用證禁止轉運，註明轉運將要或可能發生的不可轉讓的海運單仍可接受，只要其表明貨物裝於集裝箱，拖船或子船中運輸。

d. 不可轉讓的海運單中聲明承運人保留轉運權利條款將被不予理會。

第二十二條　租船合同提單

a. 表明其受租船合同約束的提單（租船合同提單），無論名稱如何，必須看似：

i. 由以下員簽署：

a）船長或其具名代理人，或

b）船東或其具名代理人，或

c）租船人或其具名代理人。

船長、船東、租船人或代理人的任何簽字必須標明其船長、船東、租船人或代理人的身分。

代理人簽字必須表明其系代表船長，船東不是租船人簽字。

代理人代表船東或租船人簽字時必須註明船東或租船人的名稱。

ii. 通過以下方式表明貨物已在信用證規定的裝貨港裝上具名船只：

a）預先印就的文字，或者

b）已裝船批註註明貨物的裝運日期

租船合同提單的出具日期將被視為發運日期，除非租船合同提單載有已裝船批註註明發運日期，此時已裝船批註上註明的日期將被視為發運日期。

iii. 表明貨物從信用證規定的裝貨港發運至卸貨港。卸貨港也可顯示為信用證規定的港口範圍或地理區域。

iv. 為唯一的正本租船合同提單，或如以多份正本出具，為租船合同提單註明的全套正本。

b. 銀行將不審核租船合同，即使信用證要求提交租船合同。

第二十三條　空運單據

a. 空運單據，無論名稱如何，必須看似：

i. 表明承運人名稱，並由以下人員簽署；

a）承運人，或

b）承運人的具名代理人。

承運人或其代理人的任何簽字必須標明其承運人或代理人的身分。

代理人或其代理人的任何簽字必須標明其承運人或代理人的身分。

代理人簽字必須表明其系代表承運人簽字。

ii. 表明貨物已被收妥待運。

iii. 表明出具日期。該日期將被視為發運日期，除非空運單據載有專門批註註明實際發運日期，此時批註中的日期將被視為發運日期。

空運單據中其他與航班號和航班日期相關的信息將不被用來確定發運日期。

iv. 表明信用證規定的起飛機場和目的地機場。

第四章　國際貿易支付慣例

v. 為開給發貨人或托運人正本, 即使信用證規定提交全套正本。

vi. 載有承運條款和條件, 或提示條款和條件參別處。銀行將不審核承運條款和條件的內容。

b. 就本條而言, 轉運是指在信用證規定的起飛機場到目的地機場的運輸過程中, 將貨物從一飛機卸下再裝上另一收音機的行為。

c.

i. 空運單據可以註明貨物將要或可能轉運, 只要全程運輸由同一空運單據涵蓋。

ii. 即使信用證禁止轉運, 註明將要或可能發生轉運的空運單據仍可接受。

第二十四條　公路、鐵路或內陸水運單據

a. 公路、鐵路或內陸水運單據、無論名稱如何、必須看似：

i. 表明承運人名稱：並且

a）由承運人或其具名代理人簽署, 或者

b）由承運人或其具名代理人以簽字、印戳或批註表明貨物收訖。

承運人或其具名代理人的收貨簽字、印戳或批註必須標明其承運人或代理人的身分。

代理人的收貨簽字, 印戳或批註必須標明代理人系代理承運人簽字或行事。

如果鐵路運輸單據沒有指明承運人, 可以接受鐵路運輸公司的任何簽字或印戳作為承運人簽署單據的證據。

ii. 表明貨物的信用規定地點的發運日期, 或者收訖待運或待發送的日期。運輸單據的出具日期將被視為發運日期, 除非運輸單據上蓋有帶日期的收貨印戳, 或註明了收貨日期或發運日期。

iii. 表明信用證規定的發運地及目的地。

b.

i. 公路運輸單據必須看似為開給發貨人或托運人的正本, 或沒有任何標記表明單據開給何人。

ii. 註明「第二聯」的鐵路運輸單據將被作為正本接受。

iii. 無論是否註明正本字樣, 鐵路或內陸水運單據都被作為正本接受。

c. 如運輸單據上未註明出具的正本數量, 提交的份數即視為全套正本。

d. 就本條而言, 轉運是指在信用證規定的發運、發送或運送的地點到目的地之間的運輸過程中, 在同一運輸方式中從一運輸工具卸下再裝上另一運輸工具的行為。

e.

i. 只要全程運輸由同一運輸單據涵蓋、公路、鐵路或內陸水運單據可以註明貨物將要或可能被轉運。

ii. 即使信用證禁止轉運, 註明將要或可能發生轉運的公路、鐵路或內陸水運單據仍可接受。

國際貿易慣例與公約

第二十五條　快遞收據、郵政收據或投郵證明

a. 證明貨物收訖待運的快遞收據，無論名稱如何，必須看似：

i. 表明快遞機構的名稱，並在信用證規定的貨物發運地點由該具名快遞機構蓋章或簽字，並且

ii. 表明取件或收件的日期或類似詞語，該日期將被視為發運日期。

b. 如果要求顯示快遞費用付訖或預付，快遞機構出具的表明快遞費由收貨人以外的一方支付的運輸單據可以滿足該項要求。

c. 證明貨物收訖待運的郵政收據或投郵證明，無論名稱如何，必須看似在信用證規定的貨物發運地點蓋章或簽署並註明日期。該日期將被視為發運日期。

第二十六條　「貨裝艙面」、「托運人裝載和計數」、「內容據托運人報稱」及運費之外的費用。

a. 運輸單據不得表明貨物裝於或者j將裝於艙面。聲明可能被裝於艙面的運輸單據條款可以接受。

b. 載有諸如「托運人裝載和計數」或「內容據托運人報稱」條款的運輸單據可以接受。

c. 運輸單據上可以以印戳或其他方法提及運費之外的費用。

第二十七條　清潔運輸單據

銀行只接受清潔運輸單據，清潔運輸單據指未載有明確宣稱貨物或包裝有缺陷的條款或批註的運輸單據。「清潔」一詞並不需要在運輸單據上出現，即使信用證要求運輸單據為「清潔已裝船」的。

第二十八條　保險單據及保險範圍

a. 保險單據、例如保險單或預約保險項下的保險證明書或者聲明書，必須看似由保險公司或承保人或其代理人或代表出具並簽署。

b. 如果保險單據表明其以多份正本出具，所有正本均須提交。

c. 暫保單將不被接受。

d. 可以接受保險單代預約保險項下的保險證明書或聲明書。

e. 保險單據日期不得晚於發運日期，除非保險單據表明保險責任不遲於發運日生效。

f.

i. 保險單據必須表明投保金額並以與信用證相同的貨幣表示。

ii. 信用證對於投保金額為貨物價值、發票金額或類似金額的某一比例的要求，將被視為對最低保額的要求。

如果信用證對投保金額未做規定，投保金額須至少為貨物的 CIF 或 CIP 價格的 110%。

如果從單據中不能確定 CIF 或者 CIP 價格，投保金額必須基於要求承付或議付的金額，或者基於發票上顯示的貨物總值來計算，兩者之中取金額較高者。

第四章　國際貿易支付慣例

iii. 保險單據須表明承保的風險區間至少涵蓋從信用證規定的貨物接管地或發運地開始到卸貨地或最終目的地為止。

g. 信用證應規定所需投保的險別及附加險（如有的話）。如果信用證使用諸如「通常風險」或「慣常風險」等含義不確切的用語，則無論是否有漏保之風險，保險單據將被照樣接受。

h. 當信用證規定投保「一切險」時，如保險單據載有任何「一切險」批註或條款，無論是否有「一切險」標題，均將被接受，即使其聲明任何風險除外。

i. 保險單據可以援引任何除外條款。

j. 保險單據可以註明受免賠率或免賠額（減除額）約束。

第二十九條　截止日或最遲交單日的順延

a. 如果信用證的截止日或最遲交單日適逢接受交單的銀行非因第三十六條所述原因而歇業，則截止日或最遲交單日，視何者適用，將順延至其重新開業的第一個銀行工作日。

b. 如果在順延后的第一個銀行工作日交單，指定銀行必須在其致開證行或保兌行的面函中聲明交單是在根據第二十九條 a 款順延的期限內提交的。

c. 最遲發運日不因第二十九條 a 款規定的原因而順延。

第三十條　信用證金額、數量與單價的伸縮度

a.「約」或「大約」用於信用證金額或信用證規定的數量或單價時，應解釋為允許有關金額或數量或單價有不超過 10% 的增減幅度。

b. 在信用證未以包裝單位件數或貨物自身件數的方式規定貨物數量時，貨物數量允許有 5% 的增減幅度，只要總支取金額不超過信用證金額。

c. 如果信用證規定了貨物數量，而該數量已全部發運，及如果信用證規定了單價，而該單價又未降低，或當第三十條 b 款不適用時，則即使不允許部分裝運，也允許支取的金額有 5% 的減幅。若信用證規定有特定的增減幅度或使用第三十條 a 款提到的用語限定數量，則該減幅不適用。

案例分析 4-10

中國某公司與國外某農產品貿易有限公司達成一筆出口小麥的交易，國外開來的信用證規定「數量為 1,000 公噸，散裝貨，不準分批裝運，單價為 250 美元/公噸 CIF 悉尼，信用證金額為 25 萬美元……」但未表明可否溢短裝。賣方在依信用證的規定裝貨時，多裝了 15 公噸。問：銀行是否會以單證不符而拒付？為什麼？

分析要點：銀行不會因單證不符而拒付貨款。根據《UCP600》第三十條的規定：「除非信用證規定貨物的數量不得有增減外，在所支付款項不超過信用證金額的條件下，貨物數量准許有 5% 的增減幅度。但是，當信用證規定數量以單位或個數計數時，此項增減幅度則不適用。」本案賣方出口的商品是 1,000 公噸散裝小麥，

109

國際貿易慣例與公約

且信用證未表明可否溢短裝，則只要賣方按信用證規定製作單據，且要求銀行支付的金額不超過 25 萬美元，銀行就應根據信用證的規定支付貨款。

案例分析 4-11

某外貿公司對中東某國家出口電風扇 1000 臺。國外開來信用證規定不允許分運。但到出口裝船某外貿公司才發現有 40 臺的包裝破裂，有的風罩變形，有的開關脫裂，臨時更換已來不及。為了保證出口產品質量，某外貿公司認為，根據《UCP600》的規定，即使不準分運，在數量上也允許有 5% 的伸縮。如少裝這 40 臺並未超過 5%。實際裝船 960 臺。當某外貿公司持單到銀行議付時，遭到銀行拒絕。為什麼？

分析要點：《UCP600》第三十條規定：「除非信用證規定貨物的數量不得有增減外，在所支付款項不超過信用證金額的條件下，貨物數量准許有 5% 的增減幅度，但是，當信用證規定數量以單位或個數計數時，此項增減幅度則不適用。」本案賣方出口的電風扇是以個數計數的，不適用這一條款的規定，即如果信用證中未規定數量增減幅度，交貨數量不能浮動，如果少交，銀行可以單證不符為由拒絕付款。

案例分析 4-12

中國出口冰凍黃花魚一批 20 公噸，每公噸 400 美元 FOB 上海。合同規定數量可以有 10% 的增減。國外來證規定：總金額 8000 美元，數量約 20 公噸。我方裝上 22 公噸。當我方持 8800 美元的匯票到銀行議付時卻遭到議付行拒付。試分析議付行拒付的原因。

分析要點：銀行拒付有理，因為按照《UCP600》第三十條 a 款的規定，「約」或「大約」用於信用證金額或信用證規定的數量或單價時，應解釋為允許有關金額或數量或單價有不超過 10% 的增減幅度。本案在數量前有「約」，在金額前無「約」，意味著交貨數量可有 10% 的增減幅度，但信用證金額不可增加。因此，賣方交貨 22 公噸符合信用證的要求，但因而需要銀行付款 8800 美元，超出了信用證的額度，造成單證不符，銀行可以拒付。

案例分析 4-13

中國某公司對南非出口一批化工產品 2000 公噸，採用信用證支付方式。國外來證規定：「禁止分批裝運，允許轉運。」該證並註明：按《UCP600》辦理。現已知：裝期臨近，已訂妥一艘駛往南非的「黃石」號貨輪，該船先停靠新港，后停靠青島。但此時，該批化工產品在新港和青島各有 1000 公噸尚未集中在一起。如你是這筆業務的經辦人，最好選擇哪種處理方法？為什麼？

應選擇新港、青島各裝 1000 公噸。因為：①根據《UCP600》的規定，運輸單

第四章　國際貿易支付慣例

據表面上註明是使用同一運輸工具裝運並經同一線路運輸，即使運輸單據上註明的裝運日期或裝運港不同，只要運輸單據證明是同一目的地，將不視為分批裝運。②本案中我出口公司如在新港、青島各裝 1000 公噸於同一船（黃石號）、同一航次上，提單雖註明不同裝運港和不同裝運期限，但不視作分批裝運。因此，這種做法應認為符合信用證的規定，銀行理應付款。

案例分析 4-14

中國某公司與美國某客商以 FOB 條件出口大棗 5000 箱，5 月份裝運，合同和信用證均規定不允許分批裝運。我方於 5 月 10 日將 3,000 箱貨物裝上「喜慶」號輪，取得 5 月 10 日的海運提單；又於 5 月 15 日將 2000 箱裝上「飛雁」號輪，取得 5 月 15 日的海運提單；以上兩輪的貨物在新加坡轉船，均由「順風」號輪運往舊金山港。試分析：我方的做法是否合適？將導致什麼結果？為什麼？

分析要點：我方的做法不合適，將導致銀行拒付的結果。根據《UCP600》第三十一條的規定：「運輸單據表明貨物是使用同一運輸工具並經由同一路線運輸的，即使運輸單據註明裝運日期及裝運地不同，只要目的地相同，也不視為分批裝運。」本案中，來證規定不允許分批裝運，而我方於 5 月 10 日將 3,000 箱貨物裝上「喜慶」號輪，取得 5 月 10 日的海運提單；於 5 月 15 日將 2000 箱裝上「飛雁」號輪，取得 5 月 15 日的海運提單。儘管兩輪的貨物在新加坡轉船，均由「順風」號輪運往舊金山港，但向銀行提交的是分別由不同名貨輪在不同時間裝運的兩套單據，這將無法掩蓋分批裝運這一事實。所以，銀行可以單證不符為由，拒付貨款。

第三十一條　部分支款或部分發運

a. 允許部分支款或部分發運。

b. 表明使用同一運輸工具並經由同次航程運輸的數套運輸單據在同一次提交時，只要顯示相同目的地，將不視為部分發運，即使運輸單據上表明的發運日期不同或裝貨港、接管地或發運地點不同。如果交單由數套運輸單據構成，其中最晚的一個發運日將被視為發運日。

含有一套或數套運輸單據的交單，如果表明在同一種運輸方式下經由數件運輸工具運輸，即使運輸工具在同一天出發運往同一目的地，仍將被視為部分發運。

c. 含有一份以上快遞收據，郵政收據或投郵證明的交單，如果單據看似由同一快遞或郵政機構在同一地點和日期加蓋印戳或簽字並且表明同一目的地，將不視為部分發運。

第三十二條　分期支款或分期發運

如信用證規定在指定的時間段內分期支款或分期發運，任何一期未按信用證規定期限支取或發運時，信用證對該期及以后各期均告失效。

案例分析 4-15

某公司向國外出口茶葉1000箱，合同與信用證均規定：「自4月份開始，每月裝20箱，分5批交貨。」賣方從4月份開始交貨，但交到6月時，因故不裝。賣方決定在7月、8月補裝完畢。問是否可行？

分析要點：不可行。因為《UCP600》規定：如信用證規定在指定的時期內分期裝運，而其中任何一期未按期裝運，除非信用證另有規定，則信用證對該期及以後各期均告失效。

案例分析 4-16

某糧油進出口公司於2004年4月以CIF條件與英國喬治貿易有限公司成交一筆出售棉籽油貿易。總數量為840公噸，允許分批裝運。對方開來信用證中有關裝運條款規定：840公噸棉籽油，裝運港：廣州，允許分兩批裝運，460公噸於2004年9月15日前至倫敦，380公噸於2004年10月15日前至利物浦。糧油進出口公司於8月3日在黃埔港裝305公噸至倫敦，計劃在月末再繼續裝155公噸至倫敦的餘數，9月末再裝至利物浦的380公噸。第一批305公噸裝完后即備單辦理議付，但單據寄到國外，開證行提出單證不符，即裝運港和分批裝運不符信用證規定。

分析要點：開證行所提出的異議是正確的，糧油進出口公司違反了裝運港和分批裝運的問題應賠償對方由此而造成的損失。

　　第三十三條　交單時間
　　銀行在其營業時間外無接受交單的義務。
　　第三十四條　關於單據有效性的免責
　　銀行對任何單據的形式、充分性、準確性、內容真實性、虛假性或法律效力，或對單據中規定或添加的一般或特殊條件，概不負責；銀行對任何單據所代表的貨物，服務或其他履約行為的描述、數量、重量、品質、狀況、包裝、交付、價值或其存在與否、或對發貨人、承運人、貨運代理人、收貨人、貨物的保險人或其他任何人的誠信與否、作為或不作為、清償能力、履約或資信狀況，也概不負責。
　　第三十五條　關於信息傳遞和翻譯的免責
　　當報文、信件或單據按照信用證的要求傳輸或發送時，或當信用證未作指示，銀行自行選擇傳送服務時，銀行對報文傳輸或信件或單據的遞送過程中發生的延誤、中途遺失、殘缺或其他錯誤產生的后量，概不負責。
　　如果指定銀行確定交單相符並將單據發往開證行或保兌行，無論指定銀行是否已經承付或議付，開證行或保兌行必須承付或議付，或償付指定銀行，即使單據在指定銀行送往開證行或保兌行的途中，或保兌行送往開證行的途中丟失。
　　銀行對技術語的翻譯或解釋上的錯誤，不負責任，並可不加翻譯地傳送信用證

第四章　國際貿易支付慣例

條款。

第三十六條　不可抗力

銀行對由於天災、暴動、騷亂、叛亂、戰爭、恐怖主義行為或任何罷工、停工或其無法控製的任何其他原因導致的營業中斷的后果，概不負責。

銀行恢復營業時，對於在營業中斷期間已逾期的信用證，不再進行承付或議付。

第三十七條　關於被指示方行為的免責

a. 為了執行申請人的指示，銀行利用其他銀行的服務，其費用和風險由申請人承擔。

b. 即使銀行自行選擇了其他銀行，如果發出的指示未被執行，開證行或通知行對此亦不負責。

c. 指示另一銀行提供服務的銀行有責任負擔被指示方因執行指示而發生的任何佣金、手續費、成本或開支（「費用」）。

如果信用證規定費用由受益人負擔，而該費用未能收取或從信用證款項中扣除，開證行依然承擔支付此費用的責任。

信用證或其修改不應規定向受益人的通知以通知行或第二通知行收到其費用為條件。

d. 外國法律和慣例加諸於銀行的一切義務和責任，申請人應受其約束，並就此對銀行負補償之責。

第三十八條　可轉讓信用證

a. 銀行無辦理信用證轉讓的義務，除非其明確同意。

b. 就本條而言：

可轉讓信用證系指特別註明「可轉讓（transferable）」字樣的信用證。可轉讓信用證可應受益人（第一受益人）的要求轉為全部或部分由另一受益人（第二受益人）兌用。

轉讓行系指辦理信用證轉讓的指定銀行，或當信用證規定可在任何銀行兌用時，指開證行特別如此授權並實際辦理轉讓的銀行。開證行也可擔任轉讓行。

已轉讓信用證指已由轉讓行轉為可由第二受益人兌用的信用證。

c. 除非轉讓時另有約定，有關轉讓的所有費用（諸如佣金、手續費，成本或開支）須由第一受益人支付。

d. 只要信用證允許部分支款或部分發運，信用證可以分部分轉讓給數名第二受益人。

已轉讓信用證不得應第二受益人的要求轉讓給任何其后受益人。第一受益人不視為其后受益人。

e. 任何轉讓要求須說明是否允許及在何條件下允許將修改通知第二受益人。已轉讓信用證須明確說明該項條件。

f. 如果信用證轉讓給數名第二受益人，其中一名或多名第二受益人對信用證修改並不影響其他第二受益人接受修改。對接受者而言該已轉讓信用證即被相應修改，

而對拒絕改的第二受益人而言，該信用證未被修改。

g. 已轉讓信用證須準確轉載原證條款，包括保兌（如果有的話），但下列項目除外：

——信用證金額；

——規定的任何單價；

——截止日；

——交單期限，或

——最遲發運日或發運期間。

以上任何一項或全部均可減少或縮短。

必須投保的保險比例可以增加，以達到原信用證或本慣例規定的保險金額。

可用第一受益人的名稱替換原證中的開證申請人名稱。

如果原證特別要求開證申請人名稱應在除發票以外的任何單據出現時，已轉讓信用證必須反應該項要求。

h. 第一受益人有權以自己的發票和匯票（如有的話）替換第二受益人的發票的匯票，其金額不得超過原信用證的金額。經過替換后，第一受益人可在原信用證項下支取自己發票與

第二受益人發票間的差價（如有的話）。

i. 如果第一受益人應提交其自己的發票和匯票（如有的話），但未能在第一次要求的照辦，或第一受益人提交的發票導致了第二受益人的交單中本不存在的不符點，而其未能在第一次要求時修正，轉讓行有權將從第二受益人處收到的單據照交開證行，並不再對第一受益人承擔責任。

j. 在要求轉讓時，第一受益人可以要求在信用證轉讓后的兌用地點，在原信用證的截止日之前（包括截止日），對第二受益人承付或議付。該規定並不得損害第一受益人在第三十八條 h 款下的權利。

k. 第二受益人或代表第二受益人的交單必須交給轉讓行。

第三十九條 款項讓渡

信用證未註明可轉讓，並不影響受益人根據所適用的法律規定，將該信用證項下其可能有權或可能將成為有權獲得的款項讓渡給他人的權利。本條只涉及款項的讓渡，而不涉及在信用證項下進行履行行為的權利讓渡。

第三節　信用證支付的風險防範

在國際貿易中，作為主要的國際結算方式之一的信用證巧妙地將進出口商的商業信用轉換為銀行信用，較好地解決了進出口商之間的信用危機，促進了國際貿易

第四章　國際貿易支付慣例

的順利長期的發展，並且已被廣泛應用於國際貿易中。但這種支付方式被如此廣泛、長久地應用，就必然有一些不嚴謹之處。這讓一些不法分子鑽了空子，對國際貿易的順利進行產生了嚴重干擾。

關於「信用證詐欺」，中國法律並沒有明確的定義。不過，最高人民法院關於審理信用證糾紛案件若干問題的規定，用列舉的方式對信用證詐欺作了定義：「凡有下列情形之一的，應當認定存在信用證詐欺：①開證申請人和受益人或者其他第三方串通提交假單據，而沒有真實的基礎交易；②受益人未交付貨物，或者交付的貨物基本無價值；③受益人偽造單據或者提交記載內容虛假的單據；④其他利用單據進行信用證詐欺的情形。」

信用證風險防範是指企業在運用信用證過程中，對其使用信用證存在的一些可預知的風險採取的一些相應的規避和減少風險的措施。

一、信用證詐欺的種類

信用證詐欺大致可分為五種：進口商謀劃的信用證詐欺、出口商謀劃的信用證詐欺、出口商和船東合謀的信用證詐欺、開證申請人與開證行合謀的信用證詐欺以及開證申請人和出口商合謀的信用證詐欺。

（一）進口商謀劃的信用證詐欺

1. 進口商提供假信用證騙取出口貨物

所謂假信用證，主要有兩種表現形式：一是進口商故意偽造或冒用銀行名義開立的信用證；二是進口商伙同資信不良銀行開立的信用證。無論是何種形式的假信用證，都是進口商詐騙行為的工具，如不能及時識破，將給出口商帶來極大危害。

2.「軟條款」信用證

所謂「軟條款」信用證，是指非善意的開證申請人（進口商）在開立信用證時，故意設置若干隱蔽性的陷阱條款，以便在該信用證運轉時使受益人（出口商）完全處於被動的境地，而開證申請人或開證銀行則有權隨時單方面解除付款責任的信用證。申請人設置這種軟條款的目的在於將主動權單方面地掌握在手中，以此來詐取受益人的質量保證金之類的款項。而出口商貨款的收回完全依賴於進口商的商業信用，軟條款信用證詐欺具有極強的隱蔽性，由於它是真證，不同於偽證，因此在某種程度上這種詐騙甚至有些名正言順、理直氣壯。再加上它形式變化多樣，主要包括暫不生效條款、苛刻條款、相互矛盾條款等，如果出口商對其認識不夠或是掉以輕心，很容易落入陷阱。

（二）出口商謀劃的信用證詐欺

來自出口商的風險即受益人詐欺，是指受益人以受益人名義進行偽造信用證、偽造單據、發假貨等詐欺行為，來欺騙開證行、議付行、付款行和開證申請人，即買方，以詐騙到付款人的付款。

115

國際貿易慣例與公約

1. 偽造單據

偽造單據的信用證詐欺是信用證受益人在貨物不存在或貨物與信用證上規定不符的情況下，以偽造的單據誘使開證行因形式上的單證相符而無條件付款的信用證詐欺。此類詐騙利用了信用證方式單證相符，單單相符的特點，用偽造的方式詐欺開證行、通知行和開證申請人。該詐欺是信用證詐騙中最常見的一種方式。

2. 貨物品質難以保證

信用證支付是一種純單據買賣，銀行只關心單據的完整和表面的真偽，只要出口商提供了完整、準確的單據，且做到「單單一致，單證相符」，銀行就會對出口商付款。因此，如果出口商信譽較差，用假貨或品質低於合同規定的貨物欺騙進口商，則使用信用證結算並不能保證進口商的收貨安全。

（三）出口商與船東合謀的信用證詐欺

這種詐欺和以下兩種詐欺都稱為混合詐欺或合謀詐欺，受害人為銀行或開證人。這種詐欺中因為有出口商和船東共同操作，增加了詐欺人實施詐欺行為的方便程度，對被詐欺人的危害性和危險性更大。其主要表現為：偽造單據詐欺；保函換取清潔提單詐欺；預借提單和倒簽提單詐欺。

（四）開證申請人與開證行合謀的信用證詐欺

這類詐騙表現為開證申請人與開證行勾結，簽發「軟條款」信用證，詐欺受益人，或者開證申請人與開證行經辦人相勾結，以假合同詐取開證行信用證下款項的信用證詐欺。因為有開證行的參與，其詐欺成功的可能性較大，對受益人的詐欺極大，其常表現為「軟條款」信用證詐欺。

（五）開證申請人和出口商合謀的信用證詐欺

信用證業務中任兩個當事人聯手，都有利用信用證的特性進行詐騙等風險。由於信用證業務中銀行承擔第一性付款責任，且銀行付款的條件是受益人提交的單據和信用證相符，只要賣方提交了和信用證相符的單據，銀行就應支付貨款，如果買賣雙方相互勾結，開證行就有可能被騙。

二、信用證風險的防範措施

由於信用證本身存在一些風險，因而建立防範措施是相當必要的。其中最根本的是提高信用證業務下各當事人單位從業人員的業務素質，熟練掌握國際貿易慣例；同時慎重選擇貿易夥伴，對其交易對象進行資信調查，加強風險防範意識和採取適當的措施。

出口商在繕制或收集單據時必須十分謹慎，要嚴格審核信用證和合同，並按照信用證的規定製作發票和從相關部門取得運輸單據、保險單據、檢驗證書、海關發票、領事發票、產地證明書等，務必做到完整、準確、及時和整潔。

（一）出口商應採取的防範措施

（1）出口商在接到信用證后，應認真審核信用證的有關內容，嚴格審證，以及

第四章　國際貿易支付慣例

謹防「軟條款」的出現。當出口商對信用證中的有關條款難以滿足時，應盡量與進口商接洽，促使開證行進行修改。

（2）出口商應避免接受「將一份正本海運提單直寄開證申請人」的條款，因為海運提單通常代表持有人對貨物的所有權，如將一份正本海運提單直寄開證申請人，申請人則很可能以各種借口挑剔單據，拒付貨款，或者乾脆將貨物提走。

（3）慎重訂立貨物的買賣合同中的信用證條款是約束買賣雙方貿易行為的契約性文件，任何一方違約，對方都有權要求索賠。出口商為了防止進口商利用信用證「軟條款」對其進行詐欺，在訂立信用證條款應慎重，盡量不接受「軟條款」。

（4）出口商可考慮盡量使用保兌信用證。在實際業務中，如果出現以下幾種情況，賣方應堅持採用保兌信用證：進口商不能依出口商所確認的或指定的銀行開具信用證；或開證銀行與出口商所在地的任何銀行無業務往來；或開證銀行所在地的政治、經濟不穩定；或因契約金額大，超出開證銀行一般業務的支付能力等；或進出口商所處地理位置遙遠，進出口商所在地的法律及有關規定有特殊之處，再加上商業習慣和作法不相同。這樣做對出口商來講可保證安全收匯，因為保兌信用證明確表示保兌銀行直接向受益人負責，即保兌銀行系第一付款人。當受益人向開證銀行要求付款時，被開證銀行拒絕後，保兌銀行充當和承擔第一付款人的責任，保障了受益人的權益。

（5）正確選擇國際貿易術語。為防止信用證詐欺，作為出口商應盡量使用 CIF，力爭己方對船公司、銀行和保險公司的選擇權，由於由出口商安排貨物的運輸，指定運輸公司，買方與船方或貨運代理勾結的可能性較小，有利於避免詐欺。如果採用了 FOB（離岸價）或 CFR 價格條件，則由進口商來辦理貨物保險，那麼出口商掌握的貨物權益將是不完整的。出口商交貨後，如果貨物在運輸途中發生損失，因為出口商辦理保險，萬一買方不能信守合同，拒絕接受單據、拒絕付款，則運輸途中的損失出口商可以從保險公司得到賠償。

（二）進口商應採取的防範措施

信用證的開證申請人（進口商）是信用證的最終付款人，其作為進口商面臨的最大詐欺是付款後收到殘、次貨物甚至收不到貨物，因此進口商應作如下防範：

進口商要慎重訂立合同，對出口商提交的單據做嚴格要求，讓受益人不易偽造單據和信用證。

1. 做好資信調查

在現代商務活動中，商業風險無處不見，尤其是在國際貿易和國際投資業務中，商業詐欺更是屢見不鮮。這就要求從事國際商務活動的當事人要保持高度警惕，在做出重大商業決策前對商業對手的資信狀況進行調查瞭解，以避免無謂的損失。可以通過貿促會駐外機構、中國銀行駐外辦事處或外國合作銀行、協作律師事務所和協作調查機構等渠道，對外商在當地註冊情況、實際辦公情況、通訊情況及銀行信用情況進行了全方位的調查，並建立完備的供方檔案，以供今後查詢。總之，進口

國際貿易慣例與公約

商在交易前的謹慎行事能有效地防範和減少信用證詐欺的發生。

2. 選擇適當的貿易術語

進口商盡量使用 F 組貿易術語（如 FCA、FAS、FOB 等）。力爭己方對船公司、銀行和保險公司的選擇權，對於進口商來說，選擇 F 組貿易術語能將租船訂倉、貨物保險的選擇交易權控製在自己手中，一方面進口商可以選擇自己熟悉的信譽良好的船公司送貨，避免與「皮包公司」性質的船東打交道，同時要注意不租訂老船、舊船，選用適宜於貨物特性的船型，以便確保貨物在運輸途中的安全。另一方面進口商還可以派人到裝貨港口檢查和核對貨物是否符合合同的要求，杜絕賣方在貨物方面的詐欺。

3. 嚴謹簽約交易合同，採用有利於己方的信用證方式

為了防範那些「騙子公司」，進口商可採取簽訂嚴謹詳細的合同來限制對方，如在合同中要訂立品質條款、檢驗條款、索賠條款、信用證條款等。進口商應當根據合同的具體要求對提單、保險單、商業發票、質檢證書等提出明確而具體的要求，防止出口商針對漏洞提交不符合合同的單據而符合信用證的單據。嚴格審查單據對於進口商來說尤為重要，不僅僅是在發現單證不符合時可以拒付，更重要的是在出口商惡意詐欺的情況下，以單據的不符點拒付貨款，減少或避免損失的發生。

4. 加列商品檢驗條款

為了防止出口商不發貨，少發貨或以假充真，以次充好的現象發生，進口商可在信用證中加列有關條款來要求出口商提交出口商當地政府檢驗部門出具的商品檢驗報告，或進口商指定的在出口地經營的第三國公正機構出具的檢驗證書，或進口商在出口地自己指定的委託人出具的檢驗報告，進而有效防止出口商詐欺行為。

5. 盡量採用遠期支付方式

即在信用證條款中規定開立遠期付款或承兌匯票。這樣，即使詐欺情形暴露，賣方仍未能獲得支付。這不僅使買方有足夠的時間取證以申請一項法院禁令，同時在很多情況下也會令詐欺者心虛而知難即退。第二買方挑選交易對象時，須慎之又慎，盡量挑選在國際上具有一定聲望與信譽的大公司做交易。這是買方「把關」的第一步，實際上也應是最重要的一步。

(三) 開證行應採取的防範措施

1. 明確責任和義務

作為信用證的開證行，應明確自身的責任和義務，為客戶提供有效、周到的服務。尤其是開證行應當樹立起第一性的付款責任的風險意識，通知行在收到信用證之後必須核對簽字或密押，確定真假無疑、杜絕假冒信用證。當受益人經驗不足，不知如何審證時，銀行因對收到信用證的延誤、殘缺或其他差錯向開證行進行查詢避免軟條款信用證。

2. 落實好擔保和抵押

開證行為降低風險，應盡可能對開證申請人申請開立的信用證提供擔保和抵押。

第四章　國際貿易支付慣例

但是，抵押或擔保等信用支持並不一定能夠確保信用證的及時付匯，它只能是降低風險，而不能消除風險，因此對抵押和擔保開證簽訂的合同、協議、抵押書等文件和企業抵押資產的真實性必須從法律的角度進行嚴格審核，確保抵押與擔保都具有法律效力。

3. 選擇資信良好的銀行作為業務夥伴

信用證付款是通過銀行間的國際業務網絡實現的，銀行本身的信譽良好以及銀行之間有良好的合作關係無疑會便利信息的及時傳遞，便利銀行之間合作打擊信用證詐欺行為。

4. 公共防範

全社會應該樹立起防範信用證詐騙的「防火牆」，中國的許多銀行和企業每年被國內外不法分子利用信用證詐騙而遭受的損失是一個天文數字，誠然需要予以嚴厲打擊。但是在實際的司法實踐中，如何就信用證詐騙罪進行定罪量刑，可以說由於案例的缺少，各地法院幾乎沒有任何成熟的經驗，再加上審理刑事案例的法官對於信用證這一獨特的商業工具的複雜的運行機制並不十分熟悉，因此其判決產生一些偏差在所難免，我們必須加強防範信用證詐騙的法律教育。法律、法規、觀念和警惕性相結合，我們定能織出防範金融詐騙的天羅地網。

5. 加強國際合作

信用證詐欺是一種跨國行為，國際社會的有效合作對預防和控製信用證詐欺是有巨大意義的，通過加強各國之間的信息交流和統一單據的格式等一些措施可以有效地預防信用證詐欺。

思考題

1. 托收結算方式的基礎是什麼？
2. 托收方式的當事人有哪些？其各自的責任和權利分別是什麼？
3. 目前，國際上辦理托收業務遵循的是什麼規則？
4. 為什麼國際商會不讚成遠期付款交單的托收方式？
5. 簡述跟單托收的主要種類，並分析各種類在收付程序和風險方面的區別。
6. 作為出口商，防範托收風險的措施有哪些？
7. 什麼叫承付、議付和交單？
8. 按照兌付方式的不同，《UCP600》將信用證分為哪四種？
9. 信用證一經開出，只要受益人提供的單據與信用證相符，開證行就必須付款嗎？開證行付款后對受益人有沒有追索權？
10. 對同一次修改書內容的部分接受是否有效？
11. 一般信用證支付方式可能存在哪些風險？
12. 如何規避信用證支付方式風險？

第五章 國際貨物貿易公約

在國際貨物貿易中，買賣雙方當事人是交易的核心，也是國際貿易的主體。而他們之間的權利和義務是通過國際貿易買賣合同來確定的。所謂國際貨物買賣合同是指出於不同國家的當事人之間確定貨物買賣過程中的權力和義務而達成的共同意思表示。而達成和履行國際貨物買賣合同必須符合法律規範才能受到法律保護。通常合同可以以約定適用買賣雙方中的某個國家的國內法，或者也可以適用國際貿易慣例或國際公約。

國際公約是兩個或者兩個以上主權國家為明確彼此之間的在政治、經濟、貿易等領域的權利和義務而締結的各類協議的總稱。本章將介紹調整國際貨物貿易行為的主要國際公約，包括了《聯合國國際貨物銷售合同公約》、《國際貨物貿易統一法公約》、《國際貨物貿易合同成立統一法公約》、和《聯合國國際貨物銷售合同時效期限公約》。

● 第一節 聯合國國際貨物銷售合同公約

《聯合國國際貨物銷售合同公約》（又稱《維也納公約》）是 1980 年由聯合國制定的國際公約，其目的是統一各國調整國際貨物買賣合同關係。目前該公約是各國調整國際貨物買賣關係的重要依據。2014 年 6 月，核准和參加該公約的共有 81 個國家。中國 1986 年成為公約締約國。因此，該公約也成為中國法院在處理與國際貨物買賣合同有關糾紛時的重要法律依據。

《聯合國國際貨物銷售合同公約》（以下簡稱《公約》）共有 101 條，分為四個部分：適用範圍、合同的成立、貨物買賣、最后條款。該公約在國際貿易中不具有

第五章　國際貨物貿易公約

強制性，表現在兩個方面：第一，締約國當事人可以協議適用《公約》以外的法律處理公約調整的與國際貨物合同有關的糾紛。如果當事人明確約定了某個國家的法律作為其合同的準據法，則可排除了該公約的適用。第二，當事人可以選擇適用《公約》的全部或者部分內容，甚至對《公約》內容進行修改，但是不能修改當事人營業地所在國締結公約時提出的保留內容。

中國在加入《公約》時就對《公約》的使用範圍和國際貨物買賣合同以書面形式提出了保留意見。第一，《公約》的第一條第（1）款（b）項規定，如果雙方當事人的營業地處於不同國家，即使他們的營業地所在國都不是該公約的締約國，或者只有一方不是該公約的締約國，當按照國際私法規則導致適用某一締約國的法律的時候，該公約也將適用於當事人所訂立的國際貨物買賣合同。中國對於該項規定提出保留，因為該規定增加了公約適用的不確定性。第二，《公約》第十一條規定了國際貨物買賣合同無需以書面訂立或書面證明，在證明方面也不受其他條件的限制，也即口頭或書面形式的國際貨物買賣合同都成立。而中國對該項以及與該項內容有關的規定都予以保留，堅持國際貨物買賣合同必須採用書面形式。

一、《聯合國國際貨物銷售合同公約》的適用範圍

《聯合國國際貨物銷售合同公約》的適用範圍是營業地在不同締約國的當事人之間所訂立的貨物銷售合同。此處是指營業地，當事人的國籍和當事人或合同的民事或商業性質是不予考慮的。如果當事人有一個以上的營業地，則以與合同及合同的履行關係最密切的營業地為其營業地；如果當事人沒有營業地，則以其慣常居住地為準。

如果國際私法規則導致適用某一締約國的法律，該公約也同樣適用。但是這一條規定很多國家，包括中國在內，都提出了保留。此外，如果從合同或從訂立合同前任何時候或訂立合同時，當事人之間的任何交易或當事人透露的情報均看不出當事人營業地在不同國家的事實，則不考慮使用該公約。

《聯合國國際貨物銷售合同公約》排除了以下六種不適用的國際貿易貨物銷售行為：購供私人、家人或家庭使用的貨物的銷售，除非賣方在訂立合同前任何時候或訂立合同時不知道而且沒有理由知道這些貨物是購供任何這種使用；經由拍賣的銷售；根據法律執行令狀或其他令狀的銷售；公債、股票、投資證券、流通票據或貨幣的銷售；船舶、船只、氣墊船或飛機的銷售；電力的銷售。同時，該公約不適用於賣方對於貨物對任何人所造成的死亡或傷害的責任。《公約》的規定只涉及有關貨物買賣合同的成立、買賣雙方基於合同所產生的權利與義務，並非涵蓋與合同有關的所有問題。例如，《公約》一般與合同的效力以及合同對所售貨物所有權可能產生的影響無關。此外，《公約》允許當事人排除公約的適用。

二、《聯合國國際貨物銷售合同公約》的合同訂立、更改與終止

(一) 合同的訂立

1. 要約（發盤）

要約是指向一個或一個以上特定的人提出的訂立合同的建議，並且明確表明發價人在得到接受時承受約束的意旨。

(1) 要約的必備條件

根據《公約》第十四條的規定，具備以下三個條件，即構成要約：

第一，向一個或一個以上的特定的人提出的訂立合同的建議。

第二，內容是否確定。根據《公約》的規定，一項要約至少應包括以下三項內容：①應載明貨物的名稱；②應明示或默示地規定貨物的數量或確定數量的方法；③應明示或默示地規定貨物的價格或規定價格的方法。即寫明貨物並且明示或暗示地規定數量和價格或規定如何確定數量和價格。

第三，表明要約人在得到接受時承受約束的意旨。

(2) 要約的生效

根據《公約》第十五條的規定，要約於送達被發價人時生效。

(3) 要約的撤回預撤銷

要約的撤回（Withdrawal）是指發盤人在其發盤送達受盤人以前，將該項發盤取消的行為。按照《公約》的規定，一項發盤，即使是不可撤銷的，但在其到達受盤人之前即生效之前，一律允許撤回。發盤人撤回發盤的條件是，撤回發盤的通知必須於該發盤到達受盤人之前或同時送達受盤人。

要約的撤銷（Revocability）是指發盤人在其發盤已經送達受盤人之後，將該項發盤取消的行為。按《公約》規定，已為受盤人收到的發盤，只要撤銷通知在受盤人發出接受通知前送達受盤人，也可予以撤銷。但在以下兩種情況下不得撤銷：(1) 發盤是以規定有效期或其他方式表明為不可撤銷的；(2) 如受盤人有理由信賴該發盤是不可撤銷的，並已本著對該發盤的信賴行事。

案例分析 5-1

英國某出口商 A 於 5 月 3 日向德國某進口商 B 發出一項發盤，德國商人於收到該發盤的次日（5 月 6 日）上午答復英國商人，表示完全同意發盤內容。英國商人收到德國商人接受的通知時間是 5 月 8 日上午。但英國商人在發出發盤后發現該商品行情上漲，便於 5 月 7 日下午致電德國商人，要求撤銷其發盤。請分析：按《公約》，英、德雙方是否存在合同關係？

分析要點：按照《公約》，英、德雙方是存在合同關係的。《公約》規定，在訂立合同之前，發盤可以撤銷，但撤銷的通知必須於受盤人發出接受通知之前送達受

第五章　國際貨物貿易公約

盤人。而此案中，英國商人在德國商人發去接受通知后去電取消發盤，撤銷不成立，雙方合同關係成立。

案例分析 5-2

我某對外工程承包公司於 2005 年 5 月 3 日以電傳邀請義大利某供應商發盤出售一批鋼材。我方在電傳中聲明：要求這一發盤是為了計算一項承造一幢大樓的標的價和確定是否參加投標之用；我方必須於 5 月 15 日向招標人送交投標書，而開標日期為 5 月 31 日。義大利供應商於 5 月 5 日用電傳就上述鋼材向我方發盤。我方據以計算標的價，並於 5 月 15 日向招標人遞交投標書。5 月 20 日，義大利供應商因鋼材漲價，發來電傳通知，撤銷 5 月 5 日的發盤。我方當即回電表示不同意撤盤。於是，雙方為能否撤銷發盤而發生爭執。到 5 月 31 日招標人開標，我方中標，隨即電傳通知義大利的供應商我方接受該供應商 5 月 5 日的發盤。但義大利的供應商堅持該發盤已於 5 月 20 日撤銷，合同不能成立。而我方則認為合同已經成立。對此，雙方爭執不下，通過協議提交仲裁。

分析要點：該案交易雙方均受《公約》約束，我方已經明確告知對方的發盤是用來「確定是否參加投標之用」，受盤人已本著該信任採取了行動，因此義大利商人的發盤不可撤銷。

(4) 要約效力的終止

要約效力的終止有四種情況：第一，要約因有效期已過而終止效力；第二，要約因受盤人的拒絕而終止效力；第三，要約因發盤人的有效撤銷而終止效力；第四，要約因發盤人喪失締約資格而終止。

案例分析 5-3

我某公司於 7 月 16 日收到法國某公司發盤：「馬口鐵 500 公噸，單價 545 美元 CFR 中國口岸，8 月份裝運，即期 L/C 支付，限 7 月 20 日復到有效。」我方於 17 日復電：「若單價 500 美元 CFR 中國口岸可接受，履約中如有爭議，在中國仲裁。」法國公司當日復電：「市場堅挺，價不能減，仲裁條件可接受，速復。」此時馬口鐵價格確實趨漲。我方於 19 日復電：「接受你方 16 日發盤，L/C 已由中國銀行開出，請確認。」結果對方退回 L/C。合同是否成立？我方有無失誤？

分析要點：合同並未成立。我方 19 日電並不是有效的接受，因為 16 日的法商發盤經我方 17 日還盤已經失效，法商不再受約束。我方失誤表現在兩方面：①我方應接受法國公司 17 日復電，而不是 16 日電。②在作「接受」表示時，不應用「請確認」字樣或文句。

案例分析 5-4

我某進出口公司向國外某商人詢購某商品，不久，我方收到對方 8 月 15 日的發盤，發盤有效期至 8 月 22 日。我方於 8 月 20 日向對方復電：「若價格能降至 56 美元/件，我方可以接受。」對方未作答復。8 月 21 日我方得知國際市場行情有變，於當日又向對方去電表示完全接受對方 8 月 15 日的發盤。問：我方的接受能否使合同成立？為什麼？

分析要點：我方的接受不能使合同成立。因為我方在 8 月 20 日曾向對方復電：「若價格能降至 56 美元/件，我方可以接受。」該復電已構成了還盤。該還盤一經發出，原發盤即告失效。所以，當我方 8 月 21 日得知國際市場行情有變時，向對方表示的接受已不具有效力。因此，我方的接受不能使合同成立。

2. 承諾（接受）

承諾是指受要約人聲明或做出其他行為表示同意一項要約。

（1）承諾的必備條件

依照《公約》，一項有效的承諾必須具備以下四個條件：

第一，承諾必須由受盤人向發盤人或其有權代理人作出。

第二，承諾必須表示出來。《公約》第十八條（1）款規定：「受盤人聲明或做出其他行為表示同意一項要約，即是承諾。緘默或不行動本身不等於承諾。」

第三，承諾的內容必須與要約的內容完全一致。按《公約》第十九條（1）款的規定，承諾必須無條件或無保留地同意發盤的全部內容。因此，附有添加、限制或修改的接受，不能視為有效承諾，而只是一種有條件的承諾，構成一項還盤。但承諾與要約的內容完全一致，並非要求受要約人在表示承諾時絲毫不能修改發盤的內容。法律允許接受對發盤的內容有所改變，但這種改變必須是非實質性的，而不能是實質性的。根據《公約》第十九條（2）款的解釋，有關貨物價格、付款、貨物質量和數量、交貨地點和時間，一方當事人對另一方當事人的賠償責任範圍或解決爭端等的添加或修改，均為在實質上變更要約的條件，除此以外的其他方面的添加或修改為非實質性變更。如果接受對要約作了實質性變更，則這種承諾就不能構成有效接受，而是對原要約的拒絕。如果承諾對要約內容的改變屬於非實質性的，則只要受要約人在合理時間內沒有以口頭或書面通知提出異議，該承諾仍為有效接受，合同將按添加或變更后的條件成立。

第四，接受必須在有效期內作出。

根據《公約》第十八條（2）款的規定，接受應在要約有效期內作出。如果要約中明確規定了有效期限，則應在此期限內作出承諾。如果要約中未明確規定有效期限，則應在合理時間內作出承諾。

第五章　國際貨物貿易公約

案例分析 5-5

香港某中間商 A，就某商品以電傳方式邀請我方發盤，我方於 6 月 8 日向 A 方發盤並限 6 月 15 日復到有效。12 日我方收到美國 B 商人按我方發盤規定的各項交易條件開來的信用證，同時收到中間商 A 的來電稱：「你 8 日發盤已轉美國 B 商。」經查該商品的國際市場價格猛漲，於是我方將信用證退回開證銀行，再按新價直接向美商 B 發盤，而美商 B 以信用證於發盤有效期內到達為由，拒絕接受新價，並要求我方按原價發貨，否則將追究我方的責任。問：對方的要求是否合理？為什麼？

分析要點：對方的要求不合理。根據《公約》的規定，構成一項接受應具備的條件是：①接受由特定的受盤人作出；②接受的內容必須與發盤相符；③必須在有效期內表示接受；④接受方式必須符合發盤的要求。本案中，我方發盤中特定的受盤人是香港某中間商 A，其發出的接受通知才具有接受的效力。12 日我方收到美國 B 商人開來的信用證可視作一項發盤，該發盤必須得到我方的接受，合同才成立。在合同未成立的情況下，B 方就要求我方發貨是不合理的。

案例分析 5-6

我某公司向美國 A 公司發盤出售一批大宗商品，對方在發盤有效期內復電表示接受，同時指出：「凡發生爭議，雙方應通過友好協商解決；如果協商不能解決，應將爭議提交中國國際經濟貿易仲裁委員會仲裁。」第三天，我方收到 A 公司通過銀行開來的信用證。因獲知該商品的國際市場價格已大幅度上漲，我公司當天將信用證退回，但 A 公司認為其接受有效，合同成立。雙方意見不一，於是提交仲裁機構解決。試問：如果你是仲裁員，你將如何裁決？

分析要點：合同不成立，因為根據《公約》的規定，若對爭端解決的方案提出更改應視為實質性變更發盤條件，構成還盤，新的發盤即告成立，舊的發盤失效。

案例分析 5-7

2004 年 2 月 1 日巴西大豆出口商向中國某外貿公司報出大豆價格，在發盤中除了列出各項必要條件外，還表示「編織袋包裝運輸」。在發盤有效期內我方復電表示接受，並稱：「用最新編織袋包裝運輸」。巴西方收到上述復電後即著手備貨，並準備在雙方約定的 7 月份裝船。之后 3 月份大豆價格從每噸 420 美元暴跌至 350 美元左右。我方對對方去電稱：「我方對包裝條件作了變更，你方未確認，合同並未成立。」而巴西出口商則堅持認為合同已經成立，雙方為此發生了爭執。分析此案應如何處理，簡述你的理由。

分析要點：由於修改了包裝不屬於實質性修改發盤條件，因此我方的回復構成有效接受，巴方不必對此做出回答，合同已經按照原發盤內容和接受中的某些修改

125

國際貿易慣例與公約

為交易條件成立。所以我方以巴方對修改包裝條件未確認為理由否認合同的成立是不正確的。

(2) 承諾生效的時間

依照《公約》第十八條（2）款的規定，如果受盤人以信件或電報表示接受，則承諾生效時間採取到達生效原則，即表示接受的信件或電報到達要約人時承諾才生效。如果要約人以行為表示承諾，則承諾於受要約人作出該項行為時生效。對口頭要約必須立即承諾，但情況有別者不在此限。

(3) 承諾的撤回

承諾的撤回是受要約人在承諾生效之前阻止接受發生效力的一種行為。根據《公約》第二十二條規定，在承諾通知未送達要約人之前，受要約人可隨時撤回接受，但撤回的通知必須與承諾的通知同時或先於到達發盤人。

(4) 逾期承諾

逾期承諾是指承諾通知到達要約人的時間已超過了要約規定的有效期或在要約未規定有效期的情況下而超過合理時間。按照《公約》的規定，由於逾期承諾產生的原因不同，從而具有不同的法律效力。

第一，因受盤人的遲延造成的逾期接受。這種逾期接受原則上沒有法律效力，但按照《公約》二十一條（1）款規定，對這種接受，要約人也可以承認其效力。如果要約人願意接受該項逾期承諾，他必須毫不延遲地通知受盤人，通知的方式可以是口頭的，也可以是書面的。一旦經要約人承認，該項逾期承諾即構成有效承諾。而如果要約人不及時通知，該項承諾就失去了效力。

第二，因郵遞失誤而造成的逾期接受。根據《公約》二十一條（2）款規定，這種逾期承諾原則上具有法律效力，但要約人也可拒絕這種逾期接受的效力，如果要約人不願承認該逾期承諾的效力，他必須毫不遲延地用口頭或書面形式通知受盤人。

由此可見，根據《公約》的規定，無論是哪種原因導致的逾期接受，逾期承諾的效力均取決於要約人的選擇。

案例分析 5-8

6月5日中國A公司向美國B公司寄去訂貨單一份，要求對方在6月20日前將接受送達A公司。該訂貨單於6月12日郵至B公司，B公司6月20日以航空特快專遞發出接受通知。事後當B公司催促A公司盡早開立信用證，A公司否認與B公司有合同關係。問按《公約》的規定，A公司的主張是否成立？為什麼？

分析要點：A公司的主張成立，A公司與B公司間的不存在合同關係。因為，按照《公約》規定，交易雙方必須有發盤和接受兩個環節，雙方之間的合同關係才能出來。而接受必須在有效時間內作出，如果受盤人以信件或電報表示接受，則接

第五章　國際貨物貿易公約

受生效時間採取到達生效原則，即表示接受的信件或電報到達要約人時接受才生效。本案，A 公司在發盤中規定在 6 月 20 日前將接受送達 A 公司，而 B 公司 6 月 20 日以航空特快專遞發出接受通知，不可能在當天到達，因而不構成有效接受。所以 A 公司與 B 公司間不存在合同關係。

B 公司 6 月 20 日以航空特快專遞發出接受通知

案例分析 5-9

我某公司於 4 月 15 日向外商 A 發盤，限 20 日復到我方，外商於 17 日上午發出電傳，但該電傳在傳遞中延誤，21 日才到達我方。我公司以對方答復逾期為由，不予置理。當時該貨物的市價已上漲，我公司遂以較高價格於 22 日將貨物售予外商 B。25 日外商 A 來電稱：信用證已開出，要求我方盡早裝運。我方立即復電外商 A：接受逾期，合同不成立。分析合同是否成立？

分析要點：我公司於外商之間的合同關係處理。因為根據《公約》規定，因郵遞失誤而造成的逾期接受，具有法律效力，但要約人也可拒絕這種逾期接受的效力，如果要約人不願承認該逾期承諾的效力，他必須毫不遲延地用口頭或書面形式通知受盤人。本案外商 A 的接受逾期是因為郵遞失誤造成，屬有效接受，而我公司未對此逾期接受提出異議，因此該接受具有法律效力，所以雙方之間的合同關係成立。

（2）合同的更改與終止

合同只需雙方當事人協議，就可更改或終止。規定任何更改或根據協議終止必須以書面做出的書面合同，不得以任何其他方式更改或根據協議終止。宣告合同無效的聲明必須向另一方當事人發出通知方始有效。

三、《聯合國國際貨物銷售合同公約》的買賣雙方義務

（一）賣方義務

賣方必須按照合同和本公約的規定，交付貨物，移交一切與貨物有關的單據並轉移貨物所有權。具體包括了以下內容：

1. 交付貨物和移交單據

（1）交付貨物的地點。如果合同有約定特地地方交付貨物，賣方應遵循合同的規定履行。如果合同未明確規定，賣方的交貨義務如下：①如果銷售合同涉及貨物的運輸，賣方應把貨物移交給第一承運人，以運交買方；②如果合同指的是特定貨物或從特定存貨中提取的或尚待製造或生產的未經特定化的貨物，而雙方當事人在訂立合同時已知道這些貨物是在某一特定地點，或在某一特定地點製造或生產，賣方應在該地點把貨物交給買方處置；③在其他情況下，賣方應在他於訂立合同時的營業地把貨物交給買方處置。如果貨物沒有以貨物上加標記或以裝運單據或其他方式清楚地註明有關合同，賣方必須向買方發出列明貨物的發貨通知。

國際貿易慣例與公約

(2) 貨物的運輸與保險

如果賣方有義務安排貨物的運輸，他必須選擇適合情況的運輸工具，將把貨物運到指定地點。如果賣方沒有義務對貨物的運輸辦理保險，他必須在買方提出要求時，向買方提供一切現有的必要資料，使他能夠辦理這種保險。

(3) 交付貨物的日期

如果貨物銷售合同約定了交貨日期，則賣方應在該日期交貨。如果合同規定有一段時間，或從合同可以確定一段時間，除非情況表明應由買方選定一個日期外，賣方應在該段時間內任何時候交貨。在其他情況下，賣方應在訂立合同後一段合理時間內交貨。

(4) 移交單據

賣方必須按照合同所規定的時間、地點和方式移交這些單據。如果賣方在那個時間以前已移交這些單據，他可以在那個時間到達前糾正單據中任何不符合同規定的情形，但是，此一權利的行使不得使買方遭受不合理的不便或承擔不合理的開支。但是，買方保留本公約所規定的要求損害賠償的任何權利。

2. 交付貨物必須與合同相符

賣方交付的貨物必須與合同所規定的數量、質量和規格相符，並須按照合同所規定的方式裝箱或包裝。貨物相符的標準是：①貨物適用於同一規格貨物通常使用的目的；②貨物適用於訂立合同時曾明示或默示地通知賣方的任何特定目的，除非情況表明買方並不依賴賣方的技能和判斷力，或者這種依賴對他是不合理的；③貨物的質量與賣方向買方提供的貨物樣品或樣式相同；④貨物按照同類貨物通用的方式裝箱或包裝，如果沒有此種通用方式，則按照足以保全和保護貨物的方式裝箱或包裝。如果買方在訂立合同時已經知道貨物不符，賣方就無須按照上述條件交付貨物。

買方應該及時驗貨，也即在按情況實際可行的最短時間內檢驗貨物或由他人檢驗貨物。如果發現貨物不符合後，應在一段合理時間內通知賣方，說明不符合同情形的性質，否則就喪失聲稱貨物不符合同的權利。

3. 交付貨物必須是無第三方爭議的

賣方所交付的貨物必須是第三方不能提出任何權利或要求的貨物。例如第三方不能根據工業產權或其他知識產權主張貨物的任何權利。當然，買方已經事先知道交付貨物可能存在第三方權利爭議的除外。

(二) 買方義務

買方必須按照合同和公約規定支付貨物價款和收取貨物。

1. 支付貨款

買方支付價款的義務包括根據合同或任何有關法律和規章規定的步驟和手續，以便支付價款。

第五章　國際貨物貿易公約

（1）貨物的價格

貨物價格對構成一項銷售合同是必不可少的。因此，一般買賣雙方會在合同中明確規定價格或者規定確定價格的辦法。如果合同沒有明示或暗示地規定價格或規定如何確定價格，雙方當事人應按照訂立合同時此種貨物在有關貿易的類似情況下銷售的通常價格來定。價格如果是按照貨物重量的，一般是以淨重為準。

（2）支付地點

買方一般向以下地點支付貨款：賣方的營業地；如憑移交貨物或單據支付價款，則為移交貨物或單據的地點。賣方必須承擔因其營業地在訂立合同后發生變動而增加的支付方面的有關費用。

（3）支付時間

買方必須按合同規定的日期或從合同可以確定的日期支付價款。如果沒有特別約定支付貨款時間，賣方一般必須於賣方將貨物或控製貨物處置權的單據交給買方處置時支付價款。賣方可以支付價款作為移交貨物或單據的條件，也可以要求買方在支付價款后方可把貨物或控製貨物處置權的單據移交給買方作為發運貨物的條件。

2. 收取貨物

買方應採取一切理應採取的行動，以期賣方能交付貨物，以及接收貨物。在賣方履行交貨義務之後，買方是否及時正確地收取貨物是很重要的。

3.《聯合國國際貨物銷售合同公約》的爭議處理

一旦發生爭議，通常的解決辦法是雙方友好協商解決，或者由雙方同意的第三方調解，或者是由仲裁機構解決或者向法院提起訴訟。如果合同一方不履行義務，另外一方有權利要求賣方履行義務，要求損害賠償，索要貨款利息，甚至宣告合同無效。

（1）要求履行義務

買方可以規定一段合理時限的額外時間要求賣方履行其義務。如果貨物不符合同，買方可以在一段合理時間內要求交付替代貨物，或者要求賣方通過修理對不符合同之處做出補救。同時，不管是否已經付款，買方可以對不符合同的貨物要求減低價格，減價按實際交付的貨物在交貨時的價值與符合合同的貨物在當時的價值兩者之間的比例計算。

如果賣方在規定的日期前交付貨物，買方可以收取貨物，也可以拒絕收取貨物。如果賣方交付的貨物數量大於合同規定的數量，買方可以收取也可以拒絕收取多交部分的貨物。如果買方收取多交部分貨物的全部或一部分，他必須按合同價付款。

賣方可以要求買方支付價款、收取貨物或履行他的其他義務。賣方可以規定一段合理時限的額外時間，讓買方履行義務。如果買方沒有根據合同規定在議定的日期或在收到賣方的要求後一段合理時間內訂明貨物的形狀、大小或其他特徵，賣方可以在可以依照他所知的買方的要求，自己訂明規格。但是他必須把訂明規格的細節通知買方，而且在規定一段合理時間，讓買方可以在該段時間內訂出不同的規格。

129

如果買方在收到這種通知后沒有在該段時間內這樣做，賣方所訂的規格就具有約束力。

（2）要求損害賠償

一方違反合同應負的損害賠償額與另一方因他違反合同而遭受的包括利潤在內的損失額相等。這種損害賠償不得超過違反合同一方在訂立合同時，依照他當時已知道或理應知道的事實和情況，對違反合同預料到或理應預料到的可能損失。

如果合同被宣告無效，而在宣告無效后一段合理時間內，買方已以合理方式購買替代貨物，或者賣方已以合理方式把貨物轉賣，則要求損害賠償的一方可以取得合同價格和替代貨物交易價格之間的差額以及其他損害賠償。

如果合同被宣告無效，而貨物又有時價，要求損害賠償的一方如果沒有進行購買或轉賣，則可以差額以及按照第七十四條規定可以取得的任何其他損害賠償。但是，如果要求損害賠償的一方在接收貨物之后宣告合同無效，則應適用接收貨物時的時價，而不適用宣告合同無效時的時價。

聲稱另一方違反合同的一方必須按情況採取合理措施，減輕由於賣方違反合同而引起的損失，包括利潤方面的損失。如果他不採取這種措施，賣方可以要求從損害賠償中扣除原可以減輕的損失數額。

（3）索要利息

在不妨礙上述要求損壞賠償的前提下，如果一方當事人沒有支付價款或任何其他拖欠金額，另一方當事人有權對這些款額收取利息。例如，如果賣方有義務歸還價款，他必須同時從支付價款之日起支付價款利息。

（4）宣告合同無效

①宣布合同無效的原因

買方在以下兩種情況下可以宣告合同無效：賣方不履行其在合同或本公約中的任何義務，等於根本違反合同；或如果發生不交貨的情況，賣方不在買方提出的額外時間內交付貨物，或賣方聲明他將不在所規定的時間內交付貨物。換句話說，買方只有在完全不交付貨物或不按照合同規定交付貨物等於根本違反合同時，才可以宣告整個合同無效

如果賣方已交付貨物，買方就喪失宣告合同無效的權利，除非有以下兩種情況：對於遲延交貨，他在知道交貨后一段合理時間內這樣做；對於遲延交貨以外的任何違反合同事情。

賣方在以下兩種情況下可以宣告合同無效：買方不履行其在合同或本公約中的任何義務，等於根本違反合同；買方不在賣方的額外時間內履行支付價款的義務或收取貨物，或買方聲明他將不在所規定的時間內這樣做。

如果買方已支付價款，賣方就喪失宣告合同無效的權利，除非：對於買方遲延履行義務，他在知道買方履行義務前這樣做；或者對於買方遲延履行義務以外的任何違反合同事情。

第五章　國際貨物貿易公約

對於分批交付貨物的合同,如果一方當事人不履行對任何一批貨物的義務,便對該批貨物構成根本違反合同,則另一方當事人可以宣告合同對該批貨物無效。如果一方當事人不履行對任何一批貨物的義務,使另一方當事人有充分理由斷定對今后各批貨物將會發生根本違反合同,該另一方當事人可以在一段合理時間內宣告合同今后無效。買方宣告合同對任何一批貨物的交付為無效時,可以同時宣告合同對已交付的或今后交付的各批貨物均為無效。

②合同無效的效果

宣告合同無效解除了雙方在合同中的義務,但應負責的任何損害賠償仍應負責。宣告合同無效不影響合同關於解決爭端的任何規定,也不影響合同中關於雙方在宣告合同無效后權利和義務的任何其他規定。已全部或局部履行合同的一方,可以要求另一方歸還他按照合同供應的貨物或支付的價款。

買方如果不可能按實際收到貨物的原狀歸還貨物,則喪失宣告合同無效或要求賣方交付替代貨物的權利。但是以下三種情況除外:①貨物不能歸還並非由於買方的行為或不行為造成;②貨物不能全部歸還是由於合法合理驗貨造成的;③貨物在買方發現不符合同之前已經開始售賣而導致無法全部歸還。但是買方必須向賣方說明他從貨物或其中一部分得到的一切利益。

(5) 預期違反合同的情況

如果訂立合同后,一方當事人能預期到另一方當事人顯然將不履行大部分重要義務,則可以中止履行義務。不能履行義務的原因是:當事人履行義務的能力或他的信用有嚴重缺陷;或他在準備履行合同或履行合同中的行為。中止履行義務的一方當事人不論是在貨物發運前還是發運后,都必須立即通知另一方當事人。但是如果經另一方當事人對履行義務提供充分保證,則該當事人必須繼續履行義務。

如果在履行合同日期之前,明顯看出一方當事人將根本違反合同,另一方當事人可以宣告合同無效。如果時間許可,該當事人必須向另一方當事人發出合理的通知,使他可以對履行義務提供充分保證。

五、《聯合國國際貨物銷售合同公約》的內容

本公約各締約國,

銘記聯合國大會第六屆特別會議通過的關於建立新的國際經濟秩序的各項決議的廣泛目標。

考慮到在平等互利基礎上發展國際貿易是促進各國間友好關係的一個重要因素。

認為採用照顧到不同的社會、經濟和法律制度的國際貨物銷售合同統一規則,將有助於減少國際貿易的法律障礙,促進國際貿易的發展。

茲協議如下:

第一部分　適用範圍和總則

第一章　適用範圍

第一條

(1) 本公約適用於營業地在不同國家的當事人之間所訂立的貨物銷售合同：(a) 如果這些國家是締約國；或 (b) 如果國際私法規則導致適用某一締約國的法律。

(2) 當事人營業地在不同國家的事實，如果從合同或從訂立合同前任何時候或訂立合同時，當事人之間的任何交易或當事人透露的情報均看不出，應不予考慮。

(3) 在確定本公約的適用時，當事人的國籍和當事人或合同的民事或商業性質，應不予考慮。

第二條

本公約不適用於以下的銷售：(a) 購供私人、家人或家庭使用的貨物的銷售，除非賣方在訂立合同前任何時候或訂立合同時不知道而且沒有理由知道這些貨物是購供任何這種使用；(b) 經由拍賣的銷售；(c) 根據法律執行令狀或其他令狀的銷售；(d) 公債、股票、投資證券、流通票據或貨幣的銷售；(e) 船舶、船只、氣墊船或飛機的銷售；(f) 電力的銷售。

第三條

(1) 供應尚待製造或生產的貨物的合同應視為銷售合同，除非訂購貨物的當事人保證供應這種製造或生產所需的大部分重要材料。

(2) 本公約不適用於供應貨物一方的絕大部分義務在於供應勞力或其他服務的合同。

第四條

本公約只適用於銷售合同的訂立和賣方和買方因此種合同而產生的權利和義務。特別是，本公約除非另有明文規定與以下事項無關：(a) 合同的效力，或者任何條款的效力，或任何慣例的效力；(b) 合同對所售貨物所有權可能產生的影響。

第五條

本公約不適用於賣方由於貨物對任何人所造成的死亡或傷害的責任。

第六條

雙方當事人可以不適用本公約，或在第十二條的條件下，減損本公約的任何規定或改變其效力。

第二章　總則

第七條

(1) 在解釋本公約時，應考慮到本公約的國際性質和促進其適用的統一以及在

第五章　國際貨物貿易公約

國際貿易上遵守誠信的需要。

（2）凡本公約未明確解決的屬於本公約範圍的問題，應按照本公約所依據的一般原則來解決，在沒有一般原則的情況下，則應按照國際私法規定適用的法律來解決。

第八條

（1）為本公約的目的，一方當事人所作的聲明和其他行為，應依照他的意旨解釋，如果另一方當事人已知道或者不可能不知道此一意旨。

（2）如果上一款的規定不適用，當事人所作的聲明和其他行為，應按照一個與另一方當事人同等資格、通情達理的人處於相同情況中，應有的理解來解釋。

（3）在確定一方當事人的意旨或一個通情達理的人應有的理解時，應適當地考慮到與事實有關的一切情況，包括談判情形，當事人之間確立的任何習慣做法、慣例和當事人其后的任何行為。

第九條

（1）雙方當事人業已同意的任何慣例和他們之間確立的任何習慣做法，對雙方當事人均有約束力。

（2）除非另有協議，雙方當事人應視為已默示地同意對他們的合同或合同的訂立適用雙方當事人已知道或理應知道的慣例，而這種慣例，在國際貿易上，已為有關特定貿易所涉及同類合同的當事人所廣泛知道並為他們所經常遵守。

第十條

為本公約的目的：（a）如果當事人有一個以上的營業地，則以與合同及合同的履行關係最密切的營業地為其營業地，但要考慮到雙方當事人在訂立合同前任何時候或訂立合同時所知道或所設想的情況；（b）如果當事人沒有營業地，則以其慣常居住地為準。

第十一條

銷售合同無須以書面訂立或書面證明，在形式方面也不受任何其他條件的限制。銷售合同可以用包括人證在內的任何方法證明。

第十二條

本公約第十一條、第二十九條或第二部分准許銷售合同或其更改或根據協議終止，或者任何發價、接受或其他意旨表示得以書面以外任何形式做出的任何規定不適用。如果任何一方當事人的營業地是在已按照本公約第九十六條做出了聲明的一個締約國內，各當事人不得減損本條或改變其效力。

第十三條

為本公約的目的，「書面」包括電報和電傳。

133

第二部分　合同的訂立

第十四條

(1) 向一個或一個以上特定的人提出的訂立合同的建議，如果十分確定並且表明發價人在得到接受時承受約束的意旨，即構成發價。一個建議如果寫明貨物並且明示或暗示地規定數量和價格或規定如何確定數量和價格，即為十分確定。

(2) 非向一個或一個以上特定的人提出的建議，僅應視為邀請做出發價，除非提出建議的人明確地表示相反的意向。

第十五條

(1) 發價於送達被發價人時生效。

(2) 一項發價，即使是不可撤銷的，得予撤回，如果撤回通知於發價送達被發價人之前或同時，送達被發價人。

第十六條

(1) 在未訂立合同之前，發價得予撤銷，如果撤銷通知於被發價人發出接受通知之前送達被發價人。

(2) 但在下列情況下，發價不得撤銷：(a) 發價寫明接受發價的期限或以其他方式表示發價是不可撤銷的；或 (b) 被發價人有理由信賴該項發價是不可撤銷的，而且被發價人已本著該項發價的信賴行事。

第十七條

一項發價，即使是不可撤銷的，於拒絕通知送達發價人時終止。

第十八條

(1) 被發價人聲明或做出其他行為表示同意一項發價，即是接受。緘默或不行動本身不等於接受。

(2) 接受發價於表示同意的通知送達發價人時生效。如果表示同意的通知在發價人所規定的時間內，如未規定時間，在一段合理的時間內，未曾送達發價人，接受就成為無效，但須適當地考慮到交易的情況，包括發價人所使用的通訊方法的迅速程度。對口頭發價必須立即接受，但情況有別者不在此限。

(3) 但是，如果根據該項發價或依照當事人之間確立的習慣作法或慣例，被發價人可以做出某種行為。例如與發價人發出通知，則接受於該項行為做出時生效，但該項行為必須在上一款所規定的期間內做出。

第十九條

(1) 對發價表示接受但載有添加、限制或其他更改的答復，即為拒絕該項發價，並構成還價。

(2) 但是，對發價表示接受但載有添加或不同條件的答復，如所載的添加或不同條件在實質上並不變更該項發價的條件，除發價人在不過分遲延的期間內以口頭

第五章　國際貨物貿易公約

或書面通知反對其間的差異外，仍構成接受。如果發價人不做出這種反對，合同的條件就以該項發價的條件以及接受通知內所載的更改為準。

（3）有關貨物價格、付款、貨物質量和數量、交貨地點和時間、一方當事人對另一方當事人的賠償責任範圍或解決爭端等等的添加或不同條件，均視為在實質上變更發價的條件。

第二十條

（1）發價人在電報或信件內規定的接受期間，從電報交發時刻或信上載明的發信日期起算，如信上未載明發信日期，則從信封上所載日期起算。發價人以電話、電傳或其他快速通訊方法規定的接受期間，從發價送達被發價人時起算。

（2）在計算接受期間時，接受期間內的正式假日或非營業日應計算在內。但是，如果接受通知在接受期間的最後一天未能送到發價人地址，因為那天在發價人營業地是正式假日或非營業日，則接受期間應順延至下一個營業日。

第二十一條

（1）逾期接受仍有接受的效力，如果發價人毫不遲延地用口頭或書面將此種意見通知被發價人。

（2）如果載有逾期接受的信件或其他書面文件表明，它是在傳遞正常、能及時送達發價人的情況下寄發的，則該項逾期接受具有接受的效力，除非發價人毫不遲延地用口頭或書面通知被發價人：他認為他的發價已經失效。

第二十二條

接受得予撤回，如果撤回通知於接受原應生效之前或同時送達發價人。

第二十三條

合同於按照本公約規定對發價的接受生效時訂立。

第二十四條

為本公約本部分的目的，發價、接受聲明或任何其他意旨表示「送達」對方，系指用口頭通知對方或通過任何其他方法送交對方本人，或其營業地或通訊地址，如無營業地或通訊地址，則送交對方慣常居住地。

第三部分　貨物銷售

第一章　總　則

第二十五條

一方當事人違反合同的結果，如使另一方當事人蒙受損害，以至於實際上剝奪了他根據合同規定有權期待得到的東西，即為根本違反合同，除非違反合同一方並不預知而且一個同等資格、通情達理的人處於相同情況中也沒有理由預知會發生這種結果。

國際貿易慣例與公約

第二十六條

宣告合同無效的聲明,必須向另一方當事人發出通知,方始有效。

第二十七條

除非公約本部分另有明文規定,當事人按照本部分的規定,以適合情況的方法發出任何通知,要求或其他通知后,這種通知如在傳遞上發生耽擱或錯誤,或者未能到達,並不使該當事人喪失依靠該項通知的權利。

第二十八條

如果按照本公約的規定,一方當事人有權要求另一方當事人履行某一義務,法院沒有義務做出判決,要求具體履行此一義務,除非法院依照其本身的法律對不屬本公約範圍的類似的銷售合同願意這樣做。

第二十九條

(1) 合同只需雙方當事人協議,就可更改或終止。

(2) 規定任何更改或根據協議終止必須以書面做出的書面合同,不得以任何其他方式更改或根據協議終止。但是,一方當事人的行為,如經另一方當事人寄以信賴,就不得堅持此項規定。

第二章 賣方的義務

第三十條

賣方必須按照合同和本公約的規定,交付貨物,移交一切與貨物有關的單據並轉移貨物所有權。

第一節 交付貨物和移交單據

第三十一條

如果賣方沒有義務要在任何其他特定地點交付貨物,他的交貨義務如下:

(a) 如果銷售合同涉及貨物的運輸,賣方應把貨物移交給第一承運人,以運交給買方;

(b) 在不屬於上一款規定的情況下,如果合同指的是特定貨物或從特定存貨中提取的或尚待製造或生產的未經特定化的貨物,而雙方當事人在訂立合同時已知道這些貨物是在某一特定地點,或將在某一特定地點製造或生產,賣方應在該地點把貨物交給買方處置;

(c) 在其他情況下,賣方應在他於訂立合同時的營業地把貨物交給買方處置。

第三十二條

(1) 如果賣方按照合同或本公約的規定將貨物交付給承運人,但貨物沒有以貨物上加標記、或以裝運單據或其他方式清楚地註明有關合同,賣方必須向買方發出列明貨物的發貨通知。

(2) 如果賣方有義務安排貨物的運輸,他必須訂立必要的合同,以按照通常運輸條件,用適合情況的運輸工具,把貨物運到指定地點。

第五章　國際貨物貿易公約

（3）如果賣方沒有義務對貨物的運輸辦理保險，他必須在買方提出要求時，向買方提供一切現有的必要資料，使他能夠辦理這種保險。

第三十三條

賣方必須按以下規定的日期交付貨物：

（a）如果合同規定有日期，或從合同可以確定日期，應在該日期交貨；

（b）如果合同規定有一段時間，或從合同可以確定一段時間，除非情況表明應由買方選定一個日期外，應在該段時間內任何時候交貨；

（c）在其他情況下，應在訂立合同後一段合理時間內交貨。

第三十四條

如果賣方有義務移交與貨物有關的單據，他必須按照合同所規定的時間、地點和方式移交這些單據。如果賣方在那個時間以前已移交這些單據，他可以在那個時間到達前糾正單據中任何不符合同規定的情形，但是，此一權利的行使不得使買方遭受不合理的不便或承擔不合理的開支。但是，買方保留本公約所規定的要求損害賠償的任何權利。

第二節　貨物相符與第三方要求

第三十五條

（1）賣方交付的貨物必須與合同所規定的數量、質量和規格相符，並須按照合同所規定的方式裝箱或包裝。

（2）除雙方當事人業已另有協議外，貨物除非符合以下規定，否則即為與合同不符：

（a）貨物適用於同一規格貨物通常使用的目的；

（b）貨物適用於訂立合同時曾明示或默示地通知賣方的任何特定目的，除非情況表明買方並不依賴賣方的技能和判斷力，或者這種依賴對他是不合理的；

（a）貨物的質量與賣方向買方提供的貨物樣品或樣式相同；

（d）貨物按照同類貨物通用的方式裝箱或包裝，如果沒有此種通用方式，則按照足以保全和保護貨物的方式裝箱或包裝。

（3）如果買方在訂立合同時知道或者不可能不知道貨物不符合同，賣方就無須按上一款（a）項至（d）項負有此種不符合同的責任。

第三十六條

（1）賣方應按照合同和本公約的規定，對風險轉移到買方時所存在的任何不符合同情形，負有責任，即使這種不符合同情形在該時間后方始明顯。

（2）賣方對在上一款所述時間後發生的任何不符合同情形．也應負有責任，如果這種不符合同情形是由於賣方違反他的某項義務所致，包括違反關於在一段時間內貨物將繼續適用於其通常使用的目的或某種特定目的，或將保持某種特定質量或性質的任何保證。

137

國際貿易慣例與公約

第三十七條

如果賣方在交貨日期前交付貨物,他可以在那個日期到達前,交付任何缺漏部分或補足所交付貨物的不足數量,或交付用以替換所交付不符合同規定的貨物,或對所交付貨物中任何不符合同規定的情形做出補救,但是,此一權利的行使不得使買方遭受不合理的不便或承擔不合理的開支。但是,買方保留本公約所規定的要求損害賠償的任何權利。

第三十八條

(1) 買方必須在按情況實際可行的最短時間內檢驗貨物或由他人檢驗貨物。

(2) 如果合同涉及貨物的運輸,檢驗可推遲到貨物到達目的地后進行。

(3) 如果貨物在運輸途中改運或買方必須再發運貨物,沒有合理機會加以檢驗,而賣方在訂立合同時已知道或理應知道這種改運或再發運的可能性,檢驗可推遲到貨物到達新目的地后進行。

第三十九條

(1) 買方對貨物不符合同,必須在發現或理應發現不符情形后一段合理時間內通知賣方,說明不符合同情形的性質,否則就喪失聲稱貨物不符合同的權利。

(2) 無論如何,如果買方不在實際收到貨物之日起兩年內將貨物不符合同情形通知賣方,他就喪失聲稱貨物不符合同的權利,除非這一時限與合同規定的保證期限不符。

第四十條

如果貨物不符合同規定指的是賣方已知道或不可能不知道而又沒有告知買方的一些事實,則賣方無權援引第 38 條和第 39 條的規定。

第四十一條

賣方所交付的貨物,必須是第三方不能提出任何權利或要求的貨物,除非買方同意在這種權利或要求的條件下,收取貨物。但是,如果這種權利或要求是以工業產權或其他知識產權為基礎的,賣方的義務依照第 42 條的規定。

第四十二條

(1) 賣方所交付的貨物,必須是第三方不能根據工業產權或其他知識產權主張任何權利或要求的貨物,但以賣方在訂立合同時已知道或不可能不知道的權利或要求為限,而且這種權利或要求根據以下國家的法律規定是以工業產權或其他知識產權為基礎的:

(a) 如果雙方當事人在訂立合同時預期貨物將在某一國境內轉售或做其他使用,則根據貨物將在其境內轉售或做其他使用的國家的法律;

(b) 在任何其他情況下,根據買方營業地所在國家的法律。

(2) 賣方在上一款中的義務不適用於以下情況:

(a) 買方在訂立合同時已知道或不可能不知道此項權利或要求;

(b) 此項權利或要求的發生,是由於賣方要遵照買方所提供的技術圖樣、圖

第五章　國際貨物貿易公約

案、程式或其他規格。

第四十三條

（1）買方如果不在已知道或理應知道第三方的權利或要求後一段合理時間內，將此一權利或要求的性質通知賣方，就喪失援引第四十一條或第四十二條規定的權利。

（2）賣方如果知道第三方的權利或要求以及此一權利或要求的性質，就無權援引上一款的規定。

第四十四條

儘管有第三十九條第（1）款和第四十三條第（1）款的規定，買方如果對他未發出所需的通知具備合理的理由，仍可按照第五十條規定減低價格，或要求利潤損失以外的損害賠償。

第三節　賣方違反合同的補救辦法

第四十五條

（1）如果賣方不履行他在合同和本公約中的任何義務，買方可以：

（a）行使第四十六條至第五十二條所規定的權利；

（b）按照第七十四條至第七十七條的規定，要求損害賠償。

（2）買方可能享有的要求損害賠償的任何權利，不因他行使採取其他補救辦法的權利而喪失。

（3）如果買方對違反合同採取某種補救辦法，法院或仲裁庭不得給予賣方寬限期。

第四十六條

（1）買方可以要求賣方履行義務，除非買方已採取與此一要求相抵觸的某種補救辦法。

（2）如果貨物不符合同，買方只有在此種不符合同情形構成根本違反合同時，才可以要求交付替代貨物，而且關於替代貨物的要求，必須與依照第三十九條發出的通知同時提出，或者在該項通知發出後一段合理時間內提出。

（3）如果貨物不符合同，買方可以要求賣方通過修理對不符合同之處做出補救，除非他考慮了所有情況之後，認為這樣做是不合理的。修理的要求必須依照第三十九條發出的通知同時提出，或者在該項通知發出後一段合理時間內提出。

第四十七條

（1）買方可以規定一段合理時限的額外時間，讓賣方履行其義務。

（2）除非買方收到賣方的通知，聲稱他將不在所規定的時間內履行義務，買方在這段時間內不得對違反合同採取任何補救辦法。但是，買方並不因此喪失他對延遲履行義務可能享有的要求損害賠償的任何權利。

第四十八條

（1）在第四十九條的條件下，賣方即使在交貨日期之後，仍可自付費用，對任

139

何不履行義務做出補救，但這種補救不得造成不合理的遲延，也不得使買方遭受不合理的不便，或無法確定賣方是否將賠償買方預付的費用。但是，買方保留本公約所規定的要求損害賠償的任何權利。

（2）如果賣方要求買方表明他是否接受賣方履行義務，而買方不在一段合理時間內對此一要求做出答復，則賣方可以按其要求中所指明的時間履行義務。買方不得在該段時間內採取與賣方履行義務相抵觸的任何補救辦法。

（3）賣方表明他將在某一特定時間內履行義務的通知，應視為包括根據上一款規定要買方表明決定的要求在內。

（4）賣方按照本條第（2）和第（3）款做出的要求或通知，必須在買方收到後，始生效力。

第四十九條

（1）買方在以下情況下可以宣告合同無效：

（a）賣方不履行其在合同或本公約中的任何義務，等於根本違反合同；

（b）如果發生不交貨的情況，賣方不在買方按照第四十七條第（1）款規定的額外時間內交付貨物，或賣方聲明他將不在所規定的時間內交付貨物。

（2）但是，如果賣方已交付貨物，買方就喪失宣告合同無效的權利，除非：

（a）對於遲延交貨，他在知道交貨后一段合理時間內這樣做；

（b）對於遲延交貨以外的任何違反合同事情：

①他在已知道或理應知道這種違反合同后一段合理時間內這樣做；

②他在買方按照第四十七條第（1）款規定的任何額外時間滿期后，或在賣方聲明他將不在這一額外時間履行義務后一段合理時間內這樣做；

③他在賣方按照第四十八條第（2）款指明的任何額外時間滿期后，或在賣方聲明他將不接受賣方履行義務后一段合理時間內這樣做。

第五十條

如果貨物不符合同，不論價款是否已付，買方都可以減低價格，減價按實際交付的貨物在交貨時的價值與符合合同的貨物在當時的價值兩者之間的比例計算。但是，如果賣方按照第三十七條或第四十八條的規定對任何不履行義務做出補救，或者買方拒絕接受賣方按照該兩條規定履行義務，則買方不得減低價格。

第五十一條

（1）如果賣方只付一部分貨物，或者交付的貨物中只有一部分符合合同規定，第四十六條至第五十條的規定適用於缺漏部分及不符合同規定部分的貨物。

（2）買方只有在完全不交付貨物或不按照合同規定交付貨物等於根本違反合同時，才可以宣告整個合同無效。

第五十二條

（1）如果賣方在規定的日期前交付貨物，買方可以收取貨物，也可以拒絕收取貨物。

第五章　國際貨物貿易公約

（2）如果賣方交付的貨物數量大於合同規定的數量，買方可以收取也可以拒絕收取多交部分的貨物。如果買方收取多交部分貨物的全部或一部分，他必須按合同價格付款。

第三章　買方的義務

第五十三條

買方必須按照合同和本公約規定支付貨物價款和收取貨物。

第一節　支付價款

第五十四條

買方支付價款的義務包括根據合同或任何有關法律和規章規定的步驟和手續，以便支付價款。

第五十五條

如果合同已有效地訂立，但沒有明示或暗示地規定價格或規定如何確定價格。在沒有任何相反表示的情況下，雙方當事人應視為已默示地引用訂立合同時此種貨物在有關貿易的類似情況下銷售的通常價格。

第五十六條

如果價格是按貨物的重量規定的，如有疑問，應按淨重確定。

第五十七條

（1）如果買方沒有義務在任何其他特定地點支付價款，他必須在以下地點向賣方支付價款：

（a）賣方的營業地；或者

（b）如憑移交貨物或單據支付價款，則為移交貨物或單據的地點。

（2）賣方必須承擔因其營業地在訂立合同后發生變動而增加的支付方面的有關費用。

第五十八條

（1）如果買方沒有義務在任何其他特定時間內支付價款，他必須於賣方按照合同和本公約規定將貨物或控製貨物外置權的單據交給買方處置時支付價款。賣方可以支付價款作為移交貨物或單據的條件。

（2）如果合同涉及貨物的運輸，賣方可以在支付價款后方可把貨物或控製貨物處置權的單據移交給買方作為發運貨物的條件。

（3）買方在未有機會檢驗貨物前，無義務支付價款，除非這種機會與雙方當事人議定的交貨或支付程序相抵觸。

第五十九條

買方必須按合同和本公約規定的日期或從合同和本公約可以確定的日期支付價款，而無需賣方提出任何要求或辦理任何手續。

國際貿易慣例與公約

第二節　收取貨物

第六十條

買方收取貨物的義務如下：

(a) 採取一切理應採取的行動，以期賣方能交付貨物；

(b) 接收貨物。

第三節　買方違反合同的補救辦法

第六十一條

(1) 如果買方不履行他在合同和本公約中的任何義務，賣方可以：

(a) 行使第六十二條至第六十五條所規定的權利；

(b) 按照第七十四條至第七十七條的規定，要求損害賠償。

(2) 賣方可能享有的要求損害賠償的任何權利，不因他行使採取其他補救辦法的權利而喪失。

(3) 如果賣方對違反合同採取某種補救辦法，法院或仲裁庭不得給予買方寬限期。

第六十二條

賣方可以要求買方支付價款、收取貨物或履行他的其他義務，除非賣方已採取與此一要求相抵觸的某種補救辦法。

第六十三條

(1) 賣方可以規定一段合理時限的額外時間，讓買方履行義務。

(2) 除非賣方收到買方的通知，聲稱他將不在所規定的時間內履行義務，賣方不得在這段時間內對違反合同採取任何補救辦法。但是，賣方並不因此喪失他對遲延履行義務可能享有的要求損害賠償的任何權利。

第六十四條

(1) 賣方在以下情況下可以宣告合同無效：

(a) 買方不履行其在合同或本公約中的任何義務，等於根本違反合同；

(b) 買方不在賣方按照第六十三條第（1）款規定的額外時間內履行支付價款的義務或收取貨物，或買方聲明他將不在所規定的時間內這樣做。

(2) 但是，如果買方已支付價款，賣方就喪失宣告合同無效的權利，除非：

(a) 對於買方遲延履行義務，他在知道買方履行義務前這樣做；

(b) 對於買方遲延履行義務以外的任何違反合同事情：

①他在已知道或理應知道這種違反合同后一段合理時間內這樣做；

②他在賣方按照第六十三條第（1）款規定的任何額外時間滿期后或在買方聲明他將不在這一額外時間內履行義務后一段合理時間內這樣做。

第六十五條

(1) 如果買方應根據合同規定訂明貨物的形狀、大小或其他特徵，而他在議定的日期或在收到賣方的要求后一段合理時間內沒有訂明這些規格，則賣方在不損害

第五章　國際貨物貿易公約

其可能享有的任何其他權利的情況下，可以依照他所知的買方的要求，自己訂明規格。

（2）如果賣方自己訂明規格，他必須把訂明規格的細節通知買方，而且必須規定一段合理時間，讓買方可以在該段時間內訂出不同的規格。如果買方在收到這種通知後沒有在該段時間內這樣做，賣方所訂的規格就具有約束力。

第四章　風險移轉

第六十六條

貨物在風險移轉到買方承擔后遺失或損壞，買方支付價款的義務並不因此解除，除非這種遺失或損壞是由於賣方的行為或不行為所造成。

第六十七條

（1）如果銷售合同涉及貨物的運輸，但賣方沒有義務在某一特定地點交付貨物，自貨物按照銷售合同交付給第一承運人以轉交給買方時起，風險就移轉到買方承擔。如果賣方有義務在某一特定地點把貨物交付給承運人，在貨物於該地點交付給承運人以前，風險不移轉到買方承擔。賣方受權保留控製貨物處置權的單據，並不影響風險的移轉。

（2）但是，在貨物以貨物上加標記，或以裝運單據，或向買方通知或其他方式清楚地註明有關合同以前，風險不移轉到買方承擔。

第六十八條

對於在運輸途中銷售的貨物，從訂立合同時起，風險就移轉到買方承擔。但是，如果情況表明有此需要，從貨物交付給簽發載有運輸合同單據的承運人時起，風險就由買方承擔。儘管如此，如果賣方在訂立合同時已知道或理應知道貨物已經損失或損壞，而他又不將這一事實告知買方，則這種遺失或損壞應由賣方負責。

第六十九條

（1）在不屬於第六十七條和第六十八條規定的情況下，從買方接收貨物時起，或如果買方不在適當時間內這樣做，則從貨物交給他處置但他不收取貨物從而違反合同時起，風險移轉到買方承擔。

（2）但是，如果買方有義務在賣方營業地以外的某一地點接收貨物，當交貨時間已到買方知道貨物已在該地點交給他處置時，風險方始移轉。

（3）如果合同指的是當時未加識別的貨物，則這些貨物在未清楚註明有關合同以前，不得視為已交給買方處置。

第七十條

如果賣方已根本違反合同，第六十七條、第六十八條和第六十九條的規定，不損害買方因此種違反合同而可以採取的各種補救辦法。

第五章　賣方和買方義務的一般規定

第一節　預期違反合同和分批交貨合同

第七十一條

（1）如果訂立合同后，另一方當事人由於下列原因顯然將不履行其大部分重要義務，一方當事人可以中止履行義務：

（a）他履行義務的能力或他的信用有嚴重缺陷；

（b）他在準備履行合同或履行合同中的行為。

（2）如果賣方在上一款所述的理由明顯化以前已將貨物發運，他可以阻止將貨物交付給買方，即使買方持有其有權獲得貨物的單據。本款規定只與買方和賣方間對貨物的權利有關。

（3）中止履行義務的一方當事人不論是在貨物發運前還是發運后，都必須立即通知另一方當事人，如經另一方當事人對履行義務提供充分保證，則他必須繼續履行義務。

第七十二條

（1）如果在履行合同日期之前，明顯看出一方當事人將根本違反合同，另一方當事人可以宣告合同無效。

（2）如果時間許可，打算宣告合同無效的一方當事人必須向另一方當事人發出合理的通知，使他可以對履行義務提供充分保證。

（3）如果另一方當事人已聲明他將不履行其義務，則上一款的規定不適用。

第七十三條

（1）對於分批交付貨物的合同，如果一方當事人不履行對任何一批貨物的義務，便對該批貨物構成根本違反合同，則另一方當事人可以宣告合同對該批貨物無效。

（2）如果一方當事人不履行對任何一批貨物的義務，使另一方當事人有充分理由斷定對今后各批貨物將會發生根本違反合同，該另一方當事人可以在一段合理時間內宣告合同無效。

（3）買方宣告合同對任何一批貨物的交付為無效時，可以同時宣告合同對已交付的或今后交付的各批貨物均為無效，如果各批貨物是互相依存的，不能單獨用於雙方當事人在訂立合同時所設想的目的。

第二節　損害賠償

第七十四條

一方當事人違反合同應負的損害賠償額，應與另一方當事人因他違反合同而遭受的包括利潤在內的損失額相等。這種損害賠償不得超過違反合同一方在訂立合同時，依照他當時已知道或理應知道的事實和情況，對違反合同預料到或理應預料到

第五章　國際貨物貿易公約

的可能損失。

第七十五條

如果合同被宣告無效，而在宣告無效後一段合理時間內，買方已以合理方式購買替代貨物，或者賣方已以合理方式把貨物轉賣，則要求損害賠償的一方可以取得合同價格和替代貨物交易價格之間的差額以及按照第74條規定可以取得任何其他損害賠償。

第七十六條

（1）如果合同被宣告無效，而貨物又有時價，要求損害賠償的一方，如果沒有根據第七十五條規定進行購買或轉賣，則可以取得合同規定的價格和宣告合同無效時的時價之間的差額以及按照第七十四條規定可以取得的任何其他損害賠償。但是，如果要求損害賠償的一方在接收貨物之后宣告合同無效，則應適用接收貨物時的時價，而不適用宣告合同無效時的時價。

（2）為上一款的目的，時價指原應交付貨物地點的現行價格，如果該地點沒有時價，則指另一合理替代地點的價格，但應適當地考慮貨物運費的差額。

第七十七條

聲稱另一方違反合同的一方，必須按情況採取合理措施，減輕由於該另一方違反合同而引起的損失，包括利潤方面的損失。如果他不採取這種措施，違反合同一方可以要求從損害賠償中扣除原可以減輕的損失數額。

第三節　利息

第七十八條

如果一方當事人沒有支付價款或任何其他拖欠金額，另一方當事人有權對這些款額收取利息，但不妨礙要求按照第七十四條規定可以取得的損害賠償。

第四節　免責

第七十九條

（1）當事人對不履行義務，不負責任，如果他能證明此種不履行義務，是由於某種非他所能控製的障礙，而且對於這種障礙，沒有理由預期他在訂立合同時能考慮到或能避免或克服它或它的后果。

（2）如果當事人不履行義務是由於他所雇傭履行合同的全部或一部分規定的第三方不履行義所致，該當事人只有在以下情況下才能免除責任：

（a）他按照上一款的規定應免除責任；

（b）假如該款的規定也適用於他所雇傭的人，這個人也同樣會免除責任。

（3）本條所規定的免責對障礙存在的期間有效。

（4）不履行義務的一方必須將障礙及其對他履行義務能力的影響通知另一方。如果該項通知在不履行義務的一方已知道或理應知道此一障礙后一段合理時間內仍未為另一方收到，則他對由於另一方未收到通知而造成的損害應負賠償責任。

（5）本條規定不妨礙任何一方行使本公約規定的要求損害賠償以外的任何

國際貿易慣例與公約

權利

第八十條

一方當事人因其行為或不行為而使得另一方當事人不履行義務時，不得聲稱該另一方當事人不履行義務。

第五節　宣告合同無效的效果

第八十一條

（1）宣告合同無效解除了雙方在合同的義務，但應負責的任何損害賠償仍應負責。宣告合同無效不影響合同中關於解決爭端的任何規定，也不影響合同中關於雙方在宣告合同無效后權利和義務的任何其他規定。

（2）已全部或局部履行合同的一方，可以要求另一方歸還他按照合同供應的貨物或支付的價款。如果雙方都須歸還，他們必須同時這樣做。

第八十二條

（1）買方如果不可能按實際收到貨物的原狀歸還貨物，他就喪失宣告合同無效或要求賣方交付替代貨物的權利。

（2）上一款的規定不適用於以下情況：

（a）如果不可能歸還貨物或不可能按實際收到貨物的原狀歸還貨物，並非由於買方的行為或不行為所造成；

（b）如果貨物或其中一部分的毀滅或變壞，是由於按照第三十八條規定進行檢驗所致；

（c）如果貨物或其中一部分，在買方發現或理應發現與合同不符以前，已為買方在正常營業過程中售出，或在正常使用過程中消費或改變。

第八十三條

買方雖然依第八十二條規定喪失宣告合同無效或要求賣方交付替代貨物的權利，但是根據合同和本公約規定，他仍保有採取一切其他補救辦法的權利。

第八十四條

（1）如果賣方有義務歸還價款，他必須同時從支付價款之日起支付價款利息。

（2）在以下情況下，買方必須向賣方說明他從貨物或其中一部分得到的一切利益：

（a）如果他必須歸還貨物或其中一部分；

（b）如果他不可能歸還全部或一部分貨物，或不可能按實際收到貨物的原狀歸還全部或一部分貨物，但他已宣告合同無效或已要求賣方交付替代貨物。

第六節　保全貨物

第八十五條

如果買方推遲收取貨物，或在支付價款和交付貨物應同時履行時，買方沒有支付價款，而賣方仍擁有這些貨物或仍能控制這些貨物的處置權，賣方必須按情況採取合理措施，以保全貨物。他有權保有這些貨物，直至買方把他所付的合理費用償

還給他為止。

第八十六條

（1）如果買方已收到貨物，但打算行使合同或本公約規定的任何權利，把貨物退回，他必須按情況採取合理措施，以保全貨物。他有權保有這些貨物，直至賣方把他所付的合理費用償還給他為止。

（2）如果發運給買方的貨物已到達目的地，並交給買方處置，而買方行使退貨權利，則買方必須代表賣方收取貨物，除非他這樣做需要支付價款而且會使他遭受不合理的不便或需承擔不合理的費用。如果賣方或受權代表他掌管貨物的人也在目的地，則此一規定不適用。如果買方根據本款規定收取貨物，他的權利和義務與上一款所規定的相同。

第八十七條

有義務採取措施以保全貨物的一方當事人，可以把貨物寄放在第三方的倉庫，由另一方當事人擔負費用，但該項費用必須合理。

第八十八條

（1）如果另一方當事人在收取貨物或收回貨物起支付價款或保全貨物費用方面有不合理的遲延，按照第八十五條或第八十六條規定有義務保全貨物的一方當事人，可以採取任何適當辦法，把貨物出售，但必須事前向另一方當事人發出合理的意向通知。

（2）如果貨物易於迅速變壞，或者貨物的保全牽涉到不合理的費用，則按照第85條或第86條規定有義務保全貨物的一方當事人，必須採取合理措施，把貨物出售。在可能的範圍內，他必須把出售貨物的打算通知另一方當事人。

（3）出售貨物的一方當事人，有權從銷售所得收入中扣回為保全貨物和銷售貨物而付的合理費用。他必須向另一方當事人說明所餘款項。

第四部分　最后條款

第八十九條

茲指定聯合國秘書長為本公約保管人。

第九十條

本公約不優於業已締結或可能締結並載有與屬於本公約範圍內事項有關的條款的任何國際協定，但以雙方當事人的營業地均在這種協定的締約國內為限。

第九十一條

（1）本公約在聯合國國際貨物銷售合同會議閉幕會議上開放簽字，並在紐約聯合國總部繼續開放簽字，直至1981年9月30日為止。

（2）本公約須經簽字國批准、接受或核准。

（3）本公約從開放簽字之日起開放給所有非簽字國加入。

國際貿易慣例與公約

(4) 批准書、接受書、核准書和加入書應送交聯合國秘書處存放。

第九十二條

(1) 締約國可在簽字、批准、接受、核准或加入時聲明它不受本公約第二部分的約束或不受本公約第三部分的約束。

(2) 按照上一款規定就本公約第二部分或第三部分做出聲明的締約國，在該聲明適用的部分所規定事項上，不得視為本公約第一條第（1）款範圍內的締約國。

第九十三條

(1) 如果締約國具有兩個或兩個以上的領土單位，而依照該國憲法規定、各領土單位對本公約所規定的事項適用不同的法律制度，則該國得在簽字、批准、接受、核准或加入時聲明本公約適用於該國全部領土單位或僅適用於其中的一個或數個領土單位，並且可以隨時提出另一聲明來修改其所做的聲明。

(2) 此種聲明應通知保管人，並且明確地說明適用本公約的領土單位。

(3) 如果根據按本條做出的聲明，本公約適用於締約國的一個或數個而不是全部領土單位，而且一方當事人的營業地位位於該締約國內，則為本公約的目的，該營業地除非位於本公約適用的領土單位內，否則視為不在締約國內。

(4) 如果締約國沒有按照本條第（1）款做出聲明，則本公約適用於該國所有領土單位。

第九十四條

(1) 對屬於本公約範圍的事項具有相同或非常近似的法律規則的兩個或兩個以上的締約國，可隨時聲明本公約不適用於營業地在這些締約國內的當事人之間的銷售合同，也不適用於這些合同的訂立。此種聲明可聯合做出，也可以相互單方面聲明的方式做出。

(2) 對屬於本公約範圍的事項具有與一個或一個以上非締約國相同或非常近似的法律規則的締約國，可隨時聲明本公約不適用於營業地在這些非締約國內的當事人之間的銷售合同，也不適用於這些合同的訂立。

(3) 作為根據上一款所做聲明對象的國家如果后來成為締約國，這項聲明從本公約對該新締約國生效之日起，具有根據第（1）款所做聲明的效力，但以該新締約國加入這項聲明，或做出相互單方面聲明為限。

第九十五條

任何國家在交存其批准書、接受書、核准書和加入書時，可聲明它不受本公約第一條第（1）款（b）項的約束。

第九十六條

本國法律規定銷售合同必須以書面訂立或書面證明的締約國，可以隨時按照第十二條的規定，聲明本公約第11條、第29條或第二部分准許銷售合同或其更改或根據協議終止，或者任何發價、接受或其他意旨表示得以書面以外任何形式做出的任何規定不適用，如果任何一方當事人的營業地是在該締約國內。

第五章　國際貨物貿易公約

第九十七條

（1）根據本公約規定在簽字時做出的聲明，須在批准、接受或核准時加以確認。

（2）聲明和聲明的確認，應以書面提出，並應正式通知保管人。

（3）聲明在本公約對有關國家開始生效時同時生效。但是，保管人於此種生效後收到正式通知的聲明，應於保管人收到聲明之日起六個月後的第一個月第一天生效。根據第九十四條規定做出的相互單方面聲明，應於保管人收到最后一份聲明之日起六個月後的第一月第一天生效。

（4）根據本公約規定做出聲明的任何國家可以隨時用書面正式通知保管人撤回該項聲明。此種撤回於保管人收到通知之日起六個月後的第一個月第一天生效。

（5）撤回根據第九十四條做出的聲明，自撤回生效之日起，就會使另一個國家根據該條所做的任何相互聲明失效。

第九十八條

除本公約明文許可的保留外，不得作任何保留。

第九十九條

（1）在本條第（6）款規定的條件下，本公約在第十件批准書、接受書、核准書或加入書、包括載有根據第九十二條規定做出的聲明的文書交存之日起 12 個月後的第一個月第一天生效。

（2）在本條第（6）款規定的條件下，對於在第十件批准書、接受書、核准書或加入書交存后才批准、接受、核准或加入本公約的國家，本公約在該國交存其批准書、接受書、核准書或加入書之日起 12 個月後的第一個月第一天對該國生效，但不適用的部分除外。

（3）批准、接受、核准或加入本公約的國家，如果是 1964 年 7 月 1 日在海牙簽訂的《關於國際貨物銷售合同的訂立統一法公約》（《1964 年海牙訂立合同公約》）和 1964 年 7 月 1 日在海牙簽訂的《關於國際貨物銷售統一法的公約》（《1964 年海牙貨物銷售公約》）中一項或兩項公約的締約國，應按情況同時通知荷蘭政府聲明退出《1964 年海牙貨物銷售公約》或《1964 年海牙訂立合同公約》或退出該兩項公約。

（4）凡為《1964 年海牙貨物銷售公約》締約國並批准、接受、核准或加入本公約和根據第九十二條規定聲明或業已聲明不受本公約第二部分約束的國家，應於批准、接受、核准或加入時通知荷蘭政府聲明退出《1964 年海牙貨物銷售公約》。

（5）凡為《1964 年海牙訂立合同公約》締約國批准、接受、核准或加入本公約和根據第九十二條規定聲明或業已聲明不受本公約第三部分約束的國家，應於批准、接受、核准或加入時通知荷蘭政府聲明退出《1964 年海牙訂立合同公約》。

（6）為本條的目的，《1964 年海牙訂立合同公約》或《1964 年海牙貨物銷售公約》的締約國的批准、接受、核准或加入本公約，應在這些國家按照規定退出該兩

國際貿易慣例與公約

公約生效后方始生效。本公約保管人應與 1964 年兩公約的保管人荷蘭政府進行協商，以確保在這方面進行必要的協調。

第一百條

（1）本公約適用於合同的訂立，只要訂立該合同的建議是在本公約對第一條第（1）款（a）項所指締約國或第一條第（1）款（b）項所指締約國生效之日或其后作出的。

（2）本公約只適用於在它對第一條第（1）款（a）項所指締約國或第一條第（1）款（b）項所指締約國生效之日或其后訂立的各同。

第一百零一條

（1）締約國可以用書面正式通知保管人聲明退出本公約，或本公約第二部分或第三部分。

（2）退出於保管人收到通知 12 個月后的第一個月第一天起生效。凡通知內訂明一段退出生效的更長時間，則退出於保管人收到通知后該段更長時間期滿時起生效。

1980 年 4 月 11 日訂於維也納，正本一份，其阿拉伯文本、中文本、英文本、法文本、俄文本和西班牙文本都具有同等效力。

● 第二節　聯合國國際貨物銷售合同時效期限公約

《聯合國國際貨物買賣時效期限公約》（United Nations Convention on the Limitation Period in the International Sale of Goods）是英國、美國、法國、日本、聯邦德國、印度等六十六個國家的外交代表於 1974 年 6 月 14 日在紐約聯合國總部舉行外交代表會議討論通過的。1980 年在維也納召開外交代表會議討論制定《聯合國國際貨物銷售合同公約》時，為了使它與 1974 年時效公約在適用範圍上保持一致，對時效公約的適用範圍作了修訂，於是通過了《國際貨物銷售時效期限公約的議定書》。在該公約制定之前，各國對國際貨物買賣中的時效期限的規定並不一致，從 6 個月至 30 年不等，這有礙於國際貿易的發展。因此該公約對國際貨物銷售合同的時效問題作了標準化的規定，有利於解決國際貿易過程中求償困難等問題。

《聯合國國際貨物買賣時效期限公約》共四部分四十六條。主要內容是對時效期限的定義、期間、起算和計算、停止和延長以及時效期限屆滿的后果作了具體規定。

1. 適用範圍

由於國際貨物買賣合同所引起的，或與該合同的違反，終止或無效有關的，買方與賣方彼此間的請求權在何時由於某段時間的屆滿而不能行使。此種期間即為

第五章　國際貨物貿易公約

「時效期限」。

營業所在不同國家的買方和賣方訂立的貨物買賣合同適用該公約。如果當事人在一國以上設有營業所，應以對契約及其履行有最密切關係的營業所為營業所。如果沒有營業所，應參照其慣常住所辦理。當事人的國籍以及當事人或契約的民事或商事性質均不應予以考慮。

該公約還通過排除法確定適用的國際貨物買賣的範圍。以下貨物買賣不適用該公約：供個人、家屬或家庭使用的貨物；拍賣；從事執行法律所授權的行為或其他行動；債券、股票、投資證券、流通票據或貨幣；船隻、船舶或飛機；電力。根據以下理由的請求權也不適用該公約：任何人的死亡或人身傷害；由所賣貨物造成的核損害；財產的留置權、抵押權或其他擔保利益；法律程序中所作的判決或裁決；依照請求執行所在地法律，能夠據以獲得直接執行的文件；匯票、支票或本票。此外，該公約不適用於賣方義務的最主要部分是在提供勞動力或其他勞務的契約。

2. 時效期限的期間和起始

時效期限應為 4 年。在這 4 年內，買賣雙方可以就國際貨物買賣合同的任何爭議提起訴訟，超過時效，仲裁機構和法院不得接受已過時效期限的請求權，也不得對判決予以承認和執行。時效期限屆滿則債權人失去請求權。

時效期限應自請求權產生之日起算。時效期限的起算不受以下原因而推遲：當事人一方必須向他方致送通知；或仲裁協議規定在仲裁裁決作出之前，不發生任何權利。

公約對於下述幾種請求權的起始作了具體規定：①因違約而引起的請求權應在違約行為發生之日產生；②因貨物有瑕疵或不符契約規定而引起的請求權，應在貨物實際交付買方或買方拒絕接受之日產生；③因詐欺行為而提出的請求權，應在該項詐欺被發現或理應被發現之日產生；④因保證期而產生的請求權，應在保證期內買方將事實通知賣方之日產生；⑤因聲明終止合同而產生的請求權，應在作出此項聲明之日產生；⑥因違背分期交貨或分期付款契約而引起的請求權，自每期違約行為發生之日起，計算請求權的時效期限。

3. 時效期限的停止和延長

時效期限在以下情況應停止計算：①債權人依法向法院提起了訴訟；②債權人依仲裁協議提起了仲裁；③債務人死亡或喪失權利能力；④債務人破產或無清償能力；⑤作為債務人的公司、商號、合夥、會社或團體的解散或清算。

公約規定，如債務人在時效期限屆滿之前以書面向債權人承認其所負的債務，一個新的 4 年時效期限應自此種承認之日起算；公約第二十一條規定：「如非債權人無法控制或不能避免或克服的情況，債權人不應使時效期限停止計算，時效期限應予延長，使之不致在有關情況消失之日起一年期滿之前即行屆滿。」

不管時效期限如何延遲和停止，時效期限都在規定的起算之日起十年內屆滿。

151

4. 時效期限屆滿的后果

時效期限的屆滿，只能根據該法律程序一方的請求，才予以考慮。儘管時效期限已經屆滿，當事人一方如果符合以下條件，仍可以進行抗辯或用以抵消他方當事人所提出的請求權：第一，雙方的請求權涉及同一契約或在同一交易中訂立的數個契約；第二，這些請求權在時效期限屆滿以前隨時都可以抵消。

如果債務人在時效期限屆滿后償還他的債務，即使他在償還時不知時效期限已經屆滿，但也不能因此請求收回。主債務的時效期限的屆滿，對該債務利息的付給義務具有同等效力。

5. 時效期限的計算

時效期限的計算，應在與該期限起算之日的對應日期終結時屆滿；如無此種對應日期，該期限應在時效期限的最后一個月的最末一日終結時屆滿；如時效期限的最后一日恰逢法定假日或休庭日，可以順延。時效期限應依照法律程序地點的日期計算。

第三節　其他國際貨物貿易公約

一、《國際貨物買賣統一法公約》

《國際貨物買賣統一法公約》（Convention on Uniform Law for the International Sale of Goods），也稱為《海牙第一公約》，是由國際統一私法協會的「國際貨物買賣統一法公約起草委員會」於1930年開始著手擬定的。后來經過30多年的努力，1964年4月25日在海牙召開的有28個國家參加的外交會議上通過了《國際貨物買賣統一法公約》及其附件《國際貨物買賣統一法》，同年7月1日開始簽字，1972年8月18日起生效。

《國際貨物買賣統一法公約》是為了統一各國關於貨物買賣實體法，解決各國在貨物買賣法方面存在的分歧，減少和避免法律衝突。該公約共有一百零一條，包括的內容有：總則，賣方的義務，買方的義務，關於買賣雙方義務的共同規定，風險轉移。

《國際貨物買賣統一法公約》的影響範圍並不大，只在少數歐洲國家之間生效，有比利時、甘比亞、德國、以色列、義大利、荷蘭、聖馬力若、英國、和盧森堡。但是該公約體現了歐洲國家國際貿易實踐，推動了國際經濟新秩序的發展。因此，1968年聯合國的《國際貨物銷售合同公約》的制定在一定程度上借鑑了該公約。

二、《國際貨物貿易合同成立統一法公約》

1964年海牙會議除了通過《國際貨物買賣統一法公約》以外，還通過了《國際

第五章　國際貨物貿易公約

貨物買賣合同成立統一法公約》（簡稱《第二海牙公約》）。該公約與《國際貨物買賣統一法公約》都是聯合國《國際貨物銷售合同公約》的制定基礎。《國際貨物買賣合同成立統一法公約》旨在為各國貨物買賣合同的成立制定統一的標準。該公約共有 14 條和 2 個附件，包括的內容有適用範圍、發盤和接受的具體規定等。這些規定大部分被《聯合國國際貨物銷售合同公約》所借鑑。

思考題

1. 試述要約和承諾的內涵及其必備條件。
2. 請闡述《聯合國國際貨物銷售合同公約》的買賣雙方權利和義務。
3. 《聯合國國際貨物銷售合同公約》中合同無效的情況有哪些？
4. 請問合同爭議的處理辦法有哪些？
5. 什麼是預期違反合同？
6. 《聯合國國際貨物買賣時效期限公約》中時效期限停止的情況有哪些？

第六章　國際貨物運輸公約

　　為了統一海上貨物運輸中有關承運人的權利、義務和賠償責任，限制承運人以契約自由為借口，任意在提單上規定免責條款和擴大免責範圍，以期在承運人和托運人雙方之間建立更為合理的權利、義務關係，1924 年 8 月 25 日在比利時布魯塞爾召開的外交會議上制定並通過了《統一提單的若干法律規定的國際公約》。公約於 1931 年 6 月 2 日起生效。由於公約是在 1921 年國際法協會所屬海上法委員會在荷蘭海牙召開的一次有關提單的法律問題國際討論會議的基礎上制定的，所以通常稱為《海牙規則》。現有締約國 50 個。中國沒有加入這個公約，但中國遠洋運輸總公司的提單的主要條款也基本上體現了公約的規定。

　　《海牙規則》自生效以來，不論是締約國或非締約國，一般都執行這一規則。有的國家雖未參加公約，但也依據這一公約制定相類似的法規，有的則在提單條款中予以體現。但是，隨著國際政治、經濟形勢的發展和第三世界國家的崛起，以及海運技術的迅速進步，《海牙規則》已日益不能適應形勢的要求，特別是發展中國家迫切要求根本改變規則中偏袒承運人的規定。

　　1963 年國際海事委員會草擬了修改《海牙規則》的議定書，提交 1967 年和 1968 年召開的外交會議審議。1968 年 2 月 23 日在比利時布魯塞爾通過了《修改統一提單的若干法律規定的國際公約的議定書》。會議期間，與會代表參觀過瑞典果特蘭島的維斯比城（維斯比是 15 世紀有名的海法《維斯比海法》的編纂地），因此議定書又名《維斯比規則》。議定書對《海牙規則》作了若干修改，但仍保持原有的承運人責任制度，因此議定書又稱《海牙──維斯比規則》。《維斯比規則》於 1977 年 6 月 23 日起生效。截至 1983 年 5 月，有 20 個國家和地區批准或加入了《維斯比規則》。《維斯比規則》對《海牙規則》作了如下修改：①明確規定，當提單轉讓於善意的第三方時，承運人不可以對其提出與提單所載內容相反的證據；②將承

第六章　國際貨物運輸公約

運人對貨物滅失或損壞的賠償限額改為按每件或毛重每公斤計算的雙重辦法，並提高為每件 10,000 金法郎或毛重每公斤 30 金法郎，以其高者為準；計算集裝箱貨物賠償限額的件數應以提單上載明的箱內所裝貨物的件數為準，如未在提單上列明件數，則以每一集裝箱為一件；③明確規定承運人喪失賠償責任限制權利的條件是：如經證明，貨物的滅失或損壞是承運人故意造成，或者是承運人明知可能造成損失而毫不在意的行為所造成；④訴訟時效可以在訴訟事由發生后經當事人協商延長；⑤對承運人提起的任何有關貨物滅失或損壞的訴訟，不論該訴訟根據合同還是侵權行為，均適用《維斯比規則》的有關規定；⑥承運人的受雇人或代理人（獨立的合同簽訂人除外）在應訴時可以援引承運人按規則享有各項抗辯和責任限制權利；⑦規則適用範圍擴大到貨物從締約國港口起運的提單和載明運輸合同適用本規則或使其生效的國內法的提單。

1978 年聯合國在漢堡召開海上貨物運輸外交會議，審議通過了《1978 年聯合國海上貨物運輸公約》（United Nations Conventiononthe Carriage of Goods by Sea, 1978），即《漢堡規則》，於 1992 年 11 月 1 日生效，進一步完善了海上貨物運輸規則。

2008 年 7 月 3 日，聯合國國際貿易法委員會（UNCITRAL）在維也納第 41 屆大會上制訂了《聯合國全程或者部分國際海上貨物運輸合同公約》（UN Convention on Contract for the International Carriage of Goods Wholly or Partly by Sea）草案，並經 2008 年 12 月 11 日聯合國大會第 63 屆大會第 67 次全體會議審議通過，並且大會決定在 2009 年 9 月 23 日於荷蘭鹿特丹舉行簽字儀式，開放供成員國簽署，因而該公約又被命名為《鹿特丹規則》，它創新了承運人責任制度，使海運的責任階段延伸至國際多式聯運的適用範圍。

《鹿特丹規則》是當前國際海上貨物運輸規則之集大成者，不僅涉及包括海運在內的多式聯運、在船貨兩方的權利義務之間尋求新的平衡點，而且還引入了如電子運輸單據、批量合同、控制權等新的內容，此外公約還特別增設了管轄權和仲裁的內容。從公約條文數量上看，公約共有 96 條，實質性條文為 88 條，是《海牙規則》的 9 倍，是《漢堡規則》的 3.5 倍。因此，該公約被稱為一部「教科書」式的國際公約。

截至 2009 年 10 月 31 日，已有 20 個國家簽署《鹿特丹規則》公約。根據公約的規定，《鹿特丹規則》將在 20 個國家批准或者加入一年后生效。

第一節　統一提單的若干法律規定的國際公約

1. 制定的背景

提單的使用由來已久。早期的提單，無論是內容還是格式，都比較簡單，而且其作用也較為單一，僅作為貨物的交接憑證，只是表明貨物已經裝船的收據。隨著國際貿易和海上貨物運輸的逐步發展，提單的性質、作用和內容特別是其中的背麵條款都發生了巨大變化。

在提單產生的早期，即自貨物托運形式出現后的很長一個時期，在海上航運最為發達的英國，一方面，從事提單運輸的承運人即英國習慣上的「公共承運人」（Common Carrier）必須按照英國普通法（Common Law）對所承運的貨物負絕對責任，即負有在目的港將貨物以裝貨港收到貨物時的相同狀態交給收貨人的義務，對所運貨物的滅失或損壞，除因天災（Act of God）、公敵行為（Queens Enemies）、貨物的潛在缺陷、托運人的過錯行為造成，或屬於共同海損損失之外，不論承運人本人、船長、船員或其他受雇人、代理人有無過錯，承運人均應負賠償責任。但另一方面，法律對私人合同卻採取「契約自由」原則，這就為承運人逃避普通法上的法律責任打開了方便之門，承運人在提單上列入對貨物滅失或損失免責的條款，強加給貨主的各種不公平的條件和不應承擔的風險越來越多。這種免責條款從18世紀開始出現，到19世紀中期的后半期，發展到不可收拾的地步。有的提單上的免責事項甚至多達七十項，以至於有人說，承運人只有收取運費的權利，無責任可言。承運人濫用契約自由，無限擴大免責範圍的做法使當時的國際貿易和運輸秩序陷入極度的混亂，其直接結果不但使貨方正當權益失去了起碼的保障，而且還出現了保險公司不敢承保，銀行不肯匯兌，提單在市場上難以轉讓流通的不良局面。這不僅損壞了貨主、保險商和銀行的利益，而且也嚴重阻礙了航運業自身的發展。

在以英國為代表的船東國在提單上濫用免責條款的時期，以美國為代表的貨主國利益受到了極大的損害。為了保護本國商人的利益，美國於1893年制定了《哈特法》（Harter Act），即《關於船舶航行、提單，以及財產運輸有關的某些義務、職責和權利的法案》。該法規定，在美國國內港口之間以及美國港口與外國港口之間進行貨物運輸的承運人，不得在提單上加入由於自己的過失而造成貨物滅失或損害而不負責任的條款，同時還規定承運人應謹慎處理使船舶適航，船長船員對貨物應謹慎裝載、管理和交付。該法規定，凡違反這些規定的提單條款，將以違反美國「公共秩序」為由宣告無效。

《哈特法》的產生，對以后的國際航運立法產生了巨大的影響。澳大利亞在1904年制定了《海上貨物運輸法》；新西蘭於1908年制定了《航運及海員法》；加

第六章　國際貨物運輸公約

拿大於 1910 年制定了《水上貨物運輸法》。這些立法都採納了《哈特法》確定的基本原則，根據《哈特法》的有關規定對提單的內容進行了調整。但是，少數國家的努力難以解決承運人無邊際免責的實質問題。而且各國立法不一，各輪船公司制定的提單條款也不相同，極大地妨礙了海上貨物運輸合同的簽訂，不利於國際貿易的發展。國際海上貨物運輸不可能按某一國的法律處理，因此，制定統一的國際海上貨物運輸公約來制約提單已勢在必行。

第一次世界大戰的爆發雖然延緩了制定國際統一規則的進程，但同時又給制定國際統一規則帶來了生機。戰后由於全球性的經濟危機，貨主、銀行、保險界與船東的矛盾更加激化。在這種情況下，以往對限制合同自由，修正不合理免責條款問題一直不感興趣的英國，為了和其殖民地在經濟上、政治上採取妥協態度，也主動與其他航運國家和組織一起尋求對上述問題的有效解決方法，也主張制定國際公約，以維護英國航運業的競爭能力，保持英國的世界航運大國的地位。為此，國際法協會所屬海洋法委員會（Maritime law Committee）於 1921 年 5 月 17 日至 20 日在荷蘭首都海牙召開會議，制定了一個提單規則，定名為《海牙規則》，供合同當事人自願採納。以此為基礎，在 1922 年 10 月 9 日至 11 日在英國倫敦召開會議，對海牙規則進行若干修改，同年 10 月 17 日至 26 日，於比利時布魯塞爾舉行的討論海事法律的外交會議上，與會代表作出決議，建議各國政府採納這個規則，在稍作修改后使之國內法化。1923 年 10 月，又在布魯塞爾召開海商法國際會議，由海商法國際會議指派委員會對這個規則繼續作了一些修改，完成海牙規則的制定工作。隨后，1923 年 11 月英國帝國經濟會議通過決議，一方面建議各成員國政府和議會採納這個修訂后的規則使之國內法化；另一方面率先通過國內立法，使之國內法化，由此而產生了《1924 年英國海上貨物運輸法》（Carriage of Goods by Sea Act 1924-COGSA）。這個法律在 1924 年 8 月獲英皇批准。1924 年 8 月 25 日，各國政府的代表也在布魯塞爾通過了簡稱《海牙規則》的《1924 年統一提單若干法律規定的國際公約》。

2. 主要內容

《海牙規則》共十六條，其中第一至第十條是實質性條款，第十一至第十六條是程序性條款，主要是有關公約的批准、加入和修改程序性條款，實質性條款主要包括以下內容：

（一）承運人最低限度的義務

所謂承運人最低限度義務，就是承運人必須履行的基本義務。對此《海牙規則》第三條第一款規定：「承運人必須在開航前和開航當時，謹慎處理，使航船處於適航狀態，妥善配備合格船員，裝備船舶和配備供應品；使貨艙、冷藏艙和該船其他載貨處所能適當而安全地接受、載運和保管貨物。」該條第二款規定：「承運人應妥善地和謹慎地裝載、操作、積載、運送、保管、照料與卸載。」即提供適航船舶，妥善管理貨物，否則將承擔賠償責任。

157

國際貿易慣例與公約

(二) 承運人運輸貨物的責任期間

所謂承運人的責任期間,是指承運人對貨物運送負責的期限。按照《海牙規則》第一條「貨物運輸」的定義,貨物運輸的期間為從貨物裝上船至卸完船為止的期間。所謂「裝上船起至卸完船止」可分為兩種情況:一是在使用船上吊杆裝卸貨物時,裝貨時貨物掛上船舶吊杆的吊鈎時起至卸貨時貨物脫離吊鈎時為止,即「鈎至鈎」期間;二是使用岸上起重機裝卸,則以貨物越過船舷為界,即「舷至舷」期間承運人應對貨物負責。至於貨物裝船以前,即承運人在碼頭倉庫接管貨物至裝上船這一段期間,以及貨物卸船后到向收貨人交付貨物這一段時間,按《海牙規則》第七條的規定,可由承運人與托運人就承運人在上述兩段時間發生的貨物滅失或損壞所應承擔的責任和義務訂立任何協議、規定、條件、保留或免責條款。

(三) 承運人的賠償責任限額

承運人的賠償責任限額是指對承運人不能免責的原因造成的貨物滅失或損壞,通過規定單位最高賠償額的方式,將其賠償責任限制在一定的範圍內。這一制度實際上是對承運人造成貨物滅失或損害的賠償責任的部分免除,充分體現了對承運人利益的維護。《海牙規則》第四條第五款規定:「在任何情況下,對貨物或與貨物有關的滅失或損壞,每件或每單位超過100英鎊或與其等值的其他貨幣時,不論承運人或船舶,任意情況下都不負責;但托運人於裝貨前已就該項貨物的性質和價值提出聲明,並已在提單中註明的,不在此限。」

承運人單位最高賠償額為100英鎊,但按照該規則第九條的規定實際應為100金英鎊。一是英國起初的英國航運業習慣按100英鎊紙幣支付,後來英國各方雖通過協議把它提高到200英鎊,但還是不能適應實際情況。幾十年來,英鎊不斷貶值,據估計,1924年的100英鎊的價值到1968年已相當於當時的800英鎊的價值。在英鎊嚴重貶值的情況下,如果再以100英鎊為賠償責任限額,顯然是不合理的,也違反了《海牙規則》第九條的規定。二是在《海牙規則》制定后,不少非英鎊國家紛紛把100英鎊折算為本國貨幣,而且不受黃金計算價值的限制和約束,由於金融市場變幻莫測,已經和現今各國規定的不同賠償限額的實際價值相去甚遠。

(四) 承運人的免責

《海牙規則》第四條第二款對承運人的免責作了十七項具體規定,分為兩類:一類是過失免責;另一類是無過失免責。國際海上貨物運輸中爭論最大的問題是《海牙規則》的過失免責條款,《海牙規則》第四條第二款第一項規定:「由於船長、船員、引航員或承運人的雇用人在航行或管理船舶中的行為、疏忽或過失所引起的貨物滅失或損壞,承運人可以免除賠償責任。」這種過失免責條款是其他運輸方式責任制度中所沒有的。很明顯,《海牙規則》偏袒了船方的利益。

另一類是承運人無過失免責,主要有以下幾種:

(1) 不可抗力或承運人無法控制的免責有八項:海上或其他通航水域的災難、危險或意外事故;天災;戰爭行為;公敵行為;君主、當權者或人民的扣留或拘禁,

第六章　國際貨物運輸公約

或依法扣押；檢疫限制；不論由於任何原因所引起的局部或全面罷工、關廠、停工或勞動力受到限制；暴力和騷亂。

（2）貨方的行為或過失免責有四項：貨物托運人或貨主、其代理人或代表的行為；由於貨物的固有缺點、質量或缺陷所造成的容積或重量的損失，或任何其他滅失或損害；包裝不固；標誌不清或不當。

（3）特殊免責條款有三項：一是火災，即使是承運人和雇用人的過失，承運人也不負責，只有承運人本人的實際過失或私謀所造成者才不能免責；二是在海上救助人命或財產，這一點是對船舶的特殊要求；三是謹慎處理，恪盡職責所不能發現的潛在缺陷。

（4）承運人免責條款的第十七項：「不是由於承運人的實際過失或私謀，或是承運人的代理人或雇用人員的過失或疏忽所引起的其他任何原因。」這是一項概括性條款，既不是像前述十六項那樣具體，又不是對它們的襯托，而是對它們之外的其他原因規定一般條件。

這裡所謂「沒有過失和私謀」不僅指承運人本人，而且也包括承運人的代理人或雇用人沒有過失和私謀。援引這一條款要求享有此項免責利益的人應當負舉證義務，即要求證明貨物的滅失或損壞既非由於自己的實際過失或私謀，也非他的代理人或受雇人的過失或私謀所導致。

（五）索賠與訴訟時效

索賠通知是收貨人在接受貨物時，就貨物的短少或殘損狀況向承運人提出的通知，它是索賠的程序之一。收貨人向承運人提交索賠通知，意味著收貨人有可能就貨物短損向承運人索賠《海牙規則》第三條第六款規定：承運人將貨物交付給收貨人時，如果收貨人未將索賠通知用書面形式提交承運人或其代理人，則這種交付應視為承運人已按提單規定交付貨物的初步證據。如果貨物的滅失和損壞不明顯，則收貨人應在收到貨物之日起 3 日內將索賠通知提交承運人。

《海牙規則》有關訴訟時效的規定是：「除非從貨物交付之日或應交付之日起一年內提起訴訟，承運人和船舶，在任何情況下，都應免除對滅失或損壞所負的一切責任。」

（六）托運人的義務和責任

1. 保證貨物說明正確的義務。《海牙規則》第三條第五款規定：「托運人應向承運人保證他在貨物裝船時所提供的標誌、號碼、數量和重量的正確性，並在對由於這種資料不正確所引起或造成的一切滅失、損害和費用，給予承運人賠償。」

2. 不得擅自裝運危險品的義務。《海牙規則》第四條第六款規定：如托運人未經承運人同意而托運屬於易燃、易爆或其他危險性貨物，應對因此直接或間接地引起的一切損害和費用負責。

3. 損害賠償責任。根據《海牙規則》第四條第三款規定：托運人對他本人或其代理人或受雇人因過錯給承運人或船舶造成的損害，承擔賠償責任。可見，托運人

159

承擔賠償責任是完全過錯責任原則。

(七) 運輸合同無效條款

根據《海牙規則》第三條第八款規定：運輸合同中的任何條款或協議，凡是解除承運人按該規則規定的責任或義務，或以不同於該規則的規定減輕這種責任或義務的，一律無效。有利於承運人的保險利益或類似的條款，應視為屬於免除承運人責任的條款。

(八) 適用範圍

《海牙規則》第五條第二款規定：「本公約的規定，不適用於租船合同，但如果提單是根據租船合同簽發的，則它們應符合公約的規定。」同時該規則第十條規定：「本公約的各項規定，應適用於在任何締約國內所簽發的一切提單。」

結合本規則「運輸契約」定義的規定，可以看出：①根據租船合同或在船舶出租情況下簽發的提單，如果提單在非承運人的第三者手中，即該提單用來調整承運人與提單持有人的關係時，《海牙規則》仍然適用。②不在《海牙規則》締約國簽發的提單，雖然不屬於《海牙規則》的強制適用範圍，但如果提單上訂有適用《海牙規則》的首要條款，則《海牙規則》作為當事人協議適用法律，亦適用於該提單。

三、公約內容：

第一條 本公約所用各詞，含義如下：

(1)「承運人」包括與托運人訂有運輸合同的船舶所有人或租船人。

(2)「運輸合同」僅適用於以提單或任何類似的物權證件進行有關海上貨物運輸的合同；在租船合同下或根據租船合同所簽發的提單或任何物權證件，在它們成為制約承運人與憑證持有人之間的關係準則時，也包括在內。

(3)「貨物」包括貨物、製品、商品和任何種類的物品，但活牲畜以及在運輸合同上載明裝載於艙面上並且已經這樣裝運的貨物除外。

(4)「船舶」是指用於海上貨物運輸的任何船舶。

(5)「貨物運輸」是指自貨物裝上船時起，至卸下船時止的一段期間。

第二條 除遵照第六條規定外，每個海上貨物運輸合同的承運人，對有關貨物的裝載、搬運、配載、運送、保管、照料和卸載，都應按照下列規定承擔責任和義務，並享受權利和豁免。

第三條

(1) 承運人須在開航前和開航時恪盡職責：(a) 使船舶適於航行；(b) 適當地配備船員、裝備船舶和供應船舶；(c) 使貨艙、冷藏艙和該船其他載貨處所能適宜和安全地收受、運送和保管貨物。

(2) 除遵照第四條規定外，承運人應適當和謹慎地裝卸、搬運、配載、運送、

第六章　國際貨物運輸公約

保管、照料和卸載所運貨物。

（3）承運人或船長或承運人的代理人在收受貨物歸其照管後，經托運人的請求，應向托運人簽發提單，其上載明下列各項：

（a）與開始裝貨前由托運人書面提供的相同的、為辨認貨物所需的主要嘜頭，如果這項嘜頭是以印戳或其他方式標示在不帶包裝的貨物上，或在其中裝有貨物的箱子或包裝物上，該項嘜頭通常應在航程終了時仍能保持清晰可認。

（b）托運人用書面提供的包數或件數，或數量，或重量。

（c）貨物的表面狀況。但是，承運人、船長或承運人的代理人，不一定必須將任何貨物的嘜頭、號碼、數量或重量表明或標示在提單上，如果他有合理根據懷疑提單不能正確代表實際收到的貨物，或無適當方法進行核對的話。

（4）依照第 3 款（a）、（b）、（c）項所載內容的這樣一張提單，應作為承運人收到該提單中所載貨物的初步證據。

（5）托運人應被視為已在裝船時向承運人保證，由他提供的嘜頭、號碼、數量和重量均正確無誤；並應賠償給承運人由於這些項目不正確所引起或導致的一切滅失、損壞和費用。承運人的這種賠償權利，並不減輕其根據運輸合同對托運人以外的任何人所承擔的責任和義務。

（6）在將貨物移交給根據運輸合同有權收貨的人之前或當時，除非在卸貨港將貨物的滅失和損害的一般情況，已用書面通知承運人或其代理人，則這種移交應作為承運人已按照提單規定交付貨物的初步證據。如果滅失或損壞不明顯，則這種通知應於交付貨物之日起的三天內提交。如果貨物狀況在收受時已經進行聯合檢驗或檢查，就無須再提交書面通知。除非從貨物交付之日或應交付之日起一年內提出訴訟，承運人和船舶在任何情況下都免除對滅失或損害所負的一切責任。遇有任何實際的或推定的滅失或損害，承運人與收貨人必須為檢驗和清點貨物相互給予一切合理便利。

（7）貨物裝船后，如果托運人要求，簽發「已裝船」提單，承運人、船長或承運人的代理人簽發給托運人的提單，應為「已裝船」提單，如果托運人事先已取得這種貨物的物權單據，應交還這種單據，換取「已裝船」提單。但是，也可以根據承運人的決定，在裝貨港由承運人、船長或其代理人在上述物權單據上註明裝貨船名和裝船日期。經過這樣註明的上述單據，如果載有第三條第 3 款所指項目，即應成為本條所指的「已裝船」提單。

（8）運輸合同中的任何條款、約定或協議，凡是解除承運人或船舶對由於疏忽、過失或未履行本條規定的責任和義務，因而引起貨物或關於貨物的滅失或損害的責任的，或以下同於本公約的規定減輕這種責任的，則一律無效。有利於承運人的保險利益或類似的條款，應視為屬於免除承運人責任的條款。

第四條

（1）不論承運人或船舶，對於因不適航所引起的滅失或損壞，都不負責，除非

造成的原因是由於承運人未按第三條第1款的規定，恪盡職責；使船舶適航；保證適當地配備船員、裝備和供應該船，以及使貨艙、冷藏艙和該船的其他裝貨處所能適宜並安全地收受、運送和保管貨物。凡由於船舶不適航所引起的滅失和損害，對於已恪盡職責的舉證責任，應由根據本條規定要求免責的承運人或其他人承擔。

（2）不論承運人或船舶，對由於下列原因引起或造成的滅失或損壞，都不負責：

（a）船長、船員、引水員或承運人的雇傭人員，在航行或管理船舶中的行為、疏忽或不履行義務。

（b）火災，但由於承運人的實際過失或私謀所引起的除外。

（c）海上或其他能航水域的災難、危險和意外事故。

（d）天災。

（e）戰爭行為。

（f）公敵行為。

（g）君主、當權者或人民的扣留或管制，或依法扣押。

（h）檢疫限制。

（i）托運人或貨主、其代理人或代表的行為或不行為。

（j）不論由於任何原因所引起的局部或全面罷工、關廠停止或限制工作。

（k）暴動和騷亂。

（l）救助或企圖救助海上人命或財產。

（m）由於貨物的固有缺點、性質或缺陷引起的體積或重量虧損，或任何其他滅失或損壞。

（n）包裝不善。

（o）嘜頭不清或不當。

（p）雖恪盡職責亦不能發現的潛在缺點。

（q）非由於承運人的實際過失或私謀，或者承運人的代理人，或雇傭人員的過失或疏忽所引起的其他任何原因；但是要求引用這條免責利益的人應負責舉證，證明有關的滅失或損壞既非由於承運人的實際過失或私謀，亦非承運人的代理人或雇傭人員的過失或疏忽所造成。

（3）對於任何非因托運人、托運人的代理人或其雇傭人員的行為、過失或疏忽所引起的使承運人或船舶遭受的滅失或損壞，托運人不負責任。

（4）為救助或企圖救助海上人命或財產而發生的繞航，或任何合理繞航，都不能作為破壞或違反本公約或運輸合同的行為；承運人對由此而引起的任何滅失或損害，都不負責。

（5）承運人或是船舶，在任何情況下對貨物或與貨物有關的滅失或損害，每件或每計費單位超過一百英鎊或與其等值的其他貨幣的部分，都不負責；但托運人於裝貨前已就該項貨物的性質和價值提出聲明，並已在提單中註明的，不在此限。該

第六章 國際貨物運輸公約

項聲明如經載入提單,即作為初步證據,但它對承運人並不具有約束力或最終效力。經承運人、船長或承運人的代理人與托運人雙方協議,可規定不同於本款規定的另一最高限額,但該最高限額不得低於上述數額。如托運人在提單中,故意謊報貨物性質或價值,則在任何情況下,承運人或是船舶,對貨物或與貨物有關的滅失或損害,都不負責。

(6) 承運人、船長或承運人的代理人對於事先不知性質而裝載的具有易燃、爆炸或危險性的貨物,可在卸貨前的任何時候將其卸在任何地點,或將其銷毀,或使之無害,而不予賠償;該項貨物的托運人,應對由於裝載該項貨物而直接或間接引起的一切損害或費用負責。如果承運人知道該項貨物的性質,並已同意裝載,則在該項貨物對船舶或貨載發生危險時,亦得同樣將該項貨物卸在任何地點,或將其銷毀,或使之無害,而不負賠償責任,但如發生共同海損不在此限。

第五條 承運人可以自由地全部或部分放棄本公約中所規定的他的權利和豁免,或增加他所應承擔的任何一項責任和義務。但是這種放棄或增加,須在簽發給托運人的提單上註明。本公約的規定,不適用於租船合同,但如果提單是根據租船合同簽發的,則上述提單應符合本公約的規定。本公約中的任何規定,都不得妨礙在提單中加註有關共同海損的任何合法條款。

第六條 雖有前述各條規定,只要不違反公共秩序,承運人、船長或承運人的代理人得與托運人就承運人對任何特定貨物應負的責任和應盡的義務,及其所享受的權利與豁免,或船舶適航的責任等,以任何條件,自由地訂立任何協議。或就承運人雇傭人員或代理人在海運貨物的裝載、搬運、配載、運送、保管、照料和卸載方面應注意及謹慎的事項,自由訂立任何協議。但在這種情況下,必須是未曾簽發或將不簽發提單,而且應將上述協議的條款載入不得轉讓並註明這種字樣的收據內。這樣訂立的任何協議,都具有完全的法律效力。但本條規定不適用於依照普通貿易程序成交的一般商業貨運,而僅在擬裝運的財物的性質和狀況,或據以進行運輸的環境、條款和條件,有訂立特別協議的合理需要時,才能適用。

第七條 本條約中的任何規定,都不妨礙承運人或托運人就承運人或船舶對海運船舶所載貨物於裝船以前或卸船以後所受滅失或損害,或與貨物的保管、照料和搬運有關的滅失或損害所應承擔的責任與義務,訂立任何協議、規定、條件、保留或免責條款。

第八條 本公約各條規定,都不影響有關海運船舶所有人責任限制的任何現行法令所規定的承運人的權利和義務。

第九條 本公約所提到的貨幣單位為金價。凡締約國中不以英鎊作為貨幣單位的,得保留其將本公約所指的英鎊數額以四捨五入的方式折合為本國貨幣的權利。各國法律可以為債務人保留按船舶抵達卸貨港之日通知的兌換率,以本國貨幣償清其有關貨物的債務的權利。

第十條 本公約和各項規定,適用於在任何締約國所簽發的一切提單。

國際貿易慣例與公約

第十一條 自本公約簽字之日起不超過二年的期限內,比利時政府應與已聲明擬批准本公約的締約國保持聯繫,以便決定是否使本公約生效。批准書應於各締約國協商確定的日期交存於布魯塞爾。首次交存的批准書應載入由參加國代表及比利時外交部長簽署的議定書內。以后交存的批准書,應以書面通知送交比利時政府,並隨附批准文件。比利時政府,應立即將有關記載首次交存批准書的議定書和上段所指的通知,隨附批准書等的核證無誤的副本,通過外交途徑送交已簽署本公約或已加入本公約的國家。在上段所指情況下,比利時政府應於收到通知的同時,知照各國。

第十二條 凡未簽署本公約的國家,不論是否已出席在布魯塞爾召開的國際會議,都可以加入本公約。擬加入本公約的國家,應將其意圖用書面通知比利時政府,並送交其加入的文件,該項文件應存放在比利時政府檔案庫。比利時政府應立即將加入本公約通知書的核證無誤的副本,分送已簽署本公約或已加入本公約的國家,並註明它收到上述通知的日期。

第十三條 締約國的簽署、批准或加入本公約時,可以聲明其接受本公約並不包括其任何或全部自治領或殖民地、海外屬地、保護國或在其主權或權力管轄下的地域;並且可以在此后代表這些聲明中未包括的任何自治領或殖民地、海外屬地、保護國或地域將分別加入本公約。各締約國還可以根據本公約的規定,代表其任何自治領或殖民地、海外屬地、保護國或其主權或權力管轄下的地域將分別聲明退出本公約。

第十四條 本公約在首批交存批准書的各國之間,於議定書記載此項交存之日起一年後開始生效。此後批准或加入本公約的各國或根據第十三條規定使公約生效的各國,於此比利時政府收到第十一條第 2 款及第十二條第 2 段所指的通知六個月後生效。

第十五條 如有締約國欲退出本公約,應用書面通知比利時政府,比利時政府立即將核證無誤的通知副本分送其他國家,並註明其收到上述通知的日期。這種退出只對提出通知的國家有效,生效日期從上述通知送達比利時政府之日起一年以後開始。

第十六條 任何一個締約國都有權就考慮修改本公約事項,請求召開新的會議。欲行使此項權利的國家,應通過比利時政府將其意圖通知其他國家,由比利時政府安排召開會議事宜。

一九二四年八月二十五日訂於布魯塞爾,計一份。

(簽字代表從略)

簽字議定書在簽訂《統一提單的若干法律規則的國際公約》時,下列簽字的全權代表都已採用本議定書;本議定書猶如已將其條款列入它所依附的公約那樣,具有同樣的效力。各締約國得以給予本公約以法律效力,或將本公約所採用的規則以適於其本國立法的形式納入該國的法律,使之生效。

第六章 國際貨物運輸公約

各締約國得保留以下權利：

（1）規定如發生第四條第 2 款（c）至（p）項所述情況，提單持有人應有權就未在第（a）項提及的由於承運人本人或其雇傭人員的過失所引起的滅失或損壞，制定責任制度。

（2）在本國沿海貿易中，將第六條規定各點用於各種貨物上，而不考慮該條最末一段所規定的限制。本議定書於一九二四年八月二十五日訂於布魯塞爾，計一份。

● 第二節　1968 年布魯塞爾議定書

1. 制定的背景

《海牙規則》自 1931 年生效實施后，得到了國際航運界普遍接受，它的歷史作用在於使國際海上貨物運輸有法可依，統一了海上貨物運輸中的提單條款，對提單的規範化起到了積極作用，基本上緩和了當時承運方和托運方之間的矛盾，促進了國際貿易和海上運輸事業的發展。但隨著國際政治、經濟形勢的變化，以及航海、造船技術日新月異的進步，使海上運輸方式發生了重大變革，特別是集裝箱運輸方式的出現和迅猛發展，《海牙規則》的內容已不適應新形勢發展的需要。尤其關於承運人的大量免責條款明顯偏袒船方利益，通貨膨脹的現實使 100 英鎊的賠償限額明顯過低等原因，到了 50 年代末，要求修改《海牙規則》的呼聲日漸強烈。

基於上述這種形勢，國際海事委員會於 1959 年在南斯拉夫的里吉卡舉行第二十四屆大會，會上決定成立小組委員會負責修改《海牙規則》。根據各國代表對修改《海牙規則》的建議，1963 年小組委員會草擬了修改《海牙規則》的議定書草案，提交給 1967 年、1968 年召開的海事法會議審議，經會議審議通過后，於 1968 年 2 月在比利時的布魯塞爾召開的、由 53 個國家或地區代表參加的第十二屆海洋法外交會議上通過，定名為《修改統一提單若干法律規定的國際公約議定書》，並簡稱為《1968 年布魯塞爾議定書》（The 1968 Brussels Protocol）。由於該議定書草案在斯德哥爾摩討論期間，參加會議的成員到過哥特蘭島的維斯比城，為借用中世紀維斯比海法之名聲，故將該議定書稱為《維斯比規則》（Visby Rules）。經過議定書修訂后的《海牙規則》稱為《海牙—維斯比規則》（Hague-Visby Rules）（以下簡稱《維斯比規則》）。該議定書於 1977 年 6 月 23 日生效。

2. 主要內容

《維斯比規則》共十七條，但只有前六條才是實質性的規定，對《海牙規則》的第三、四、九、十條進行了修改。其主要修改內容有：

（一）擴大了規則的適用範圍

《海牙規則》的各條規定僅適用於締約國所簽發的提單。《維斯比規則》擴大了

其適用範圍，其中的第五條第三款規定：① 在締約國簽發的提單；②貨物在一個締約國的港口起運；③提單載明或為提單所證明的合同規定，該合同受公約的各項規則或者使其生效的任何一個國家的立法所約束，不論承運人、托運人、收貨人或任何其他有關人員的國籍如何。該規定的意思只要提單或為提單所證明的運輸合同上有適用《維斯比規則》的規定，該提單或運輸合同就要受《維斯比規則》的約束。

(二) 明確了提單的證據效力

《海牙規則》第三條第四款規定，提單上載明的貨物主要標誌、件數或重量和表面狀況應作為承運人按其上所載內容收到貨物的初步證據。至於提單轉讓至第三人的證據效力，未作進一步的規定。《維斯比規則》為了彌補上述的缺陷，在第一條第一款則補充規定：「……但是，當提單轉讓至善意的第三人時，與此相反的證據將不能接受。」這表明對於善意行事的提單受讓人來說，提單載明的內容具有最終證據效力。所謂「善意行事」是指提單受讓人在接受提單時並不知道裝運的貨物與提單的內容有何不符之處，而是出於善意完全相信提單記載的內容。這就是說，《維斯比規則》確立了一項在法律上禁止翻供的原則，即當提單背書轉讓給第三者後，該提單就是貨物已按上面記載的狀況裝船的最終證據。承運人不得借口在簽發清潔提單前貨物就已存在缺陷或包裝不當來對抗提單持有人。

這一補充規定，有利於進一步保護提單的流通與轉讓，也有利於維持提單受讓人或收貨人的合法權益。一旦收貨人發現貨物與提單記載不符，承運人只能負責賠償，不得提出任何抗辯的理由。

(三) 強調了承運人及其受雇人員的責任限制

海上貨物運輸合同當事人涉訟多因一方當事人的違約而引起。但在有些國家承認雙重訴訟的權利，即貨主在其貨物遭受損害時，可以以承運人違反運輸合同或以其侵權為由向承運人起訴。在貨主以侵權為由提出訴訟時，承運人便不能引用《海牙規則》中的免責和責任限制的規定。如果不能對此加以限制，運輸法規中的責任限制規定就形同虛設，為進一步強調承運人及其受雇人員享有該權利，《維斯比規則》第三條規定：「本公約規定的抗辯和責任限制，應適用於就運輸合同涉及的有關貨物的滅失或損壞對承運人提出的任何訴訟，不論該訴訟是以合同為根據還是以侵權行為為根據。」「如果訴訟是對承運人的受雇人員或代理人（該受雇人員或代理人不是獨立訂約人）提起的，該受雇人員或代理人也有權援引《海牙規則》規定的承運人的各項抗辯和責任限制。」「向承運人及其受雇人員或代理人索賠的數額，在任何情況下都不得超過本公約規定的賠償限額。」根據以上規定，使得合同之訴和侵權之訴處於相同的地位：承運人的受雇人員或代理人也享有責任限制的權利。

(四) 提高了承運人對貨物損害賠償的限額

《海牙規則》規定承運人對每件或每單位的貨物損失的賠償限額為 100 英鎊，而《維斯比規則》第二條則規定，每件或每單位的賠償限額提高到 10000 金法郎，同時還增加一項以受損貨物毛重為標準的計算方法，即每公斤為 30 金法郎，以兩者

第六章　國際貨物運輸公約

中較高者為準。採用的金法郎仍以金本位為基礎，目的在於防止日后法郎紙幣的貶值，一個金法郎是含金純度為 900/1000 的黃金 65.5 毫克的單位。一旦法郎貶值，仍以上述的黃金含量為計算基礎，在《威斯比規則》通過時，10,000 金法郎大約等於 431 英鎊，與《海牙規則》規定的 100 英鎊相比，這一賠償限額顯然是大大提高了。

這一規定不但提高了賠償限額，而且創造了一項新的雙重限額制度，不但維護了貨主的利益，而且這種制度也為以后《漢堡規則》和中國《海商法》所接受。

另外，該規則還規定了喪失賠償責任限制權利的條件，即如經證實損失是由於承運人蓄意造成，或者知道很可能會造成這一損害而毫不在意的行為或不行為所引起，則承運人無權享受責任限制的權利。

(五) 增加了「集裝箱條款」

《海牙規則》沒有關於集裝箱運輸的規定。《維斯比規則》增加「集裝箱條款」，以適應國際集裝箱運輸發展的需要。該規則第二條第三款規定：「如果貨物是用集裝箱、托盤或類似的裝運器具集裝時，則提單中所載明的裝在這種裝運器具中的包數或件數，應視為本款中所述的包或件數；如果不在提單上註明件數，則以整個集裝箱或托盤為一件計算。」該條款的意思是，如果提單上具體載明在集裝箱內的貨物包數或件數，計算責任限制的單位就按提單上所列的件數為準；否則，則將一個集裝箱或一個托盤視為一件貨物。

(六) 訴訟時效的延長

《海牙規則》規定，貨物滅失或損害的訴訟時效為一年，從交付貨物或應當交付貨物之日起算。《維斯比規則》第一條第二款、第三款則補充規定，訴訟事由發生後，只要雙方當事人同意，這一期限可以延長，明確了訴訟時效可經雙方當事人協議延長的規定。對於追償時效則規定，即使在規定的一年期滿之後，只要是在受法院法律准許期間之內，便可向第三方提起索賠訴訟。但是准許的時間自提起訴訟的人已經解決索賠案件，或向其本人送達起訴狀之日起算，不得少於三個月。

3.《維斯比規則》議定書

《維斯比規則》規定的承運人責任限制金額計算單位為法郎，並以黃金作為定值標準。由於黃金本身的價格是根據市場供求關係自由漲落的，所以以金法郎責任限制計算單位的實際價值也不能保持穩定。針對這一情況，1979 年在布魯塞爾召開有 37 國代表出席的外交會議上，通過了修訂《海牙——維斯比規則》(The 1979 Protocol to the HagueRules) 議定書。議定書將承運人責任限制的計算單位，由金法郎改為特別提款權 (SpecialDrawingcenter, SDR)，按 15 金法郎折合 1SDR。議定書規定承運人的責任限制金額為每件或每單位 666.67SDR，或按貨物毛重計算每公斤 2SDR，兩者中以較高者為準。但國內法規定不能使用特別提款權的締約國，仍可以金法郎作為計算單位，該議定書於 1984 年 4 月開始生效。

特別提款權是國際貨幣基金組織於 1969 年創設的，作為國際儲備的貨幣單位。

國際貿易慣例與公約

自1981年1月1日起,特別提款權由5種世界上貿易出口額最高國家的貨幣,即美元、德國馬克、日元、法國法郎和英鎊按每5年調整一次的比例構成。特別提款權既為一種帳面資產,又為一種聯合貨幣,只是不在市場上流通、兌換。其價格計算方法:首先將其構成中所含其他4種貨幣金額,按照當日倫敦外匯市場匯價分別折算為等值美元,然后把所有美元值相加,即得出1單位特別提款權美元值。此特別提款權價格由世界銀行逐日掛牌公布。

4. 公約內容

各締約國,考慮到修改1924年8月25日在布魯塞爾簽訂的關於統一提單的若干法律規則的國際公約的需要,

協議如下:

第一條

1. 在第三條第4款中應增加:

「但是,當提單已經轉給誠實的行事的第三方時,與此相反的證據不予接受。」

2. 在第三條第6款中的第4段應改為:

「除按第6款(之二)的規定外,除非在交付貨物或應交付貨物之日起一年以內提起訴訟,承運人或船舶在任何情況下都免除對貨物的任何責任。但是,訴訟事由提出后,如經當事方同意,該期限可以延長。」

3. 在第三條的第6款后應增加下列條文作為第6款(之二):「即使在前款規定的年限期滿后,如果在受理該案的法院的法律准許的期間內,仍可以對第三者提出賠償訴訟。但是,准許的時間不得少於三個月,自提出這種賠償訴訟的人已經解決了對他本人的索賠或者從起訴傳票送達他本人之日起算。」

第二條

第四條的第5款應予刪去,並改為下列規定:

(a) 除非在裝貨前,托運人已聲明該貨物的性質和價值,並載入提單,否則不論承運人或船舶,在任何情況下,對貨物或與貨物有關的任何滅失或損壞,每件或每單位的賠償金額,超過相當10000法郎的或按滅失或損壞貨物的毛重每公斤超過30法郎的部分不負責任,兩者中以較高的數額為準。

(b) 全部賠償金額應參照貨物根據合同從船上卸下或應卸下的當地當時的價值計算。貨物價值應按商品交易所價格確定,或者如無此種價格時,則按當時市場價格,或者如既無商品交易所價格又無當時市場價格時,則參照同類同質貨物的正常價值確定。

(c) 如果貨物是用集裝箱、貨盤或類似的運輸器具拼裝時,提單中所載明的,裝在這種運輸器具中的件數或單位數,應視為本款所指的件數或單位數;除上述情況外,此種運輸器具應視為件或單位。

(d) 一個法郎是指『一個含有六十五點五毫克黃金,其純度為千分之九百的單位。裁決的賠償數額兌換成國內貨幣的日期,應按受理該案法院的法律確定。

第六章　國際貨物運輸公約

（e）如經證實損失是由於承運人有意造成損失而作出的行為或不行為或明知可能會產生損失而仍不顧后果作出的行為或不行為產生的，則承運人或船舶無權享受本款所規定的責任限額的利益。

（f）本款（a）項所提到的聲明，如載入提單時，應作為初步證據，但對承運人不具有約束力或最終效力。

（g）經承運人、船長或承運人的代理人和托運人之間協議，可以規定高於本款（a）項規定的另外的最高數額，但這樣規定的最高數額不得低於（a）項所列的相應的最高數額。

（h）如托運人在提單中，故意謊報貨物的性質或價值，則承運人或船舶在任何情況下，對貨物或與貨物有關的滅失或損壞概不負責任。

第三條

在本公約的第四條和第五條之間應插入以下條文作為第四條（之二）：

1. 本公約規定的抗辯和責任限額，應適用於就運輸合同所涉及的有關貨物的滅失或損壞對承運人所提起的任何訴訟，不論該訴訟是基於合同還是基於侵權行為。

2. 如果這種訴訟是對承運人的受雇人或代理人（而該受雇人或代理人不是獨立的締約人）提起的，則該受雇人或代理人有權利用按照本公約承運人有權援引的抗辯和責任限額。

3. 從承運人，及其受雇人，與代理人得到的賠償總額，在任何情況下，不得超過本公約規定的限額。

4. 但是，如經證實，損失是由於該受雇人或代理人有意造成損失而作出的行為或不行為或明知可能會產生損失而仍不顧后果的行為或不行為產生的，則該承運人的受雇人或代理人無權利用本條的各項規定。

第四條

本公約的第九條應改為下列規定：

「本公約不應影響任何國際公約或國內法有關對核能損害責任的各項規定。」

第五條

本公約的第十條應改為下列規定：

本公約各項規定應適用於兩個不同國家港口之間有關貨物運輸的每一提單，如果：

（a）提單在一個締約國中簽發，或

（b）從一個締約國的港口起運，或

（c）提單載有的或由提單證明的合同規定，該合同應受本公約的各項規則或使公約生效的任何國家的立法所約束，不論船舶、承運人、托運人、收貨人或任何其他有關人的國籍如何。

每一締約國應將本公約的各項規定適用於上述提單。

本條不應妨礙締約國將本公約的各項規則適用於未包括在前款中的提單。

169

國際貿易慣例與公約

第六條

在本議定書的各締約國之間,本公約與議定書應作為一個文件,結合起來閱讀和解釋。

本議定書的締約國沒有義務將本議定書的各項規定適用於在雖為本公約締約國,但非本議定書締約國國內簽發的提單。

第七條

在本議定書的各締約國之間,任何一國按本公約第十五條規定退出公約,決不應解釋為退出經本議定書修訂的本公約。

第八條

兩個或兩個以上締約國就本公約的解釋或適用發生爭執,在通過協商不能解決時,應根據其中一方的請求提交仲裁。如在提請仲裁之日起六個月內,各方不能對仲裁組成取得一致意見時,則其中任何一方可以按照國際法庭條例將爭執提交國際法庭。

第九條

1. 每一締約國在簽署或批准本議定書或加入本議定書時,可以聲明不受本議定書第八條的約束。其他締約國在與作出這一保留的任何締約國之間的關係上應不受該條約束。

2. 根據第1款作出保留的任何締約國,可在任何時候通知比利時政府撤銷此保留。

第十條

本議定書對批准本公約或在1968年2月23日前加入本公約的國家,以及出席海洋法外交會議第12次會議(1967—1968年)的任何國家開放,以供簽字。

第十一條

1. 本議定書須經批准。

2. 任何非本公約締約國的國家所提交的本議定書的批准書,具有加入本公約的效力。

3. 批准的文件應交存比利時政府。

第十二條

1. 未出席海洋法外交會議第12次會議的聯合國成員國或聯合國各專門機構成員國,可加入本議定書。

2. 加入本議定書,具有加入本公約的效力。

3. 加入的文件應交存比利時政府。

第十三條

1. 在收到十份批准書或加入文件之日后三個月,本議定書生效,但其中至少有五份是由各擁有相當於或超過100萬總噸船舶的國家所交存。

2. 對於按照本條第1款所規定決定本議定書生效所需的批准或加入文件交存之日以後批准或加入本議定書的每一個國家,本議定書在其交存批准或加入文件之後

第六章 國際貨物運輸公約

三個月生效。

第十四條

1. 任何締約國可以通知比利時政府退出本議定書。

2. 此退出具有退出公約的效力。

3. 此退出在比利時政府收到該通知之日后一年生效。

第十五條

1. 任何締約國在簽署、批准或加入本議定書時,或在此後的任何時候,可用書面通知比利時政府,聲明在該國的主權管轄下的區域或在由該國負責其國際關係的區域中,哪些區域適用本議定書。

在比利時政府收到該通知之日后三個月,本議定書的適用即擴大到通知書所列明的區域,但不得在本議定書對該國生效之日以前適用。

2. 如果本公約尚未適用於這些區域,則此擴大也適用於本公約。

3. 根據本條第 1 款作出聲明的任何締約國,可在此后任何時候通知比利時政府,聲明本議定書將停止適用於該國管轄區域。此退出應在比利時政府收到退出通知之日后一年生效;此退出也應適用於本公約。

第十六條

各締約國可以採用下述方法使本議定書生效:賦以法律效力;或以適合於國內立法的形式在國內立法中訂入本議定書所採用的各種規則。

第十七條

比利時政府應將下列事項通知出席海洋法外交會議第 12 次會議(1967—1968 年)的各個國家,本議定書各加入國及本公約的各締約國:

1. 根據第十條、第十一條和第十二條所收到的簽署、批准和加入的文件;

2. 根據第十三條,本議定書將生效的日期;

3. 根據第十五條,關於適用區域的通知;

4. 根據第十四條所收到的退出通知。

下列全權代表,經正式授權,已在本議定書上簽字,以資證明。

第 1968 年 2 月 23 日訂於布魯塞爾,計一份,以法文和英文寫成,兩種文本具有同等效力。本議定書交存於比利時政府檔案庫,並由比利時政府分發核證無誤的副本。

● 第三節 聯合國海上貨物運輸的國際公約

《漢堡規則》是《聯合國海上貨物運輸公約》(United Nations Convention on the Carriage of Goods by Sea, 1978)的簡稱,於 1978 年 3 月 6 日至 31 日在德國漢堡舉

國際貿易慣例與公約

行的由聯合國主持的由 78 國代表參加的海上貨物運輸大會上討論通過，於 1992 年 11 月 1 日生效。截至 1996 年 10 月，共有成員國 25 個，其中絕大多數為發展中國家，而占全球外貿船舶噸位數 90%的國家未承認該規則。中國不是漢堡規則的締約國，但是中國海商法中採用了《漢堡規則》關於貨物、實際承運人、清潔提單、延遲交貨的概念。

一、制定的背景

《海牙規則》是上世紀 20 年代的產物，曾發揮它應有的作用，隨著國際貿易和海運的發展，要求修改《海牙規則》的呼聲不斷，對其進行修改已在所難免。如何進行修改，兩種思路導致了兩種不同的結果。

一種是以英國、北歐等海運發達國家的船方利益為代表，由國際海事委員負責起草修改，最終導致《海牙——維斯比規則》產生。對《海牙規則》的一些有益修改，對維護在《海牙規則》基礎上的船貨雙方利益起了一定的積極作用。

另一種思路來自廣大的發展中國家，代表了貨主的利益，提出徹底修改《海牙規則》的要求日益高漲，聯合國貿易和發展會議的航運委員會於 1969 年 4 月的第三屆會議上設立了國際航運立法工作組，研究提單的法律問題。

工作組在 1971 年 2 月，國際航運立法工作組召開的第二次會議上作出兩項決議：第一，對《海牙規則》和《維斯比規則》進行修改，必要時制定新的國際公約；第二，在審議修訂上述規則時，應清除規則含義不明確之處，建立船貨雙方平等分擔海運貨物風險的制度。

后來，此項工作移交給聯合國國際貿易法委員會。該委員會下設的國際航運立法工作組，於 1976 年 5 月完成起草工作，並提交 1978 年 3 月 6 日至 31 日在德國漢堡召開的有 78 個國家代表參加的聯合國海上貨物運輸公約外交會議審議，最后通過了 1978 年聯合國海上貨物運輸公約。由於這次會議是在漢堡召開的，所以這個公約又稱為《漢堡規則》。

《漢堡規則》的生效條件規定：「本公約自第二十份批准書、接受書、認可書或加入書交存之日起滿一年后的次月第一日生效。」《漢堡規則》自 1978 年 3 月 31 日獲得通過，直至埃及遞交了批准書后才滿足生效條件，並於 1992 年 11 月 1 日起正式生效。

二、主要內容

《漢堡規則》全文共分七章三十四條條文，在《漢堡規則》的制定中，除保留了《海牙——維斯比規則》對海牙規則修改的內容外，對《海牙規則》進行了根本性的修改，是一個較為完備的國際海上貨物運輸公約，明顯地擴大了承運人的責任。其主要內容包括：

第六章　國際貨物運輸公約

（一）承運人的責任原則

《海牙規則》規定承運人的責任基礎是不完全過失責任制，它一方面規定承運人必須對自己的過失負責，另一方面又規定了承運人對航行過失及管船過失的免責條款。而《漢堡規則》確定了推定過失與舉證責任相結合的完全過失責任制。規定凡是在承運人掌管貨物期間發生貨損，除非承運人能證明承運人已為避免事故的發生及其后果採取了一切可能的措施，否則便推定：損失系由承運人的過失所造成，承運人應承擔賠償責任，很明顯，《漢堡規則》較海牙規則擴大了承運人的責任。

（二）承運人的責任期間

《漢堡規則》第四條第一款規定：「承運人對貨物的責任期間包括在裝貨港、在運輸途中以及在卸貨港，貨物在承運人掌管的全部期間。」即承運人的責任期間從承運人接管貨物時起到交付貨物時止。與海牙規則的「鈎至鈎」或「舷至舷」相比，其責任期間擴展到「港到港」，解決了貨物從交貨到裝船和從卸船到收貨人提貨這兩段沒人負責的空間，明顯地延長了承運人的責任期間。

（三）承運人賠償責任限額

《漢堡規則》第六條第一款規定：「承運人對貨物滅失或損壞的賠償，以每件或其他裝運單位的滅失或損壞相當於 835 特別提款權或毛重每公斤 2.5 特別提款權的金額為限，兩者之中以其較高者為準。」

（四）對遲延交付貨物的責任

遲延交付貨物的責任在《海牙規則》和《維斯比規則》中都沒有規定。《漢堡規則》第五條第二款則規定：「如果貨物未能在明確議定的時間內，或雖無此項議定，但未能在考慮到實際情況對一個勤勉的承運人所能合理要求時間內，在海上運輸合同所規定的卸貨港交貨，即為遲延交付。」對此，承運人應對因遲延交付貨物所造成的損失承擔賠償責任。而且在第三款還進一步規定，如果貨物在第二款規定的交貨時間滿后連續六十天內仍未能交付，有權對貨物滅失提出索賠的人可以認為貨物已經滅失。漢堡規則第六條第一款還規定：「承運人對遲延交付的賠償責任，以相當於遲延交付貨物應支付運費的 2.5 倍的數額為限，但不得超過海上貨物運輸合同規定的應付運費總額。」

（五）承運人和實際承運人的賠償責任

《漢堡規則》中增加了實際承運人的概念。當承運人將全部或部分貨物委託給實際承運人辦理時，承運人仍需按公約規定對全部運輸負責。如果實際承運人及其雇用人或代理人的疏忽或過失造成的貨物損害，承運人和實際承運人均需負責的話，則在其應負責的範圍內，承擔連帶責任。這種連帶責任托運人既可向實際承運人索賠，也可向承運人索賠，並且不因此妨礙承運人和實際承運人之間的追償權利。

（六）托運人的責任

《漢堡規則》第十二條規定：「托運人對於承運人或實際承運人所遭受的損失或船舶遭受的損壞不負賠償責任。除非這種損失或損壞是由於托運人、托運人的雇用

人或代理人的過失或疏忽所造成的。」這意味著托運人的責任也是過失責任。但需指出的是托運人的責任與承運人的責任不同之處在於承運人的責任中舉證由承運人負責，而托運人的責任中，托運人不負舉證責任，這是因為貨物在承運人掌管之下，所以也同樣需要承運人負舉證責任。《漢堡規則》這一規定，被中國海商法所接受。

（七）保函的法律地位

《海牙規則》和《維斯比規則》沒有關於保函的規定，而《漢堡規則》第十七條對保函的法律效力作出了明確的規定，托運人為了換取清潔提單，可以向承運人出具承擔賠償責任的保函，該保函在承、托人之間有效，對包括受讓人、收貨人在內的第三方一概無效。但是，如果承運人有意詐欺，對托運人也屬無效，而且承運人也不再享受責任限制的權利。

（八）索賠通知及訴訟時效

《海牙規則》要求索賠通知必須由收貨人在收到貨物之前或收到貨物當時提交。如果貨物損失不明顯，則這種通知限於收貨後三日內提交。《漢堡規則》延長了上述通知時間，規定收貨人可在收到貨物后的第一個工作日將貨物索賠通知送交承運人或其代理人，當貨物滅失或損害不明顯時，收貨人可在收到貨物后的十五天內送交通知。同時還規定，對貨物遲延交付造成損失，收貨人應在收貨後的六十天內提交書面通知。

（九）管轄權和仲裁的規定

《海牙規則》、《維斯比規則》均無管轄權的規定，只是在提單背面條款上訂有由船公司所在地法院管轄的規定，這一規定顯然對托運人、收貨人極為不利。漢堡規則第二十一條規定，原告可在下列法院選擇其一提起訴訟：①被告的主要營業所所在地，無主要營業所時，則為其通常住所所在地；②合同訂立地，而合同是通過被告在該地的營業所、分支或代理機構訂立；③裝貨港或卸貨港；④海上運輸合同規定的其他地點。

除此之外，海上貨物運輸合同當事人一方向另一方提出索賠之后，雙方就訴訟地點達成的協議仍有效，協議中規定的法院對爭議具有管轄權。

《漢堡規則》第二十二條規定，爭議雙方可達成書面仲裁協議，由索賠人決定在下列地點之一提起：①被告的主要營業所所在地，如無主要營業所，則為通常住所所在地；②合同訂立地，而合同是通過被告在該地的營業所、分支或代理機構訂立；③裝貨港或卸貨港。此外，雙方也可在仲裁協議中規定仲裁地點。仲裁員或仲裁庭應按該規則的規定來處理爭議。

（十）規則的適用範圍

該規則適用於兩個不同國家之間的所有海上貨物運輸合同，並且海上貨物運輸合同中規定的裝貨港或卸貨港位於其一締約國之內，或備選的卸貨港之一為實際卸港並位於某一締約國內；或者，提單或作為海上貨物運輸合同證明的其他單證在某締約國簽發；或者提單或作為海上貨物運輸合同證明的其他單證規定，合同受該規

第六章　國際貨物運輸公約

則各項規定或者使其生效的任何國家立法的管轄。

同《海牙規則》一樣,《漢堡規則》不適用於租船合同,但如提單根據租船合同簽發,並調整出租人與承租人以外的提單持有人之間的關係,則適用該規則的規定。

三、《漢堡規則》與《海牙規則》的區別

《漢堡規則》對《海牙規則》做了根本性的修改,擴大了承運人責任,具體規定如下:

(一) 進一步提高賠償責任限額

《漢堡規則》第六條規定了承運人的賠償責任限額,對於貨物滅失損壞的限額為每件或每單位 835 特別提款權（SDR）、或者以毛重每公斤 2.5 特別提款權,兩者中以高者為準。對於延遲交貨的賠償責任,為該延遲交付貨物應付運費的 2.5 倍,但不得超過合同規定應付運費的總額。對於貨物滅失、損壞及延遲交付均有的情形,以每件或每單位 835 特別提款權或毛重每公斤 2.5 特別提款權為準。對於集裝箱貨物,賠償原則等同於維斯比規則只是數額採用了漢堡規則的上述數額,對於承運人及其受雇人或代理人喪失賠償責任限制的,同《維斯比規則》。

《漢堡規則》大幅提高了承運人的責任限額,是與國際政治經濟形勢的發展變化相適應的。提高責任限額,是對海牙維斯比規則過分維護承運人利益的一種糾正,是為了合理分擔風險的需要從長遠看,也是促進航運發展,建立國際經濟新秩序的需要,是有其公正合理之處的。

(二) 管轄權和仲裁規定

《漢堡規則》規定了《海牙規則》以及《海牙—維斯比規則》所沒有規定的管轄權和仲裁條款。對於管轄權,原告可以選擇下列法院起訴:被告主營業所,無主營業所時,為通常住所;合同訂立地,而合同是通過被告在該地的營業所、分支或代理機構訂立;裝貨港或卸貨港;或海上運輸合同為此目的而指定的任何地點。如果船舶在締約國港口被扣,原告亦可向該港口所在地法院起訴。但此種情形下,原告需將訴訟轉移到前述有管轄權的法院之一進行,轉移前,被告必須提供足夠的擔保。對於仲裁,索賠方可選擇下列地點仲裁:被訴人有營業所或通常住所的一國某一地點;裝貨港、卸貨港;合同訂立地,且合同是通過被訴人在該地的營業所、分支、代理機構訂立的;或仲裁條款協議中為此目的而指定的地點。

(三) 貨損索賠書面通知和訴訟時效

《漢堡規則》相對於《海牙規則》,延長了上述時間限制。對於提高書面貨損索賠通知,《海牙規則》確定了收貨前或當時,漢堡規則為收貨后的次日;貨損不明顯,《海牙規則》為收貨后 3 日內,《漢堡規則》則為貨物交付後連續 15 日;對於延遲交付,《海牙規則》未規定,《漢堡規則》規定為貨物交付之日後連續 60 日,

否則，承運人不負賠償責任。對於訴訟時效，《海牙規則》規定了貨物交付或應交付之日起1年的時間，而《漢堡規則》規定了2年的訴訟時效。並規定負有賠償責任的人向他人提起追償之訴的時間為90日，自提起訴訟一方已處理其索賠案件或已接到向其本人送交的起訴傳票之日起算。《漢堡規則》作為平衡船貨雙方利益的一項國際公約，應當說其制定是相對完備的，也是體現了公正合理的主旨。但作為既得利益者的海運大國卻不願採納此公約，而是繼續採用《海牙—維斯比規則》，以維護其已得利益，因而，海運大國加入此公約的幾乎還沒有。因此，漢堡規則的普及化還有很長的路要走，建立公正合理的航運新秩序新規則也有很長的路要走，甚至要採用迂迴或過渡性做法，這也是可能的，但這也只是個時間問題。

四、《聯合國海上貨物運輸公約》的內容

1978年聯合國海上貨物運輸公約，「建議本公約所載的規則稱為漢堡規則」。本公約各締約國，認識到需要通過協議確定關於海上貨物運輸若干規則，為此目的決定締結一個公約，協議如下：

第一部分　總　則

第一條　定義

在本公約內：

1.「承運人」是指其本人或以其名義與托運人訂立海上貨物運輸合同的任何人。

2.「實際承運人」是指受承運人委託執行貨物運輸或部分貨物運輸的任何人，包括受委託執行這項運輸的其他任何人。

3.「托運人」是指其本人或以其名義或代其與承運人訂立海上貨物運輸合同的任何人或指其本人或以其名義或代其將貨物實際交付給海上貨物運輸合同有關的承運人的任何人。

4.「收貨人」是指有權提取貨物的人。

5.「貨物」包括活動物，凡貨物拼裝在集裝箱、貨盤或類似的運輸器具內，或者貨物是包裝的，而這種運輸器具或包裝是由托運人提供的，則「貨物」包括它們在內。

6.「海上運輸合同」是指承運人收取運費，據以承擔由海上將貨物從一港運至另一港的任何合同；但是，一個既包括海上運輸，又包括某些其他方式運輸的合同，則僅其有關海上運輸的範圍，才視為本公約所指的海上運輸合同。

7.「提單」是指一種用以證明海上運輸合同和貨物由承運人接管或裝船，以及承運人據以保證交付貨物的單證。單證中關於貨物應交付指定收貨人或按指示交付，或交付提單持有人的規定，即構成了這一保證。

第六章　國際貨物運輸公約

8.「書面」除其他方式外,包括電報和電傳。

第二條　適用範圍

1. 本公約的各項規定適用於兩個不同國家間的所有海上運輸合同,如果：

（a）海上運輸合同所規定的裝貨港位於一個締約國內,或

（b）海上運輸合同所規定的卸貨港位於一個締約國內,或

（c）海上運輸合同所規定的備選卸貨港之一為實際卸貨港,並且該港位於一個締約國內,或

（d）提單或證明海上運輸合同的其他單證是在一個締約國內簽發的,或

（e）提單或證明海上運輸合同的其他單證規定,本公約各項規定或實行本公約的任何國家的立法,應約束該合同。

2. 本公約各項規定的適用與船舶、承運人、實際承運人、托運人、收貨人或任何其他有關人的國籍無關。

3. 本公約的各項規定不適用於租船合同。但是,如果提單是依據租船合同簽發的,並繪製承運人和不是租船人的提單持有人之間的關係,則本公約的各項規定適用於該提單。

4. 如果合同規定,貨物將在一個議定的期限內分批運輸,本公約的各項規定適用於每批運輸。但是,如果運輸是按照租船合同進行的,則適用本條第 3 款的規定。

第三條　對本公約的解釋

在解釋和應用本公約的各項規定時,應注意本公約的國際性和促進統一的需要。

第二部分　承運人的責任

第四條　責任期間

1. 按照本公約,承運人對貨物的責任期間包括在裝貨港,在運輸途中以及在卸貨港,貨物在承運人掌管的全部期間。

2. 就本條第 1 款而言,在下述起訖期間,承運人應視為已掌管貨物：

（a）自承運人從以下各方接管貨物時起：

（i）托運人或代其行事的人；或

（ii）根據裝貨港適用的法律或規章,貨物必須交其裝運的當局或其他第三方；

（b）至承運人將貨物交付以下各方時止：

（i）將貨物交付收貨人；或

（ii）遇有收貨人不向承運人提貨時,則依照合同或卸貨港適用的法律或特定的貿易慣例,將貨物置於收貨人支配之下；或

（iii）根據在卸貨港適用的法律或規章將貨物交給必須交付的當局或其他第三方。

3. 在本條第 1 和第 2 款內提到的承運人或收貨人,除指承運人和收貨人外,還分別指承運人或收貨人的受僱人或代理人。

177

國際貿易慣例與公約

第五條 責任基礎

1. 除非承運人證明他本人其受雇人或代理人為避免該事故發生及其后果已採取了一切所能合理要求的措施，否則承運人應對因貨物滅失或損壞或延遲交貨所造成的損失負賠償責任，如果引起該項滅失、損壞或延遲交付的事故，如同第四條所述，是在承運人掌管期間發生的。

2. 如果貨物未能在明確議定的時間內，或雖無此項議定，但未能在考慮到實際情況對一個勤勉的承運人所能合理要求的時間內，在海上運輸合同所規定的卸貨港交貨，即為延遲交付。

3. 如果貨物在本條第2款規定的交貨時間期滿后連續六十天內未能按第四條的要求交付，有權對貨物的滅失提出索賠的人可以視為貨物已經滅失。

4. （a）承運人對下列各項負賠償責任：

（i）火災所引起的貨物的滅失、損壞或延遲交付，如果索賠人證明火災是由承運人、其受雇人或代理人的過失或疏忽引起的；

（ii）經索賠人證明由於承運人、其受雇人或代理人在採取可以合理要求的撲滅火災和避免或減輕其后果的一切措施中的過失或疏忽所造成的貨物的滅失、損壞或延遲交付。

（b）凡船上的火災影響到貨物時，如果索賠人或承運人要求，必須按照海運慣例，對火災的起因和情況進行調查，並根據要求向承運人和索賠人提供一份調查人的報告。

5. 關於活動物，承運人對此類運輸固有的任何特殊風險所造成的滅失、損傷或延遲交付不負賠償責任。如果承運人證明他是按照托運人給他的關於動物的任何特別指示行事的，並證明根據實際情況，滅失、損傷或延遲交付可以歸之於這種風險時，則應推定滅失、損傷或延遲交付就是這樣引起的，除非證明滅失、損傷或延遲交付的全部或部分是由承運人、其受雇人或代理人的過失或疏忽所造成的。

6. 除分攤共同海損外，承運人對因在海上採取救助人命的措施或救助財產的合理措施而造成的滅失、損壞或延遲交付不負賠償責任。

7. 如果貨物的滅失、損壞或延遲交付是由承運人、其受雇人或代理人的過失或疏忽連同其他原因所引起的，承運人僅在歸於他們的過失或疏忽所引起的滅失、損壞或延遲交付的範圍內負賠償責任，但承運人須證明不屬於此種過失或疏忽所造成的滅失、損壞或延遲交付的數額。

第六條 責任限額

1. （a）按照第五條規定，承運人對貨物滅失或損壞造成的損失所負的賠償責任，以滅失或損壞的貨物每件或每其他貨運單位相當於835記帳單位或毛重每公斤2.5記帳單位的數額為限，兩者中以較高的數額為準。

（b）按照第五條規定，承運人對延遲交付的賠償責任，以相當於該延遲交付貨物應支付運費的2.5倍的數額時為限，但不得超過海上貨物運輸合同規定的應付運

第六章 國際貨物運輸公約

費總額。

（c）根據本款（a）和（b）項，承運人的總賠償責任，在任何情況下都不得超過根據本款（a）項對貨物全部滅失引起的賠償責任所規定的限額。

2. 按照本條第一款（a）項規定，在計算較高數額時，應遵照下列規則：

（a）當使用集裝箱、貨盤或類似運輸器具拼裝貨物時，如果簽發了提單，在提單中列明的，或在證明海上運輸合同的任何其他單證中列明的，裝在這種運輸器具內的件數或其他貨運單位數，即視為件數或貨運單位數。除上述情況外，這種運輸器具內的貨物視為一個貨運單位。

（b）當運輸器具本身遭到滅失或損壞時，該運輸器具如不屬於承運人所有或提供，即視為一個單獨的貨運單位。

3. 記帳單位是指第二十六條中所述的記帳單位。

4. 承運人和托運人可以通過協議確定超過第1款規定的賠償責任限額。

第七條 對非合同索賠的適用

1. 本公約規定的各項抗辯和責任限額，適用於海上運輸合同所涉及的貨物的滅失或損壞，以及延遲交付對承運人提起的任何訴訟，不論這種訴訟是根據合同、侵權行為或其他。

2. 如果這種訴訟是對承運人的受雇人或代理人提起的，而該受雇人或代理人能證明他是在受雇職務範圍內行事的，則有權利用承運人根據本公約有權援引的抗辯和責任限額。

3. 除第八條規定的情況外，從承運人和本條第2款所指的任何人取得的賠償金額的總數，不得超過本公約所規定的責任限額。

第八條 責任限額權利的喪失

1. 如經證明滅失、損壞或延遲交付是由承運人有意造成這種滅失、損壞或延遲交付作出的行為或不行為，或由承運人明知可能會產生這種滅失、損壞或延遲交付而仍不顧后果作出的行為或不行為產生的，則承運人無權享受第六條所規定的責任限額的利益。

2. 儘管有第七條第2款的規定，如經證明滅失、損壞或延遲交付是由該受雇人或代理人有意造成這種滅失、損壞或延遲交付作出的行為或不行為，或由該受雇人或代理人明知可能會產生這種滅失、損壞或延遲交付而仍不顧后果作出的行為或不行為產生的，則承運人的受雇人或代理人無權享受第六條所規定的責任限額的利益。

第九條 艙面貨

1. 承運人只有按照同托運人的協議或符合特定的貿易慣例，或依據法規的規章的要求，才有權在艙面上載運貨物。

2. 如果承運人和托運人議定，貨物應該或可以在艙面上載運，承運人必須在提單或證明海上運輸合同的其他單證上載列相應說明。如無此項說明，承運人有責任證明，曾經達成在艙面上載運的協議。但承運人無權援引這種協議對抗包括收貨人

在內的，相信並持有提單的第三方。

3. 如違反本條第 1 款的規定將貨物載運在艙面上，或承運人不能按照本條第 2 款援引在艙面上載運的協議，儘管有第五條第 1 款的規定，承運人仍須對僅由於在艙面上載運而造成的貨物滅失或損壞以及延遲交付負賠償責任，而其賠償責任的限額，視情況分別按照本公約第六條或第八條的規定確定。

4. 違反將貨物裝載在艙內的明文協議而將貨物裝載在艙面，應視為第八條含義內的承運人的一種行為或不行為。

第十條　承運人和實際承運人的賠償責任

1. 如果將運輸或部分運輸委託給實際承運人執行時，不管根據海上運輸合同是否有權這樣做，承運人仍須按照本公約的規定對全部運輸負責。關於實際承運人所履行的運輸，承運人應對實際承運人及其受雇人和代理人在他們的受雇範圍內行事的行為或不行為負責。

2. 本公約對承運人責任的所有規定也適用於實際承運人對其所履行的運輸的責任。如果對實際承運人的受雇人或代理人提起訴訟，應適用第七條第 2 款、第 3 款和第八條第 2 款的規定。

3. 承運人據以承擔本公約所未規定的義務或放棄本公約所賦予的權利的任何特別協議，只有在實際承運人書面明確表示同意時，才能對他發生影響。不論實際承運人是否已經同意，承運人仍受這種特別協議所導致的義務或棄權的約束。

4. 如果承運人和實際承運人都有責任，則在此責任範圍內，他們應負連帶責任。

5. 從承運人、實際承運人和他們的受雇人和代理人取得的賠償金額總數，不得超過本公約所規定的責任限額。

6. 本條規定不妨礙承運人和實際承運人之間的任何追索權。

第十一條　聯運

1. 儘管有第十條第 1 款的規定，如海上運輸合同明確規定，該合同包括的某一特定部分的運輸由承運人以外的某一指定人履行，該合同也可以同時規定，承運人對這一部分運輸期間貨物在實際承運人掌管之下，因發生事故而造成的滅失、損壞或延遲交付不負責任。但是，如果不能按照第二十一條第 1 款或第 2 款規定在有管轄權的法院對實際承運人提起法律訴訟，則任何限制或豁免這種賠償責任的規定均屬無效。承運人應負舉證責任，證明任何滅失、損壞或延遲交付是由上述這種事故造成的。

2. 按照第十條第 2 款的規定，實際承運人須對貨物在他掌管期間因發生事故而造成的滅失、損壞或延遲交付負責。

第三部分　托運人的責任

第十二條　一般規則

托運人對承運人或實際承運人所遭受的損失或船舶所遭受的損壞不負賠償責任，

第六章　國際貨物運輸公約

除非這種損失或損壞是由托運人、其受雇人或代理人的過失或疏忽所造成。托運人的任何受雇人或代理人對這種損失或損壞也不負責任，除非這種損失或損壞是由他自己的過失或疏忽所造成。

第十三條　關於危險貨物的特殊規則

1. 托運人必須以適當的方式在危險貨物上加上危險的標誌或標籤。

2. 當托運人將危險貨物交給承運人或實際承運人時，托運人必須告知貨物的危險性，必要時並告知應採取的預防措施。如果托運人沒有這樣做，而且該承運人或實際承運人又未從其他方面得知貨物的危險特性，則：

（a）托運人對承運人和任何實際承運人因載運這種貨物而造成的損失負賠償責任。並且

（b）根據情況需要，可以隨時將貨物卸下，銷毀或使之無害，而不予賠償；

3. 任何人如在運輸期間，明知貨物的危險特性而加以接管，則不得援引本條第 2 款的規定。

4. 如果本條第 2 款（b）項的規定不適用或不能援引，而危險貨物對生命或財產造成實際危險時，可視情況需要，將貨物卸下、銷毀或使之無害，而不予賠償，但共同海損分攤的義務或按照第五條規定承運人應負的賠償責任除外。

第四部分　運輸單證

第十四條　提單的簽發

1. 當承運人或實際承運人接管貨物時，應托運人要求，承運人必須給托運人簽發提單。

2. 提單可以由承運人授權的人簽字。提單由載運貨物船舶的船長簽字應視為代表承運人簽字。

3. 提單上的簽字可以用手寫、印摹、打孔、蓋章、符號或如不違反提單簽發地所在國家的法律，用任何其他機械的或電子的方法。

第十五條　提單的內容

1. 除其他事項外，提單必須包括下列項目：

（a）貨物的品類，辨認貨物必需的主要標誌，如屬危險品，對貨物的危險特性所作的明確說明，包數或件數及貨物的重量或以其他方式表示的數量等，所有這些項目均由托運人提供；

（b）貨物的外表狀況；

（c）承運人的名稱和主要營業所；

（d）托運人的名稱；

（e）如托運人指定收貨人時，收貨人的名稱；

（f）海上運輸合同規定的裝貨港及承運人在裝貨港接管貨物的日期；

（g）海上運輸合同規定的卸貨港；

(h) 如提單正本超過一份，列明提單正本的份數；

(i) 提單的簽發地點；

(j) 承運人或其代表的簽字；

(k) 收貨人應付運費金額或由收貨人支付運費的其他說明；

(l) 第二十三條第3款所提到的聲明；

(m) 如屬艙面貨，貨物應該或可以裝在艙面上運輸的聲明；

(n) 如經雙方明確協議，應列明貨物在卸貨港交付的日期或期限；和

(o) 按照第六條第4款規定，協議的任何增加的賠償責任限額。

2. 貨物裝船后，如果托運人這樣要求，承運人必須給托運人簽發「已裝船」提單。除本條第1款所規定的項目外，該提單還必須說明貨物已裝上一艘或數艘指定的船舶，以及一個或數個裝貨日期。如果承運人先前已向托運人簽發過關於該批貨物的任何部分的提單或其他物權單證，經承運人要求，托運人必須交回這種單證以換取「已裝船」提單。承運人為了滿足托運人對「已裝船」提單的要求，可以修改任何先前簽發的單證，但經修改后的單證應包括「已裝船」提單所需載有的全部項目。

3. 提單缺少本條所規定的一項或多項，不影響該單證作為提單的法律性質，但該單證必須符合第一條第7款規定的要求。

第十六條 提單：保留和證據效力

1. 如果承運人或代其簽發提單的其他人確知或有合理的根據懷疑提單所載有關貨物的品類、主要標誌，包數或件數、重量或數量等項目沒有準確地表示實際接管的貨物，或在簽發「已裝船」提單的情況下，沒有準確地表示已實際裝船的貨物，或者他無適當的方法來核對這些項目，則承運人或該其他人必須在提單上作出保留，註明不符之處、懷疑根據、或無適當的核對方法。

2. 如果承運人或代他簽發提單的其他人未在提單上批註貨物的外表狀況，則應視為他已在提單上註明貨物的外表狀況良好。

3. 除按本條第1款規定就有關項目和其範圍作出許可在保留以外：

(a) 提單是運人接管，或如簽發「已裝船」提單時，裝載提單所述貨物的初步證據；

(b) 如果提單已轉讓給相信提單上有關貨物的描述而照此行事的包括收貨人在內的第三方，則承運人提出與此相反的證據不予接受。

4. 如果提單未按照第十五條第1款(k)項的規定載明運費或以其他方式說明運費由收貨人支付或未載明在裝貨港發生的滯期費由收貨人支付，則該提單是收貨人不支付運費或滯期費的初步證據。如果提單已轉讓給相信提單上無任何此種說明而照此行事的包括收貨人在內的第三方，則承運人提出的與此相反的證據不予接受。

第十七條 托運人的保證

1. 托運人應視為已向承運人保證，由他提供列入提單的有關貨物的品類、標

第六章 國際貨物運輸公約

誌、件數、重量和數量等項目正確無誤。托運人必須賠償承運人因為這些項目的不正確而導致的損失。托運人即使已將提單轉讓,仍須負賠償責任。承運人取得的這種賠償權利,絕不減輕他按照海上運輸合同對托運人以外的任何人所負的賠償責任。

2. 任何保函或協議,據此托運人保證賠償承運人由於承運人或其代表未就托運人提供列入提單的項目或貨物的外表狀況批註保留而簽發提單所引起的損失,對包括收貨人在內的受讓提單的任何第三方,均屬無效。

3. 這種保函或協議對托運人有效,除非承運人或其代表不批註本條第 2 款所指的保留是有意詐騙,相信提單上對貨物的描述而行事的包括收貨人在內的第三方,在后面這種情況下,如未批註的保留與由托運人提供列入提單的項目有關,承運人就無權按照本條第 1 款規定,要求托運人給予賠償。

4. 如屬本條第 3 款所指的有意詐騙,承運人不得享受本公約所規定的責任限額的利益,並且對由於相信提單上所載貨物的描述而行事的包括收貨人在內的第三方所遭受的損失負賠償責任。

第十八條 提單以外的單證

如果承運人簽發提單以外的單證以證明收到待運的貨物,該單證就是訂立海上運輸合同和承運人接管該單證中所述貨物的初步證據。

第五部分 索賠和訴訟

第十九條 滅失、損壞或延遲交付的通知

1. 除非收貨人在不遲於貨物移交給他之日后第一個工作日內將滅失或損壞的書面通知送交承運人,敘明滅失或損壞的一般性質,否則此種移交應作為承運人交付運輸單證上所述貨物的初步證據或如未簽發這種單證,則應作為完好無損地交付貨物的初步證據。

2. 遇有不明顯的滅失或損壞:在貨物交付收貨人之日后連續十五天內未送交書面通知,則本條第 1 款的規定相應地適用。

3. 如貨物的狀況在交付收貨人時,已經由當事各方聯合檢查或檢驗,即無需就檢查或檢驗中所查明的滅失或損壞送交書面通知。

4. 遇有任何實際的或意料到的滅失或損失時,承運人和收貨人必須為檢驗和清點貨物相互提供一切合理的便利。

5. 除非在貨物交給收貨人之日后連續六十天之內書面通知承運人,否則對延遲交付造成的損失不予賠償。

6. 如果貨物由實際承運人交付,根據本條送給他的任何通知具有如同送交承運人的同等效力,同樣,送交承運人的任何通知具有如同送交實際承運人的同等效力。

7. 除非承運人或實際承運人不遲於滅失或損壞事故發生后或依照第四條第 2 款在貨物交付后連續九十天之內,以較后發生日期為準,將滅失或損壞的書面通知送

183

國際貿易慣例與公約

交托運人，敘明此種滅失或損壞的一般性質，否則，未提交這種通知即為承運人或實際承運人沒有因為托運人或其受雇人或代理人的過失或疏忽而遭受滅失或損壞的初步證據。

8. 就本條而言，通知送交給代表承運人或實際承運人行事的人，包括船長或主管船舶的高級船員，或送交代表托運人行事的人，即應分別視為已經送交承運人、實際承運人或托運人。

第二十條　訴訟時效

1. 按照本公約有關貨物運輸的任何訴訟，如果在兩年內沒有提出司法或仲裁程序，即失去時效。

2. 時效期限自承運人交付貨物或部分貨物之日開始，如未交付貨物，則自貨物應該交付的最後一日開始。

3. 時效期限開始之日不計算在期限內。

4. 被要求賠償的人，可以在時效期限內的任何時間，向索賠人提出書面說明，延長時效期限。該期限還可以用另一次或多次聲明再度延長。

5. 如果訴訟是在起訴地所有國國家法律許可的時間內提起，負有賠償責任的人即使在以上各款規定的時效期限屆滿后，仍可以提起追賠的訴訟。但是，所許可的時間不得小於從提起索賠訴訟的人已解決了對他的賠償或從他本人提起的傳票送達之日起九十天。

第二十一條　管轄權

1. 按本公約規定在有關貨物運輸的司法程序中，原告可以選擇在這樣的法院提起訴訟，按照該法院所在國法律該法院有權管轄，並且下列地點之一位於該法院管轄範圍：

（a）被告的主要營業所，或如無主要營業所時，其通常住所；或

（b）合同訂立地，但該合同須是通過被告在該地的營業所、分支機構或代理機構訂立的；或

（c）裝貨港或卸貨港；或

（d）海上運輸合同中為此目的指定的任何其他地點。

2.（a）儘管有本條上述各項規定，如果載貨船舶或屬於同一船舶所有人任何其他船舶，在一個締約國的任何一個港口或地點，按照該國適用的法律規則和國際法規則被扣留，就可在該港口或該地點的法院提起訴訟。但是，在這種情況下，一經被告請求，原告必須將訴訟轉移到由原告選擇的本條第1款所指的管轄法院之一，以對索賠作出判決。但在訴訟轉移之前，被告必須提供足夠的保證金，以確保支付在訴訟中可能最后判給原告的金額。

（b）一切有關保證金是否足夠的問題，應由扣留港口或地點的法院裁定。

3. 按照本公約有關貨物運輸的一切法律訴訟，不得在本條第1或第2款沒有規定的地點提起。本款的規定不妨礙締約國採取臨時性或保護性措施的管轄權。

第六章　國際貨物運輸公約

4.（a）如已在按本條第1或第2款規定有管轄權的法院提起訴訟，或已由這樣的法院作出判決，相同當事方之間不得基於相同理由，提起新的訴訟，除非受理第一次訴訟的法院的判決在提起新訴訟地的國家不能執行；

（b）就本條而言，為執行判決而採取措施，不應視為提起新的訴訟；

（c）就本條而言，按照本條第2款（a）項將訴訟轉移到同一個國家的另一法院，或轉移到另一個國家的法院，不應視為提起新的訴訟。

5. 儘管有以上各款的規定，在按照海上運輸合同提出索賠之後，當事各方達成的指定索賠人可以提起訴訟的地點的協議應屬有效。

第二十二條　仲裁

1. 按本條各項規定，當事各方可以用書面證明的協議規定，按照本公約可能發生的有關貨物運輸的任何爭端應提交仲裁。

2. 如租船合同載有該合同引起的爭端應提交仲裁的條款，而依據租船合同簽發的提單並未特別註明此條款對提單持有人具有約束力，則承運人不得對相信提單的提單持有人援引該條款。

3. 原告可以選擇在下列地點之一，提起仲裁程序：

（a）一國的某一地點，該國領土內應有：

（i）被告的主要營業所，或無主要營業所時，其通常住所；或

（ii）簽訂合同地，但該合同須是通過被告在該地的營業所、分支機構或代理機構訂立的；或

（iii）裝貨港或卸貨港；或

（b）仲裁條款或協議中為此目的而指定的任何地點。

4. 仲裁員或仲裁庭應當應用本公約的各項規則。

5. 本條第3和第4款規定應視為每一仲裁條款或協議的一部分，仲裁條款或協議中與此兩款不符的任何規定，均屬無效。

6. 本條各款不影響按照海上運輸合同提出索賠之後，當事各方所訂立的有關仲裁協議的效力。

第六部分　補充規定

第二十三條　合同條款

（1）海上運輸合同、提單或證明海上運輸合同的任何其他單證中的任何條款，在其直接或間接違背本公約規定的範圍內，均屬無效。這種條款的無效不影響作為該合同或單證的其他部分規定的效力。將貨物的保險利益讓給承運人的條款，或任何類似條款，均屬無效。

（2）儘管有本條第1款的規定，承運人可以增加本公約中規定的他的責任和義務。

（3）在簽發提單或證明海上運輸合同的任何其他單證時，其中必須載有一項聲

明，說明該項運輸遵守本公約的各項規定，任何背離本公約而有害於托運人或收貨人的條款，均屬無效。

（4）如有關貨物的索賠人由於本條款使某項合同條款成為無效或由於漏載本條第3款所指的聲明而遭受損失時，為了給予索賠人賠償，承運人必須按照本公約規定對貨物的任何滅失或損壞以及延遲交付支付所要求的限額內的賠償金。此外，承運人必須賠償索賠人為行使其權利而產生的費用，但在援引上述規定的訴訟中所發生的費用，應按照起訴地國家法律確定。

第二十四條 共同海損

（1）本公約各條規定不妨礙海上運輸合同或國家法律中關於共同海損理算的規定的適用。

（2）除第二十條外，本公約關於承運人對貨物滅失或損壞的賠償責任的規定，也決定收貨人是否可以拒絕共同海損分攤和承運人對收貨人已交付的任何此種分攤額或已支付的任何救助費的賠償責任。

第二十五條 其他公約

（1）本公約不改變有關海運船舶所有人責任限額的國際公約或國家法律中規定的承運人、實際承運人和他們的受雇人和代理人的權利或義務。

（2）本公約第二十一條和第二十二條的各項規定不妨礙在本公約締結之日已生效的有關該兩條所處理事項的任何其他多邊公約的強制性規定的適用，但須爭端完全發生在其主要營業所位於這種其他公約的締約國內的當事方之間。但是，本款不影響本公約第二十二條第4款的適用。

（3）對核事故造成的損害，按本公約規定不發生賠償責任，如果核裝置操作人根據下列規定對該損害負賠償責任：

（a）根據經一九六四年一月二十八日補充議定書修訂的一九六〇年七月二十九日關於在核能領域中第三方賠償責任的巴黎公約或者根據一九六三年五月二十一日關於核損害的民事賠償責任的維也納公約，或

（b）根據規定對這種損害賠償的國家法律，但此種法律須在各方面都同巴黎公約或維也納公約那樣有利於可能遭受損害的人。

4. 如按照有關海上運送旅客及其行李的任何國際公約或國家法律，承運人對行李的任何滅失、損壞或延遲交付負賠償責任，則根據本公約規定不發生賠償責任。

5. 本公約各項規定不妨礙締約國應用在本公約締結之日已經生效的任何其他國際公約，而該公約是強制性地適用於主要運輸方式不是海上運輸的貨物運輸合同。本規定也適用於此種國際公約以後的任何修訂或修改。

第二十六條 記帳單位

1. 本公約第六條所指的記帳單位是國際貨幣基金組織所規定的特別提款權。第六條所述的數額應按在判決日或當事各方議定之日該國貨幣的價值換算為該國貨幣。凡屬國際貨幣基金組織成員的本公約締約國，以特別提款權表示的本國貨幣價值應

第六章　國際貨物運輸公約

按國際貨物基金組織中上述日期進行營業和交易中應用的定值辦法計算。非國際貨幣基金組織成員的本公約締約國，以特別提款權表示的本國貨幣價值，應按該國決定的辦法計算。

2. 但是，非國際貨幣基金組織成員國而且其法律又不允許應用本條款第 1 款規定的國家，可以在簽字時，或在批准、接受、認可或加入時，或在其後的任何時候，聲明本公約規定的責任限額在該國領土內適用時，應確定為：

貨物每件或其他貨運單位 12500 貨幣單位，或貨物毛重每公斤 37.5 貨幣單位。

3. 本條第 2 款所指的貨幣單位等於純度為千分之九百的六十五點五毫克黃金。將第 2 款所指的數額換算成國家貨幣時，應按該國法律規定辦理。

4. 本條第 1 款最后一句所述的計算及本條第三款所述的換算應這樣進行，即盡可能使以締約國貨幣表示的數額與在第六條內以記帳單位表示的數額的實際價值相同。締約國在簽字時或在交存其批准書、接受書、認可書和加入書時，或在利用本條第 2 款所規定的選擇時，以及在計算方法或換算結果有改變時，必須視情況，將依照本條第 1 款決定計算的方法或本條第 3 款所述的換算結果，通知公約保管人。

第七部分　最后條款

第二十七條　保管人

茲指定聯合國秘書長為本公約保管人。

第二十八條　簽字、批准、接受、認可、加入

1. 本公約於一九七九年四月三十日以前在紐約聯合國總部對所有國家開放，以供簽字。

2. 本公約須經簽字國批准、接受或認可。

3. 一九七九年四月三十日以后，本公約對所有不是簽字國的國家開放，以便加入。

4. 批准書、接受書、認可書和加入書應由聯合國秘書長保管。

第二十九條　保留

對本公約不得作任何保留。

第三十條　生效

1. 本公約自第二十份批准書、接受書、認可書或加入書交存之日起滿一年后的次月第一日生效。

2. 對於在第二十份批准書、接受書、認可書或加入書交存之日后成為本公約締約國的每一個國家，本公約自該國交存相應文件之日起滿一年后的次月第一日生效。

3. 每一締約國應將本公約的各項規定適用於在本公約對該國生效之日或其后簽訂的海上運輸合同。

第三十一條　退出其他公約

1. 在成為本公約締約國時，凡是一九二四年八月二十五日在布魯塞爾簽訂的開

國際貿易慣例與公約

於統一提單若干規則的國際公約（一九二四年公約）的締約國，都必須通知作為一九二四年公約保管人的比利時政府退出該公約，並聲明該退出自本公約對該國生效之日起生效。

2. 按照第三十條第 1 款規定，本公約生效時，本公約的保管人必須將生效日期和本公約對其生效的締約國國名，通知一九二四年公約的保管人比利時政府。

3. 本條第 1 款和第 2 款的規定，對一九六八年二月二十三日簽訂的修改一九二四年八月二十五日在布魯塞爾簽訂的關於統一提單若干規則的國際公約的議定書的締約國相應適用。

4. 儘管有本公約第二條規定，就本條第 1 款而言，締約國如果認為需要，可以推遲退出一九二四年公約和經過一九六八年議定書修改的一九二四年公約，推遲的最長期限為自本公約生效之日起五年，在這種情況下，它應把自己的意圖通知比利時政府。在此過渡期間，該締約國必須對其他締約國應用本公約，而不應用任何其他公約。

第三十二條 修訂和修改

1. 經不少於三分之一的本公約締約國的要求，保管人應召開締約國會議，以修訂或者修改本公約。

2. 在本公約修訂案生效后交存的任何批准書、接受書、認可書或加入書，應視為適用於經修改后的本公約。

第三十三條 對限額和記帳單位或貨幣單位的修訂

1. 儘管有第三十二條的規定，保管人應按照本條第 2 款規定，召開專為修改第六條和第二十六條第 2 款所定的數額或者用其他單位代替第二十六條第 1 款和第 3 款所定的兩個單位或其中的一個單位為目的的會議。數額中只有在其實際價值發生重大變化時，才得加以修改。

2. 經不少於四分之一締約國要求，保管人即應召開修訂會議。

3. 會議的任何決定必須由與會國家三分之二的多數作出。修訂案由保管人送交所有締約國以便接受，並通報所有該公約的簽字國。

4. 所通過的任何修訂案自獲得三分之二締約國接受之日起，在滿一年后的次月第一日生效。接受修訂案時，應將表示接受的正式文件交存保管人。

5. 修訂案生效后，接受修訂案的締約國，在同修訂案通過后六個月內沒有通知保管人不受該修訂案約束的締約國的關係上，有權應用經修訂的公約。

6. 在本公約修訂案生效后交存在任何批准書、接受書、認可書或加入書，應視為適用經修訂的公約。

第三十四條 退出

1. 締約國可以在任何時候書面通知保管人退出本公約。

2. 退出本公約自保管人收到通知書之日起，在滿一年后的次月第一日生效。如在通知中規定了較長的期限，則退出本公約自保管人收到通知后在該較長期限屆滿

第六章　國際貨物運輸公約

時生效。

一九七八年三月三十一日訂於漢堡,正本一份。其阿拉伯文、中文、英文、法文、俄文和西班牙文本具有同等效力。

下列全權代表,經其政府正式授權,已在本公約上簽字,以資證明。

聯合國海上貨物運輸會議通過的共同諒解

茲取得以下共同諒解:根據本公約,承運人的責任以推定過失或疏忽的原則為基礎。也就是說,通常由承運人負舉證責任,但在某些情況下,公約的規定會改變這一規則。

聯合國海上貨物運輸會議通過的決議

「聯合國海上貨物運輸會議。」

「以感謝的心情注意到德意志聯邦共和國盛情邀請在漢堡舉行會議。」

「認識到德意志聯邦共和國政府和漢堡自由漢薩市提供給會議的各種便利以及對與會者的盛情款待,對會議的成功裨益不少。」

「感謝德意志聯邦共和國政府和人民。」

「根據聯合國貿易和發展會議的要求,在聯合國國際貿易法委員會草擬的公約草案的基礎上,通過了海上貨物運輸公約。」

「感謝聯合國國際貿易法委員會和聯合國貿易和發展會議對海上貨物運輸法律的簡化和協調所作出的卓越貢獻。」

「決定把會議通過的公約命名為:一九七八年聯合國海上貨物運輸公約。」

「建議本公約所載的規則稱為漢堡規則。」

思考題

1. 《海牙規則》的主要內容是什麼?其有關承運人責任、責任期限及訴訟時效的規定有哪些?
2. 《維斯比規則》的主要內容是什麼?其特點是什麼?
3. 《海牙規則》和《維斯比規則》的區別是什麼?
4. 《維斯比規則》對《海牙規則》做了哪些重大修改?
5. 《漢堡規則》是如何產生的?其主要內容是什麼?
6. 《漢堡規則》對《海牙—維斯比規則》做了哪些重大變更?
7. 《海牙規則》關於承運人的最低法定義務的規定是什麼?
8. 與《海牙規則》相比,《漢堡規則》對於承運人的責任有哪些新規定?
9. 簡述《海牙規則》、《漢堡規則》關於艙面貨的規定。
10. 簡述《海牙規則》、《維斯比規則》、《漢堡規則》關於索賠通知與訴訟時效的不同規定。

第七章　國際貿易支付公約

● 第一節　《統一匯票和本票法公約》

　　由於各國票據法的立法技術和體例不同，形成了法國、德國和英美三大票據法體系，對票據的國際交流帶來了極大不便。1910 年和 1912 年在荷蘭海牙舉行了統一票據法會議，提出了關於統一票據法的草案，后因第一次世界大戰而擱淺。戰后，1930 年和 1931 年由國際聯盟在日內瓦召集的票據法統一會議和支票法統一會議，制定了《1930 年關於統一匯票和本票的日內瓦公約》、《1930 年關於解決匯票和本票的若干法律衝突的公約》和《1931 年關於統一支票法的日內瓦公約》、《1931 年關於解決支票的若干法律衝突的公約》等四個關於票據法的公約，統稱「日內瓦公約」或「日內瓦統一法體系」。

　　日內瓦統一法體系只解決了法、德兩大票據法體系的衝突，而英美票據法體系國家因日內瓦公約的規定與其票據的傳統和實踐相矛盾，拒絕參加。因此，在國際上形成了票據法的兩大法系，即日內瓦統一法系和英美法系。中國票據法雖受《日內瓦統一法》的影響，但中國並未參加該公約，因而不屬於日內瓦統一法體系。

一、《統一匯票本票法公約》概述

　　《統一匯票本票法公約》（Convention on the Unification of the Law Relating to Bills of Exchange and Promissory Notes）（以下簡稱《公約》）共二編，十二章，七十八條。其中第 1 編是關於匯票（一～十二章，一～七十四條），第二編關於本票（七十五～七十八條）。該公約主要規定了匯票的開立和格式、背書、承兌、保證、到期

第七章　國際貿易支付公約

日、付款、拒絕承兌或拒絕付款的追索權，為維護信譽而參加，成套匯票和副本，更改，訴訟時效及一般規定等。該公約對本票也作了詳細的規定。

二、《統一匯票本票法公約》主要內容

第一編對匯票作出了詳細規定。

匯票（Bill of Exchange）是一種債權證書，是由一個人向另一個人簽發的、要求對方立即、定期或者在確定時間內、對其指定人或持票人、無條件支付一定金額的書面支付命令。

（一）匯票的基本內容

公約第一章第一條至第十條規定了匯票的內容。根據公約，一張有效匯票應該載明以下內容：

1. 票據主文中有「匯票（Bill of Exchange）」字樣

其目的在於明確票據性質，以區別於其他票據。

2. 無條件支付一定金額的命令

匯票的應付金額應同時以文字及數字表示，如有任何差異，以文字表示的數額為準；如果有多次的文字或數字記載而有差異時，以較小的金額為應付金額。

3. 付款人名稱（Drawee）

付款人又稱為受票人，即接受支付命令而付款的人。

4. 付款日期

付款日期是付款人履行付款義務的日期。公約規定了 4 種付款日期，即見票即付，見票后定期付款，出票后定期付款和定日付款，以其他方式記載的到期日的匯票或者分期付款的匯票均無效。公約規定，未列明付款日期的匯票，視為見票即付。具體如下：

（1）見票即付的到期日。公約規定，見票即付的匯票，在提示時付款，並應在出票日起 1 年內進行付款提示。出票人可以縮短或延長此期限，而背書人只能縮短此期限。出票人可以規定見票即付的匯票不得在指定日前進行付款提示。在這種情況下，提示的期限自上述指定日期起算。

（2）見票或出票后定期付款的到期日。公約規定，見票后定期付款的匯票的到期日得由承兌日期或拒兌證書作成日期決定。凡匯票開立為出票或見票后 1 個月或若干月付款的，該匯票應在付款月之相應日期為到期日。如無相應日期，則在該月的最后 1 日為匯票到期日期。凡匯票開立為出票或見票后 1 個月半或若干個月半付款者，首先應計算整月。例如，匯票的到期日為月初，月中（如 1 月中、2 月中等）或月末，應理解為每月的第 1 日、15 日或最后一日。「半月」一語指 15 日。

（3）定日付款的到期日。公約規定，如果定日付款的匯票的付款地日期不同於出票地日期，其到期日期視為按照付款地日期決定。如出票后定期付款的匯票的出

國際貿易慣例與公約

票地的日期不同於付款地的日期，則出票日期應為付款地日期的相應之日，並以此決定到期日期。匯票提示的時間亦按此計算。

5. 付款地點

付款地點是持票人提示票據請求付款的地點，在匯票遭拒付時，還是作成拒絕證書的地點，是匯票有效的必要條件。公約規定，如無特殊說明，受票人姓名旁記載的地點視為付款地，同時視為受票人的住所地。

6. 受款人或其指定人姓名

受款人又稱收款人（Payee），也稱匯票「抬頭」，是接受匯票所規定金額的人。匯票上的受款人是主債權人，必須明確記載。根據公約第三條規定，匯票①可以開立為付給出票人的指定人；②可以開立為付給出票人本人；③也可以為第三人開立。

7. 出票日期和出票地點

匯票上必須明確載明出票日期，即開立匯票的日期。其重要作用在於：一是確定出票人在開立匯票時有無行為能力，如果出票時法人已宣告破產或清算，已喪失行為能力，則票據沒有效力；二是確定某些匯票的有效期或到期日，及其匯票的有效期和出票后定期付款的遠期匯票的到期日，均從出票日起算。

出票地點是匯票的簽發地，根據公約，未列明出票地的匯票，出票人姓名旁記載的地點視為出票地。

8. 出票人的簽名

出票人（Drawer）在匯票上簽字即表明承認自己的債務，受款人因此而有了債權，從而使匯票成為債權憑證。公約規定，出票人應保證匯票的承兌和付款。出票人可以免除自己保證承兌之責，但任何免除其保證付款的記載均視為無記載。如匯票上有無承擔責任能力的人簽名，或偽造的簽名，或虛擬的人簽名，或因任何其他理由不能使簽名人或被代簽的人承擔義務的簽名，其他簽名人應負之責仍然有效。任何無權代表他人簽名而在匯票上代簽名之人，應作為當事人對匯票自行負責，如該人付款，即與其所聲稱代表的人具有同樣權利。此規則同樣適用於逾越權限的代表。

公約規定，簽發記載不全的匯票而不補全者，不得因此以對抗善意持票人，但持票人以惡意或嚴重過失取得匯票者除外。

（二）匯票的背書

公約第十一條到第二十條規定了匯票的背書。匯票的背書（Endorsement）指匯票抬頭人在匯票背面簽上自己的名稱，或再加上受票人（被背書人）的名稱，並把匯票交給受票人的行為。公約規定，所有匯票均可以背書轉讓，背書轉移匯票上的一切權利。

1. 背書的構成

背書必須寫在匯票或者其粘單（Allonge）上，並必須由被背書人簽名。

第七章　國際貿易支付公約

2. 背書的內容及效力

背書可以不指明受益人，或僅由背書人簽名，稱為空白背書。「付給來人」的背書與空白背書效力相同。如背書為空白背書，持票人可以：

（1）以其本人或某一其他人的姓名填入空白；

（2）再作出空白背書或再背書與某一其他人；

（3）不填載空白及不作背書而將匯票轉讓於第三人。

公約規定，如出票人在匯票上註有「不可付指定人」字樣或相同詞句，該票據只能按照通常債權轉讓方式讓與，並具有債權轉讓方式的效力。不論受票人已否承兌，匯票都可以以背書方式轉讓於受票人、出票人或匯票上任何其他人，上述人等可再以背書轉讓。

公約規定，背書必須無條件。附帶條件的，其條件視為無記載。背書不得更改匯票金額，就匯票金額所做的背書視為無效。背書人可以禁止任何再背書。在此情況下，該背書人對禁止後再經背書而取得匯票的人，不承擔保證責任。

以連續背書而取得匯票的最后匯票持有人，應視為該匯票的合法持票人。任何人不論以何方式喪失匯票，只要持票人按上文所述方式確立其權利者，則無義務放棄該匯票，但該持票人以惡意取得或在取得時有嚴重過失者除外。

如背書載有「價值在托收中」、「為托收用」、「委託代理」或任何表明單純委託的字樣，或當背書載有「保證價值」、「抵押價值」或任何其他抵押的字樣，持票人可以行使匯票上的一切權利，但只能以代理人資格背書。在這種情況下，承擔責任的各當事人對持票人提出的抗辯以能對抗背書人者為限。由委託代理背書所載明的委託事項，不因委託人的死亡或委託人在法律上無行為能力而終止。因匯票而被訴之人，不得以其與出票人或前手持票人間的個人關係發生的抗辯來對抗持票人，除非最后持票人在取得匯票時明知其行為有損於債務人。

3. 背書日期

公約第二十條規定，匯票到期後的背書與到期前的背書具有同一效力。但因拒付而作成拒絕證書后，或規定作成拒絕證書的期限屆滿后的背書，只具有通常債權轉讓的效力。如無相反證明，凡未載明日期的背書，視為在規定作成拒絕證書期限屆滿前在匯票上所作的背書。

（三）匯票的承兌

承兌（Acceptance）是遠期匯票的付款人在匯票上簽名，用以表明到期付款的意願的一種票據行為。公約第二十一到二十九條，以及第三十二條規定了承兌的相關內容。

1. 承兌提示

承兌提示（Presentation for Acceptance）是持票人將匯票提交給付款人要求其承兌的行為。公約規定，持票人可以於匯票到期日前，在付款人住所向受票人（付款人）作承兌提示。出票人在任何匯票中均可規定匯票應當進行承兌提示，並不限制

國際貿易慣例與公約

是否規定提示期限，也可規定在指定日期前不得進行承兌提示。受票人可以要求在第一次提示後之次日作第二次提示。除匯票在第三人的地址付款，或在受票人住所以外的其他地點付款，或匯票開立為見票後定期付款外，出票人均可禁止提示承兌。除非出票人已禁止承兌，所有背書人均可規定匯票應作承兌提示，並不限制是否規定提示期限。

2. 承兌日期

公約規定，見票後定期付款的匯票，應當自出票日起一年內提示承兌。出票人可以縮短或延長此期限，但背書人只能縮短此期限。如匯票明確規定見票後定期付款、或按照特別規定應在某一期限內提示承兌，除持票人要求以提示日作為承兌日外，承兌的日期應為進行承兌之日；匯票如未載明承兌日期，持票人為保留其向背書人和出票人的追索權，必須在適當時間內作成拒絕證書以證明此項遺漏。

3. 承兌的構成

根據公約規定，承兌應當在匯票上註明，以「已承兌（accepted）」或其他同義字樣表示，並由付款人簽名。付款人只有在票據正面簽名時才構成承兌。

承兌應當是無條件的，付款人可就票據金額的全部或一部分進行承兌。付款人承兌後，即應負到期付款的責任。所有其他在承兌時將匯票的主要條件修改者，視為拒絕承兌，此時，承兌人應按其承兌條件承擔責任。

（四）匯票的保證

公約第三十到三十二條對匯票的保證（avals）作了對應。公約規定，匯票的全部或部分金額可以保證的方式保證付款。此項保證由第三人或由在匯票上簽名的當事人作出。

根據公約，保證應在匯票或粘單（allonge）上作出，須有「保證」字樣，並由保證人簽名。除受票人或出票人的簽名外，僅有保證人在票面上的簽名亦視為保證的成立。保證須指明被保證人姓名，如未指明，則視為為出票人保證。

保證人承擔的責任與被保證人相同。公約第三十二條規定，除非「保證」的形式有缺陷，否則保證人的「保證」，即使在被保證的債務因任何理由而無效時，仍屬有效。保證人在對匯票付款後，擁有匯票上對抗被保證人和對被保證人就匯票負有責任者的權利。

（五）匯票的付款

公約第三十八到四十二條對匯票如何付款做了詳細規定。

1. 付款地點

匯票可在第三人的住所付款，此第三人的住所可以在受票人的所在地或任何其他地點。

2. 付款金額及利息

公約規定，對匯票付款的受票人，可以要求持票人在匯票上註明「收訖」後交還受票人。持票人不得拒絕部分付款。在部分付款的情況下，受票人可以要求在匯

第七章　國際貿易支付公約

票上註明該部分付款,並應給以收據。

見票即付或見票后定期付款的匯票,出票人可就應付的金額規定附加利息。匯票上應表明利率,如未表明,則視為無利率規定。除表明其他日期外,利息自出票日起算。

3. 付款日期

公約規定,定日付款或出票或見票后定期付款(即見票即付以外)的匯票持票人,應於到期日或其后兩個營業日中的一日進行付款提示。不得強制匯票的持票人接受到期日前的付款。受票人在到期日前付款,由自己承擔風險和危險。在到期日付款的人除有詐欺行為或嚴重過失外,應視為對匯票債務的有效清償。付款人應負責查驗背書的連續,但對背書人的簽名不負認定真偽之責。

4. 付款貨幣

公約規定,如所開匯票應付的貨幣不是付款地的貨幣,其應付的金額可按到期日的價值,以付款國貨幣進行支付。債務人如違約,持票人可自行決定,要求該匯票金額以到期日或付款日的匯率、以付款國的貨幣支付。外國貨幣的價值依付款地的慣例決定,但出票人可規定按匯票上註明的匯率折算該應付金額。這一規則不適用於出票人已明確規定必須以某一指定的貨幣(規定以外幣作實際支付)支付的情況。根據公約,如用以表示匯票金額的貨幣在出票國及付款國名稱相同但價值相異者,應視為指付款地的貨幣支付。

(六)匯票的追索權

持票人在匯票被拒付時,對背書人、出票人及其他匯票債務人行使請求償還的權利,稱為追索權(Recourse)。公約對匯票追索權的行使做了詳細規定。

1. 追索權行使條件

公約第四十三條規定,持票人可以在下列日期向背書人、出票人及其他有責任的當事人行使追索權:

(1)如款項未被支付,則持票人可到期日行使追索權。

(2)若出現以下情況,持票人可在到期日前行使追索權:①全部或部分拒絕承兌;②不論匯票是否已被承兌,受票人破產;或即使未由判決宣告,受票人停止付款;或對其貨物已執行扣押而無效果;或③未獲得承兌的匯票的出票人破產。

2. 拒絕證書

公約規定,拒絕承兌或拒絕付款必須由公證書(拒絕承兌或拒絕付款的拒絕證書)來進行證明。拒絕承兌的拒絕證書應於規定的提示承兌期限內作成。如發生第二十四條第一款所規定的情況(即受票人可要求在第一次提示后的次日作第二次提示),第一次提示是在該期限的最后一日提示者,則拒絕證書可於次日作成。

定日付款或在出票或見票后定期付款的匯票,其拒絕證書須在匯票應付日后兩個營業日之一作出。如為見票即付匯票,其拒絕證書須按前款有關作出拒絕承兌的拒絕證書的條件作成。

國際貿易慣例與公約

　　根據公約，作成拒絕承兌的拒絕證書后，無需提示付款也無需作成拒絕付款的拒絕證書。不論匯票是否已承兌，如受票人停止付款，或對其貨物已執行扣押而無效果，持票人在把匯票向受票人提示付款和拒絕證書作成前，不得行使追索權。不論匯票是否已承兌，如受票人已宣告破產，或未獲承兌的匯票出票人已宣告破產，則宣告破產的裁決一旦做出，即能使持票人行使追索權。

　　3. 行使追索權的通知

　　公約規定，持票人應於在拒絕證書作成日后4個營業日內，將拒絕承兌或拒絕付款事由通知背書人和出票人。如匯票上有「退票時不承擔費用」的規定，應於提示日期作出上述通知。每一背書人應於收到通知后的兩個營業日內，將收到的通知事由、並列出上述通知的各人姓名及地址，通知其前手背書人，依次直至出票人。上述期限自收到上一通知之日起算。

　　在按照前款規定通知匯票上各個簽名人、背書人時，亦應於同一期限內發給同樣通知給其保證人（Avaliseur）。如背書人地址不明確，則此項通知發給其前手背書人即可。應發出通知的人可以任何方式發出通知，甚至亦可僅退回匯票。

　　公約規定發出通知的人須證明其在規定期限內已發出通知。公約採用投郵主義，即在規定期限內把通知信件投郵就認為其已遵守規定期限。未在上述規定期限內發出通知的人，並不喪失其權利，但應對其疏忽造成的損失（如有的話）負責賠償，其金額以不超過匯票上的數額為限。

　　4. 相關費用

　　公約第四十六條規定，出票人、背書人或保證付款的保證人可於票據上批註「退票時不承擔費用」、「免作拒絕證書」或任何其他相同詞語的規定及簽名，從而解除持票人為行使追索權而必須作成拒絕承兌或拒絕付款之拒絕證書的責任。但此項規定並不解除持票人在規定期限內提示匯票或發出必要通知的責任。不遵守期限的舉證責任由企圖以此作為對抗持票人的人承擔。

　　上項規定如由出票人批寫，對所有在匯票上簽名的人均有效；如由背書人或保證人批寫，則僅對該背書人或保證人發生效力。如持票人無視出票人所批寫的規定，作成拒絕證書，有關的費用由其自行承擔。如該項規定由背書人或保證人作出，則作成拒絕證書的費用，可向所有在匯票上簽名的人索償。

　　5. 相關當事人的責任

　　公約規定，所有出票人、承兌人、背書人，或對匯票作出保證的保證人，對持票人負連帶責任。持票人有權對上述所有的人單獨或集體起訴，無需遵照他們承擔責任的先后順序。任何在匯票上簽名的人，在接受匯票並予清償后，與持票人享有同樣權利。對債務人之一起訴並不影響對其他債務人的起訴，即使其他債務人是被訴債務人的后手。

　　6. 追償金額

　　公約第四十八條規定，持票人在行使追索權時可向被追索人索償下列款項：

第七章　國際貿易支付公約

（1）未承兌或未付款的匯票金額連同利息，如匯票上規定有利息者的話；
（2）自到期日起按6%利率計算的利息；
（3）作成拒絕證書及所發通知的費用，以及其他費用。

如在到期日前行使追索權，匯票金額應扣除貼息。貼息應按在持票人住所地行使追索權之日的官方貼現率（銀行利率）計算。

公約第四十九條規定，接受匯票並予清償的人，可向負有責任的人索償下列款項：

（1）其已付的全部金額；
（2）自支付上述款項之日起按6%利率計算的利息；
（3）所支付的任何費用。

公約規定，任何被追索或可向之行使追索權的每一負有責任的人作清償後，可以要求持票人交出匯票及拒絕證書和收訖清單。任何接受匯票並予清償的背書人，可以塗銷其背書及其後手背書人的背書。

如在部分承兌後行使追索權，對匯票的未承兌部分付款的當事人，可以要求把此項付款註明在匯票上，並要求取得付款的收據。持票人也須向其交付該匯票經證實的副本及拒絕證書，以使其以後能行使追索權。

公約第五十二條亦規定，每一有追索權的人，如無相反的協議，可以另向負有責任的任一當事人開立在該當事人住所地付款的見票即付的新匯票（重開匯票），以資取償。重開匯票的金額，除包括第四十八條和第四十九條規定的金額外，還包括經紀費用和重開匯票的印花費用。重開匯票如為持票人所開立，應付金額按照在原匯票的付款地開立，以負有責任的當事人在其住所地付款的即期匯票的匯率來規定。重開匯票如為背書人所開立，則應付金額按照在該背書人的住所地開立，以負有責任的當事人住所地為付款地的即期匯票匯率來規定。

7. 追償期限

在下述規定的期限屆滿後，持票人即喪失其對背書人、出票人，以及其他負有責任的當事人的追索權，但承兌人除外：見票即付或見票後定期付款的匯票的提示期限；拒絕承兌或拒絕付款的拒絕證書做成的期限；有「退票時不承擔費用」的規定的提示付款期限；如未在出票人規定的時限內提示承兌，除從規定的字義上看來僅是出票人解除其對承兌的保證外，持票人喪失其因拒絕承兌和拒絕付款而得行使的追索權。如背書中載有提示期限的規定，該項規定僅對該背書人有效。

（七）參加承兌與參加付款（Intervention for Honour）

公約第五十五條規定，出票人、背書人或保證人可以指定一人在必要時承兌或付款。參加人可以是第三人，甚至是受票人或除承兌人以外的已對匯票承擔責任的當事人。參加人有責任在兩個營業日內向被參加人發出其參加的通知。如未發出通知，則應對由於其疏忽而造成的損害（如有的話）負責，但賠償額以不超過匯票上的數額為限。

國際貿易慣例與公約

1. 參加承兌

公約第五十六條規定，凡持票人對可承兌的匯票在到期前的追索權者，在任何情況下均可以參加承兌。如匯票表明已指定一人必要時在付款地承兌或付款，持票人在到期前不得對該受託人或其后手簽名人行使追索權，除非其已向該受託人提示匯票，並經該受託人拒絕，且已由拒絕證書證明。如在其他情況下參加承兌，持票人可以拒絕接受參加承兌。但如同意接受，則喪失其在到期前對被參加承兌人及其后手簽名人的追索權。

公約第五十七條規定了參加承兌應在匯票上明確標明，由參加人簽名，並應註明被參加人姓名，如無該項記載，應視出票人為被參加承兌人。公約第58條也明確了參加承兌人對持票人和被參加承兌人的后手背書人承擔的責任與被參加人承擔的責任同。

2. 參加付款

公約規定，凡持票人對匯票不論在到期日或到期前都有追索權者，在任何情況下，均可以參加付款。參加付款必須包括被參加人應付的全部金額。此項付款最遲須在規定作成拒絕付款證書最後1日的次日作出。如匯票為住所在付款地的人參加承兌者或住所在付款地的被指定為必要時的受託人者，持票人須向上述各人提示匯票，並在必要時最遲在規定作成拒絕付款證書最後1日的次日進行提示。如未在期限內作成拒絕證書，指定為必要時的委託人或被參加承兌人及所有后手背書人均可解除責任。拒絕接受參加付款的持票人對任何因參加付款而不解除責任的人喪失追索權。

公約還規定，參加付款必須由記載在匯票上的收款事實所證明，並須註明被參加人姓名。如無此項記載，則應視出票人為被參加付款人。匯票和拒絕證書（如有的話）必須交於參加付款人。參加付款人付款後取得匯票上可對抗被參加人及向被參加人承擔責任的人的一切權利，但不得再將匯票背書。被參加人的后手背書人因參加付款而解除責任。如有數人參加付款，以參加付款後能解除較多人數責任的人有優先權。

（八）成套匯票及匯票副本的規定

1. 成套匯票（Parts of a Set）

公約第六十四條規定，匯票可以開立兩張或兩張以上同樣的匯票。票據文字中須載明各張的編號；如未編號，每張匯票應視為單獨的匯票。未註明為單張匯票的匯票持票人，必須自行負擔費用而要求交付兩張或兩張以上匯票。為此目的，該持票人應向其直接前手背書人請求，而前手背書人有義務協助依次向其背書人直至出票人提出請求。背書人有義務在成套新開立的各張匯票上再作出同樣的背書。

公約第六十五條規定，即使匯票上並無對一張付款而使其他各張失效的規定，但如果成套匯票中的一張匯票得到付款，即解除其責任。但受票人對未收回而已承兌的各張匯票仍應負責。背書人將成套的各張匯票轉讓於不同人時，該背書人及其

第七章　國際貿易支付公約

后手背書人對未收回的載有其簽名的各張匯票均應負責。

公約第六十六條規定了，將一張匯票送請承兌的當事人須在其他各張上註明佔有該張匯票的人的姓名。該人有義務將該張匯票交於另一張匯票的合法持票人。如該人拒絕交出，持票人在拒絕證書作成並註明下列事項前，不得行使追索權。

（1）送請承兌的該張匯票經其要求，未獲歸還；

（2）未能根據另一張匯票獲得承兌或付款。

2. 匯票副本（Copies）

公約第六十七條、六十八條規定了匯票副本。根據公約，每一匯票持票人都有權製作該匯票的副本。繕制副本必須與正本內容一致，並應記載正本上的背書和所有其他事項。副本應註明副本製作到何處為止。副本可與正本同樣方式背書和以「保證付款」而進行保證，具相同效力。

根據公約，副本必須註明佔有正本票據的人的姓名，該人有義務將正本票據交於匯票副本的合法持票人。如該人拒絕交出，持票人在拒絕證書作成並載明正本經其要求未獲歸還前，不得對在副本上背書或以「擔任付款」保證的人行使追索權。如正本票據上的繕制副本前的最后一個背書后載有「此后僅在副本上所為的背書方為有效」字樣或相同含義者，正本上后加的背書無效。

（九）其他規定

1. 更改

公約第六十九條規定，匯票文義如有更改，則簽名在更改之后的人依更改后的文義負責；簽名在更改之前的人依原有文義負責。

2. 時效

公約第七十條規定，匯票上對承兌人主張權利的一切訴訟，自到期日起算，3 年后喪失時效。持票人對背書人和出票人主張權利的訴訟，自在恰當時間內作成拒絕證書之日起算，或如有「退票時不承擔費用」的規定的，自到期日起算，1 年后喪失時效。背書人相互間和對出票人主權權利的訴訟，自背書人接受並清償匯票之日起算，或自其本人被訴之日起算，6 個月后喪失時效。

3. 其他一般規定

公約還規定了，如匯票到期如為法定假日，則順延至假期屆滿后第一個工作日。期限中的假日，包括在應計算的期限內。法定或合約上的期限不包括該期限開始之日。

在匯票業務中不予適用法律上或司法上的寬限日的規定。

（十）有關本票

公約第二編規定了本票。本票（Promissory Note）是出票人對受款人簽發的、在確定的某個時間對其或其指定人或持票人無條件支付一定金額的承諾。本票的當事人只有兩個：出票人和受款人。本票的付款人就是出票人本人。因此，遠期本票不需承兌。

國際貿易慣例與公約

1. 本票的內容

公約第七十五條規定，本票應包含下列內容：

（1）票據主文中列有「本票（Promissory Note）」一詞，並以開立票據所使用的文字表示；

（2）無條件支付一定金額的承諾；

（3）付款日期的記載；未載付款日期的本票，視為見票即付。

（4）付款地的記載；如無特殊記載，票據的出票地視為付款地，同時視為簽票人的住所地。

（5）受款人或其指定人的姓名；

（6）簽發本票的日期和地點的記載；未載出票地的本票，出票人姓名旁所載的地點視為出票地。

（7）簽發本票的人的簽名（簽票人）。

2. 本票的適用

公約明確規定，有關匯票中背書（第十一條至第二十條）、到期日（第三十三條至第三十七條）、付款（第三十八條至第四十二條）、拒絕付款的追索權（第四十三條至第五十條，第五十二條至第五十四條）、參加付款（第五十五條，第五十九條至第六十三條）、副本（第六十七條和第六十八條）、更改（第六十九條）、訴訟時效（第七十條和第七十一條）、假日、期限的計算及寬限日的禁止（第七十二條，第七條和第七十四條）等規定，凡與本票的性質不相抵觸者，均適用於本票。

其他還適用於本票的規定包括：有關匯票在第三人住址或在受款人住所以外其他地點付款的規定（第四條和第二十七條）；利息的規定（第七條）；應付金額的差異（第六條）；在第七條所述情況下簽名的后果；未獲授權者和越權者簽名的后果（第八條）；有關記載不全匯票的規定（第十條）；有關以保證方式保證的規定（第三十條至第三十二條）；根據第三十一條最后一款的規定，如保證時未指明被保證人姓名，視為為本票的出票人保證。

公約第七十八條規定，本票出票人應負之責，與匯票的承兌人同。

本票如為見票后定日付款者，須在第二十三條規定的期限內向出票人提示「簽見（the visa of the maker）」。期限從出票人在本票上的簽見日起算。出票人拒絕簽見並加註日期，須由拒絕證書證明，拒絕證書日期即為見票后期間的開始。

3. 本票與匯票的區別

本票在許多方面與匯票相同，但也有區別，主要表現在下列方面：

（1）本票是無條件支付的承諾，而匯票是無條件支付的命令；

（2）本票的當事人只有出票人和收款人，出票人即為付款人，所以本票無需記載付款人姓名；而匯票當事人至少有出票人、付款人和收款人三個；

（3）本票是付款承諾，因此無承兌行為，其出票人始終是主債務人；而匯票是付款命令，如為遠期匯票則必須經過承兌，承兌之后，承兌人就成為匯票的主債務

第七章　國際貿易支付公約

人,而出票人則成為從債務人。

(4)匯票能夠開成一式多份,而本票只能一式一份,因為本票就像已被承兌過的匯票,匯票的付款人在匯票有一式多份時只能承兌一張,因此本票也只有一張。

三、《解決匯票本票若干法律衝突公約》

《解決匯票本票若干法律衝突公約》(Convention on the settlement of Certain Conflicts of Laws in Connection with Bills of Exchange and Promissory Notes)是對《統一匯票本票法公約》的補充。由於《統一匯票本票法公約》沒有完全統一匯票和本票制度,一方面是因為許多國家沒有參加,或者沒有批准這個公約;另一方面,是因為統一法公約不是對所有問題都有規定,而且還有保留的條款。此外,會議上又考慮到公約實施后,各國法院解釋不同,會引起新的法律衝突。為了彌補這些缺點,1930年日內瓦會議在訂立《統一匯票本票法公約》的同時,又訂立了該公約,這個公約沒有包括匯票和本票的全部抵觸規則,所以成為解決匯票本票若干法律衝突公約。

該公約共20條。其主要內容包括:

(1)票據行為的成立要件。出票人的權利能力與行為能力依其本國法的規定,但如依本國法無票據能力,依票據行為地法,有能力時則該項票據行為視為有能力。

(2)票據的行為效力。在票據上簽字的人的權利和義務,依票據行為獨立原則,不同票據行為受不同的法律支配,匯票承兌人或本票出票人承擔義務的效力,由付款地法律規定。匯票或本票上其他簽字人承擔義務的效力,由簽字地法律規定。票據形式依出票地法,背書形式依背書地法。票據的支付依支付地法。拒絕證書的形式和作成期限,依證書作成地法。票據的償付請求權的訴訟時效,依出票地法。

(3)票據的義務履行。指付款及與付款相連的問題。各締約國有權規定,其國民在國外締結匯票或本票所構成的義務,如系依照本國法所定形式為之,對於在其國境內的任一國民同樣有效。因匯票遺失或被盜而採取的措施,皆由該等票據付款地的國家法律規範。

(4)公約的適用範圍。公約適用於締約國間的匯票及本票的法律衝突。對於在締約國領土範圍外所承擔的義務,或依公約規定所應適用的法律為非締約國的法律時,締約國有權決定是否適用所規定的國際私法原則。

本公約於1930年6月7日在國際聯盟召開的日內瓦票據法統一會議上通過,1934年1月1日生效。這次會議同時制定的還有《統一匯票本票法公約》、《匯票本票印花稅公約》。

四、《日內瓦統一票據法》、《英國票據法》和《中華人民共和國票據法》對匯票票據行為的規定比較

如上所述,法國、德國等歐洲大陸為主的20多個國家參加了1930年在日內瓦

國際貿易慣例與公約

召開的國際票據法統一會議，簽訂了《日內瓦統一匯票、本票法公約》及1931年的《日內瓦統一支票法公約》，兩個公約合稱為《日內瓦統一法》。使用的國家主要是法、德、日、意、瑞、比、荷、西等參加會議的及歐洲大陸國家。日內瓦統一法體系只解決了法、德兩大票據法體系的衝突，而英美票據法體系國家因日內瓦公約的規定與其票據的傳統和實踐相矛盾，拒絕參加。因此，在國際上形成了票據法的兩大法系，即英美法系和日內瓦統一法系。

英美法系國家的票據法是1882年《英國票據法》（Bills of Exchange Act, 1882）（以下簡稱「英國法」）為藍本的，美國及大部分英聯邦成員國如加拿大、印度、南非等都以此為參照制定本國的票據法。美國在1952年制訂《統一商法法典》，其中第三章商業證券，即是關於票據的法律規定，也就是美國的票據法，它在英美法系國家的票據法中也具一定的代表性和影響力。美國和其他英聯邦國家的票據法雖在具體法律條文上與英國票據法有所不同，但總體說來，英美法系國家的票據法基本上是統一的。因此，在國際上形成了票據法的兩大法系，即日內瓦統一法系和英美法系。

兩大法系國家的票據法各以這兩個票據法為基礎，並各自基本趨於統一。另有一些非大陸法系國家的票據法也參照《日內瓦統一法》（以下簡稱「日內瓦法」）制定本國的票據法，如中國的票據法。但中國並未參加該公約，因而不屬於日內瓦統一法體系。

《中華人民共和國票據法》（以下簡稱「中國法」）於1995年5月10日頒布，1996年1月1日起實施，並於2004年8月通過修訂版。這是中國一條重要的經濟立法，對調整中國國內票據關係及涉外票據關係起著重要作用。中國有關涉外票據關係法律適用的規定的適用原則大致為：第一，有關出票及票據的合法性適用出票地法律。第二，其他票據行為適用行為地法律。在中國對外經濟交往中發生涉外票據關係時，既要依照中國票據法，有時也要適用別國的票據法。

（1）在立法體例上，「英國法」採用票據包括主義，「日內瓦法」採用票據分離主義。如「英國法」包括匯票、本票和支票，並將本票、支票作為匯票的特殊形式加以處理。在立法體例上，「中國法」類似於「英國法」，採取三票合一的形式，匯票一章按各種票據行為分節作了詳細規定，而對本票、支票與匯票相同之處則採用「適用」的辦法處理，以避免重複。

（2）在票據定義的規定上，「日內瓦法」中沒有像「英國法」那樣有嚴謹的文句對票據下定義，它只是規定票據的必要項目給票據下定義。中國票據法類同於「英國法」，第十九條規定：「匯票是出票人簽發的，委託付款人在見票時或者在指定日期無條件支付確定的金額給收款人或者持票人的票據。」

（3）票據是一種要式證券，「日內瓦法」尤為強調票據的要式性。所謂票據的要式性是指票據的作成格式和記載事項只有符合法律規定，才能產生票據效力，不依法定方式作成的票據不能產生法律效力，導致票據無效，中國的票據法也強調票

第七章 國際貿易支付公約

據的要式性。

在票據的必要項目方面：

①在票據名稱方面，「日內瓦法」強調票據上要有票據名稱的字樣，即標明是匯票或本票或支票，中國票據法也有此規定，而「英國法」無此要求。

②在票據金額方面，「英國法」和「日內瓦法」都規定，如大小寫不一致，以大寫金額為準，而中國票據法規定此種票據無效。「日內瓦法」還規定，如果有兩個大寫不一致，以數額小的大寫為準。

③關於票據的收款人抬頭，「英國法」規定三種票據均可作記名抬頭和來人抬頭，中國票據法規定均不可作來人抬頭。

④關於付款人名稱，「日內瓦法」規定付款人名稱作為必須記載項目加以記載，中國亦有類似規定。臺灣地區將此項作為相對必要記載事項，規定未記載明的，以出票人為付款人。而「英國法」規定，付款人可以是出票人自己，如匯票的付款人是出票人本人或者付款人為虛構或者為無行為能力人，持票人可自行規定，可以視之為匯票或者是本票。

⑤關於出票日期，「日內瓦法」將此作為必要項目，中國票據法有相同規定，而「英國法」認為無出票日期，票據仍然成立。

⑥關於出票人簽章，「英國法」無明文規定；「日內瓦法」第一條規定必須有開立匯票人的簽名；「中國法」第七條規定：票據上的簽章，為簽名、蓋章或者簽名加蓋章。法人和其他使用票據的單位在票據上的簽章，為該法人或者該單位的蓋章加其法定代表人或者其授權的代理人的簽章。

（4）票據的要式性除票據的格式、內容要符合要式，票據行為也是要式的。票據法對各種票據行為都有詳細嚴格的規定。這樣可以使票據糾紛減少到最低限度，從而保證票據的順利流通。

①「英國法」規定，限制背書的被背書人無權轉讓票據權利。「日內瓦法」認為不得轉讓背書的票據仍可由被背書人轉讓，轉讓人只對直接后手負責，對其他后手概無責任（中國票據法同英國票據法）。

②票據權利的善意取得，應該包括取得票據時無惡意或重大過失。「英國法」對是否知道前手權利缺陷是以「實際知悉」為原則的。「英國法」認為，只有出於善意並付對價的正當持票人不受對抗。中國票據法的相關規定與英國票據法相同。而「日內瓦法」則不強調是否付過對價。

③有關票據應在時效內提示的時間規定各不相同。「日內瓦法」規定，即期票據必須從出票日起 1 年內做付款提示；見票后定期匯票必須在出票日起 1 年內做承兌提示；遠期票據必須在到期日及以後的兩個營業日中做付款提示。「英國法」規定，即期匯票必須在合理時間內做付款提示；見票后定期匯票必須在合理時間內作承兌提示。遠期匯票必須在到期日當天做付款提示。「中國法」規定，即期匯票自出票日起 1 個月內做付款提示，遠期匯票自到期日起 10 日內做付款提示。

如果持票人未在規定時效內提示票據，那麼他就喪失對前手的追索權。然而承兌人對持票人仍有付款責任。其責任時效「日內瓦法」規定為到期日起3年，「英國法」規定為承兌日起6年，中國票據法規定為到期日起2年。

④作成承兌的時效，「英國法」規定付款人須在習慣時間內（24小時）作成承兌。「日內瓦法」規定2天內作成承兌，中國票據法規定為3日內作成承兌。

⑤有關是否要認定背書真偽，「日內瓦法」規定付款人付款時不需要認定背書真偽，而「英國法」和中國票據法都規定付款必須認定背書真偽。

⑥在持票人遭到拒付時，根據「英國法」，只有國際匯票才必須由公證人作成拒絕證書。而「日內瓦法」允許在匯票人或付款人破產時，以法院判決代替拒絕證書，中國亦有相似規定。有關拒絕證書的製作時限，「日內瓦法」規定，遠期匯票拒絕承兌證書及即期匯票的拒絕付款證書必須在拒付日第二天終了前完成；遠期匯票拒絕付款證書必須在到期日及以后兩天內完成。「英國法」規定必須在拒付日的第二天內完成，而中國法無明文規定。

有關拒付的通知，「日內瓦法」規定持票人必須在拒絕證書做好后第四天內，背書人必須在收到通知書兩天內通知前手，「英國法」規定持票人在兩天內通知到，中國規定持票人或者背書人發出通知的時間均為三天。

⑦關於「保證」的規定，「英國法」沒有此項規定，而「日內瓦法」規定，允許任何人充當保證人，包括在匯票上簽字的債務人，而「中國法」只允許票據債務人以外的第三人充當保證人。

⑧有關「參加承兌」，「中國法」不承認參加承兌，「英國法」無明文規定，而「日內瓦法」第五十七條規定，參加承兌應在匯票上表明，由參加人簽名，並應註明被參加人姓名，如無該項記載，應視出票人為被參加承兌人。

「英國法」規定，持票人有權不接受參加承兌，如果同意則在到期前不得行使追索權。而「日內瓦法」第五十六條，凡持票人對可承兌的匯票在到期前的追索權者，在任何情況下均得參加承兌。如匯票表明已指定一人必要時在付款地承兌或付款，持票人在到期前不得對該在必要時的受託人或其后手簽名人行使追索權，除其已向該在必要時的受託人提示匯票，並經后者拒絕，且已由拒絕證書證明者外。如在其他情況下參加承兌，持票人可以拒絕接受參加承兌。但如同意接受，即喪失其在到期前對被參加承兌人及其后手簽名人的追索權。

(5) 在匯票上其他記載方面三法規定也不同：

①在記載「免於追索」方面，「英國法」認為，出票人和背書人可用「免於追索」的文句來免除在票據被拒絕付款時受追索的責任，「日內瓦法」認為出票人只能免除保證承兌的責任，而不能免除保證付款的責任，而中國票據法認為出票人或背書人不能免於追索。

②有關「利息條款」的規定，「英國法」規定如未註明利率匯票無效。「日內瓦法」認為，如未註明利率，不影響票據本身的有效性，可以出票日開始計息，直到

第七章 國際貿易支付公約

付款日。第五條規定凡匯票為見票即付或見票后定期付款者,出票人得就應付的金額規定附加利息。至於任何其他匯票,此項規定視為無記載。利率應在匯票上表明;如未表明,上述規定視為無記載。除表明其他日期外,利息自出票日起算。而「中國法」第七十條第二款規定,匯票金額自到期日或者提示付款日起至清償日止,按照中國人民銀行規定的利率計算的利息。

③對於「分期付款」,「日內瓦法」不允許分期付款,「英國法」允許分期付款,而中國未作明文規定。

以上我們分析了《英國票據法法》和《日內瓦統一法》以及《中國票據法》規定上(主要是匯票)的一些差異,在這些方面的把握和瞭解對準確使用涉外票據,處理涉外票據糾紛,在實際工作中適用票據方面的相關國際公約或慣例,對發展中國對外貿易和其他對外經濟交往都是有益的。

第二節 統一支票公約

支票(Cheque 或 Check)是存款戶對銀行簽發的委託銀行對受款人在見票時無條件支付一定金額的票據。1931 年 3 月 19 日國際聯盟在日內瓦召開的第二次票據法統一會議上制定了《統一支票法公約》(Convention Providing a Uniform Law of Cheques)和《關於解決支票的若干法律衝突的公約》(Convention on the Settlement of Certain Conflicts of Laws in Connection with Check),於 1934 年 1 月 1 日生效。

一、《統一支票公約》主要內容

《統一支票法公約》共九章,五十七條。第一章,支票的開立和格式(第一~十三條);第二章,轉讓(第十四~二十四條);第三章,保證(第二十五~二十七條);第四章,提示與付款(第二十八~三十六條);第五章,劃線支票與轉帳支票(第三十七~三十九條);第六章,拒絕付款的追索權(第四十一~四十八條);第七章,成套支票(第四十九~五十條);第八章,更改(第五十一條);第九章,訴訟時效(第五十二~五十七條)。

(一)支票的開立和格式

1. 支票的內容

根據公約第一條,支票應包含下列內容,欠缺任何要求的票據,均無支票效力。

(1)票據主文中必須寫有「支票」一詞,並以開立票據所使用的文字說明;

(2)無條件支付一定金額的命令。公約規定,支票應付金額應同時以文字及數字表示,如有任何差異,以文字表示的數額為應付金額。如支票應付金額多次以文字或數字表示有差異,則以較小數額為應付金額。支票中載有任何有關利息的規定

視為無記載。

（3）付款人（受票人）的姓名；公約第五條規定，支票可以開立為付給出票人的指定人或第三人，但不得以出票人本人為受票人。支票的受票人可以是：① 確定的人，不論是否載有「可付指定人」字樣；② 確定的人，並載有「不可付指定人」字樣或同等詞語，或來人；③ 凡付給確定的人並有「或來人」字樣，或任何同等字樣的支票，視為來人支票；④ 未記載受款人的支票視為來人支票。

（4）付款地的記載。公約規定支票可以在第三人的住所付款，此第三人的住所可以在受票人所在地或其他地點，但此第三人必須是銀行。未載付款地及無任何其他表示者，受票人主要機構所在地為支票付款地；如無特殊記載，受票人姓名旁記載的地點視為付款地，如受票人姓名旁所載地點有數處時，以第一處為支票付款地。

（5）開立支票的日期和地點的記載；未載出票地的支票，出票人姓名旁所載的地點視為出票地。

（6）開立支票的人（出票人）的簽名。如支票上有無承擔責任能力的人簽名，或偽造的簽名，或虛擬的人簽名，或因任何其他理由不能使簽名人或被代簽的人承擔義務的簽名，其他簽名人應負之責仍然有效。任何無權代表他人簽名而在支票上代簽名之人，應作為當事人對支票自行負責，如該人付款，即與其所稱代表的人具有同樣權利。

（7）其他記載。公約規定出票人應當保證支票的付款。任何解除出票人承擔保證責任的規定，視為無記載。簽發記載不全的支票，如不按原訂合約補全者，不得因未遵守該合約而對抗持票人，但持票人以惡意或嚴重過失取得支票者除外。

支票必須對持有出票人存款的銀行開出，並須符合出票人有權以支票方式處理該款的明示或默示之協議。但如不符合這些規定，所開票據作為支票仍有效。

公約規定，支票不得承兌，有承兌記載者視為無記載。

(二) 支票的轉讓

公約規定支票可以以背書方式轉讓。

1. 背書的內容

公約規定，付給確定的人的支票，不論是否載有「可付指定人」字樣，都可以以背書方式轉讓。付給確定的人的支票，如註有「不可付指定人」字樣或任何相同詞語，只能按照通常債權轉讓方式讓與並具有該種轉讓方式的效力。

支票可以以背書方式轉讓於出票人或支票上任何其他當事人，上述人等再以背書轉讓。

2. 背書的條件

公約第十五條規定背書必須是無條件的，任何使背書受制約的條件，視為無記載。部分背書無效。由根據公約，背書不得由受票人作出，否則背書無效。「付給來人」的背書與空白背書同，付給受票人的背書，僅視為票款收訖。

根據公約第十六條，背書必須在支票上或其所附的粘單上作出，須由背書人簽

第七章　國際貿易支付公約

名。背書可以不指明受益人，或僅有背書人簽名（空白背書）。如為后者，為使背書有效，須書寫於支票背面或其所附的粘單上。

3. 背書轉讓的效力

根據公約，背書轉讓支票上所有權利。如無相反規定，背書人保證支票的付款。背書人可以禁止任何再背書，在此情況下，該背書人對禁止后再經背書而取得支票的人，不承保證證責任。

根據第十七條，如背書為空白背書，持票人可以：

（1）以其本人或某一其他人的姓名填入空白；

（2）再為空白背書或再背書給某一其他人；

（3）不填載空白及不作背書而將支票轉讓於第三人。

如以連續背書而確立其所有權的支票佔有人，即使最后的背書為空白背書，應視為該支票的合法持票人。在此情況下，已塗銷的背書視為無記載。以空白背書后緊接另一背書時，最后背書的簽名人，應視為以空白背書而取得支票者。

來人支票的背書，背書人應依追索權各條的規定負責；但不因此將票據轉變為指定人支票。

根據公約，凡背書載有「價值在托收中」、「為托收用」、「委託代理」或任何其他詞語，以表明單純委託的聲明，持票人可以行使支票上所有的一切權利，但只能以代理人資格背書。在此情況下，承擔責任的各當事人對持票人提出的抗辯以能對抗背書人者為限。由委託代理背書所載明的委託，不因委託人的死亡或成為在法律上無行為能力而終止。

任何人不論以何方式喪失支票，佔有支票的持票人無義務放棄支票，但該持票人以惡意取得或在取得時有嚴重過失者除外。因支票而被起訴的人，不得以其與出票人或前手持票人間的個人關係發生的抗辯來對抗持票人，但持票人在取得支票時明知其行為有損於債務人者除外。

4. 背書的期限

在作成拒絕證書后或在相同聲明后或在提示期限屆滿后的背書，只具有通常債權轉讓的效力。凡未載明日期的背書，視為在作成拒絕證書前或相同聲明前或在上款提及的提示期限屆滿前在支票上所作的背書。

（三）支票的保證（Avals）

公約第二十五條到第二十七條規定了支票的保證。根據公約，支票的全部或部分金額可以保證方式保證付款。此項保證可以由受票人以外的第三人或由在支票上簽名的人作出。

保證可以「與保證同（good as aval）」或任何其他相同的詞語表示之，並由保證人簽名。保證應在支票或粘單上作出。除出票人簽名外，僅有保證人在票面上的簽名亦視為保證的成立。保證須指明被保證人姓名，如未指明，視為為出票人保證。

根據公約，保證人承擔的責任與被保證人同。保證人的保證，即使在被保證的

國際貿易慣例與公約

債務因任何理由而無效時，仍屬有效，除非保證的形式有缺陷。保證人在對支票付款后，擁有支票上對抗被保證人和對被保證人就支票負有責任者的權利。

（四）支票的提示與付款

1. 支票的提示（Presentation）

根據公約，支票不得承兌，僅限於見票即付，任何相反規定視為無記載。在載明為出票日期前作付款提示的支票，應於提示日付款。支票在票據交換所提示，即為付款提示。

公約第二十九條規定，在出票國付款的支票，應於 8 日內做付款提示。在付款國以外的國家簽發的支票，應於 20 日或 70 日內做付款提示，該期限的長短，依簽發地和付款地是否位於同一洲或不同洲而定。依本條款，如在一歐洲國家簽發而在沿地中海的國家付款的支票，視為在同一洲簽發及付款的支票。反之亦然。上述期限應依支票上所載的出票日期起算。如支票的簽發地和付款地兩者的日曆不同，則其出票日應解釋為是付款地日曆的相應之日。

2. 支票的支付（Payment）

根據公約，支票的支付只在提示期限屆滿后方為有效。支票如未支付，即使在提示期限屆滿后，付款人亦得付款。支票簽發后，出票人的死亡或無行為能力，均不應對支票發生任何影響。

對支票付款的受票人，可以要求持票人在支票上註明收訖后交還受票人。持票人不得拒絕部分付款。在部分付款的情況下，受票人可以要求在支票上載明該部分付款，並應給以收據。

3. 支票的背書

受票人對於可背書的支票的付款，應負認定背書連續之責，但對背書人的簽名，不負認定真偽之責。

4. 支票支付貨幣

根據公約，如所開支票應付的貨幣不是付款地的貨幣，其應付的金額可以按提示期限內、付款日的價值、以付款國的貨幣支付。如不在提示日付款，持票人可以按其決定要求該支票金額依提示日或付款日的匯率，以付款國的貨幣支付。外國貨幣的價值依付款地的慣例決定。但出票人可以規定按支票上註明的匯率折算該應付金額。上項規則不適用於出票人已規定必須以某一指定的貨幣（規定以外幣作實際支付）支付的情況。如用以表示支票金額的貨幣在出票國及付款國為名稱雖同但價值不同的，應視為以付款地的貨幣支付。

（五）劃線支票

劃線支票（Crossed Cheques），又稱為平行線支票或橫線支票，是指票據權利人或者義務人在支票的正面劃兩條平行線，或者在平行線內記載特定銀行等金融機構，付款人僅得對該特定銀行或金融機構支付票據金額的一種特殊支票。

劃線支票與一般支票不同。一般支票可委託銀行收款入帳。而劃線支票只能委

第七章　國際貿易支付公約

託銀行代收票款入帳。使用劃線支票的目的是為了在支票遺失，被人冒領時，還可能通過銀行代收的線索追回票款。劃線支票只能用於轉帳不能支取現金。

根據公約，劃線支票分為普通和特別兩種。普通劃線支票只是在票面上劃二行線，或在二線之間再加註「銀行」一詞或其他相同詞語。如將銀行的名稱註於二線之間者，則為特別劃線支票。普通劃線可以轉換成特別劃線，而特別劃線則不得轉換成普通劃線。塗改劃線或銀行名稱，應視為未塗改。

1. 普通劃線支票（Generally Crossed Cheque）

普通劃線支票的形式有五種：

①出票人、收款人或代收行在支票上劃兩道平行線。②在平行線中加列「公司」（& Co.）字樣，此種劃線近年來很少使用。③在平行線中加列「不可流通」（Not Negotiable）字樣。以上三種劃線支票可由持票人委託任何銀行收取票款。④在平行線中加列「請記入收款人帳戶」（Account Payee）字樣，或⑤在平行線中加列「不可流通，請記入收款人帳戶」（Not Negotiable, Account Payee）字樣。

以上兩種劃線支票，只能由支票收款人委託其往來銀行收款入帳。

普通劃線支票的付款銀行，如將票款付給非銀行業者，應對持票人負由此發生損失的賠償責任，賠償金額以支票金額為限。

2. 特別劃線支票（Specially Crossed Cheque）

特別劃線支票是在平行線中寫明具體取款銀行的名稱，其他銀行不能持票取款。如「請香港渣打銀行記入收款人帳戶」則記載為：「Account Payee with Standard Chartered Bank HongKong」。特別劃線中只可指定一家銀行而不得指定兩家以上銀行，但可允許指定的兩家銀行是一家銀行委託另一家銀行代收的情況。

特別劃線支票的劃線中，可以僅有銀行名稱，也可以包含普通劃線支票的一種或兩種字樣。如支票上有多處特別劃線者，受票人不得付款；但有兩處特別劃線，其中之一是經由票據交換所收款除外。

特別劃線支票的付款銀行，如將票款付給非劃線記載的特定銀行，應對真正所有人負由此發生損失的賠償責任，賠償金額以支票金額為限。

3. 劃線支票的記載

（1）記載權人。原則上講，支票的權利額或者義務人可以在支票上劃線記載，包括出票人、背書人或者持票人。

（2）記載處所。平行線的記載，限於在支票的正面作出，如果在支票的背面或者粘單上所為之記載，則不發生劃線效力。至於具體在支票正面什麼位置劃線，並無一定之規，但通常是在票據的左上角進行劃線。

（3）記載方法。就普通劃線支票而言，只要在支票正面劃上兩道平行線即可。至於特別劃線支票，出票在支票正面劃上兩道平行線以外，還需要在平行線內記載特定銀行等金融機構的名稱。

4. 劃線支票的撤銷

劃線支票是可以撤銷的。撤銷的方式是由出票人在平行線內記載「照付現款」或同義字樣，並由出票人在旁邊簽名或蓋章。

（六）轉帳支票（Cheques Payable in Account）

當客戶不用現金支付收款人的款項時，可簽發轉帳支票，自己到開戶銀行或將轉帳支票交給收款人到開戶銀行辦理支付款項手續。

公約第三十九條規定，支票出票人或持票人應於支票正面橫寫「轉帳支付」一詞或相同詞語以禁止用現金支付。在此情況下，受票人只能以記入貸方或從一帳戶轉入另一帳戶或抵銷或在票據交換所結算等方法支付。凡任何塗改「轉帳支付」一詞者，應視為未塗改。受票人不遵守上述規定，應負責賠償損失，但其金額以支票上的數額為限。

1. 轉帳支票的特點

①無金額起點的限制；②只能用於轉帳，不得支取現金；③可以背書轉讓給其他債權人；④客戶簽發的轉帳支票可直接交給收款人，由收款人到其開戶銀行辦理轉帳；⑤轉帳支票的收款人名稱、金額可以由出票人授權補記，未補記的不得背書轉讓和提示付款。

2. 轉帳支票的流程

（1）出票：客戶根據本單位的情況，簽發轉帳支票，並加蓋預留銀行印鑒。

（2）交付票據：出票客戶將票據交給收款人（也可直接到開戶銀行辦理付款手續）。

（2）票據流通使用：收款人或持票人根據交易需要，將轉帳支票背書轉讓。

（4）委託收款或提示付款：收款人或持票人持轉帳支票委託自己的開戶銀行收款或到出票人開戶行提示付款。收款人提示付款時，應做成委託收款背書，在轉帳支票背面「背書人簽章」處簽章，註明委託收款字樣。

（七）拒絕付款的追索權

公約第六章規定了支票遭拒付時的追索權。

1. 行使追索權的證明

公約第四十條規定，支票於限期內及時提示不獲付款，當拒絕付款有：① 正式文據（拒絕證書）；或② 受票人在支票上書寫載有日期的聲明，聲明上要列明提示日期；或③ 票據交換所在支票上記載附有日期的聲明，聲明該支票已於限期內及時提示而遭拒絕時，持票人可以向背書人、出票人及支票上其他債務人行使追索權。

2. 拒絕證書的製作

根據公約，拒絕證書或相同的聲明應於提示期限內作成。如支票在提示期限的最后一日提示，則拒絕證書或相同的聲明，可於其后的第一個營業日作成。

3. 拒付事由的通知

公約第四十二條規定，持票人應於拒絕證書或相同的聲明作成日后 4 個營業日

第七章　國際貿易支付公約

內，將拒付事由通知背書人和出票人；如支票上有「退票時不承擔費用」的規定時，應於提示日發出上述通知。每一背書人應於收到通知日後兩個營業日內，將收到通知的事由，並列舉上項通知的各人姓名及地址，通知其前手背書人，依次直至出票人。上述期限自收到上一通知之日起算。

在按照前款規定通知曾簽名於支票上的人時，對其保證人，亦應於同一期限內發給同樣通知。背書人如未寫明地址，或地址模糊不清，則此項通知發給其前手背書人即可。應發出通知的人可以以任何方式發出，甚至僅把支票退回亦可。發出通知的人須證明其在規定期限內發出。在規定期限內把通知信件投郵，可認為已遵守規定期限。未在上述規定期限內發出通知的人並不喪失其權利。但應對其疏忽造成的損失（如有的話）負責賠償，其金額以不超過支票上的數額為限。

4. 相關人的責任

公約第四十三條規定，出票人、背書人或保證人可於票據上批註「退票時不承擔費用」、「免作拒絕證書」或任何其他相同詞語的規定及簽名，從而解除持票人為行使追索權而必須作成拒絕證書或相同的聲明的責任。但此項規定並不解除持票人在規定期限內提示支票或發出必要通知的責任。不遵守期限的舉證責任由企圖以此作為對抗持票人的人承擔。

上項規定如由出票人批寫，對所有在支票上簽名的人均有效；如由背書人或保證人批寫，則僅對該背書人或保證人發生效力。如持票人無視出票人所批寫的規定，作成拒絕證書或相同的聲明，有關的費用由其承擔。如該項規定由背書人或保證人作出，則作成拒絕證書或相同的聲明的費用，得向所有在支票上簽名的人索償。

所有出票人、背書人及其他票據債務人，對持票人負連帶責任。持票人有權對上述所有的人單獨或集體起訴，無需遵照他們承擔責任的先後順序。任何在支票上簽名的人，在接受支票並予清償后，與持票人享有同樣權利。對債務人之一起訴不影響對其他債務人起訴，即使其他債務人是被訴債務人的后手。

5. 追索權的內容

根據公約第四十五條，持票人在行使追索權時得向被追索人索償下列款項：

（1）未支付的支票金額；

（2）自提示日起按6%利率計算的利息；

（3）作成拒絕證書或相同的聲明及所發通知的費用，以及其他費用。

公約第四十六條規定接受支票並予清償的人，可向負有責任的人索償下列款項：

（1）其已付的全部金額；

（2）自支付上述款項之日起按6%利率計算的利息；

（3）所支付的任何費用。

任何被追索或得向之行使追索權的每一負有責任的人作清償后，可以要求持票人交出支票及拒絕證書或相同的聲明和收訖清單。任何接受支票並予清償的背書人，可以塗銷其背書及其后手背書人的背書。

6. 抗辯事由及通知

公約第四十八條規定了，如由於不可克服的障礙（任何國家的法律禁令或其他不可抗力事故）而使支票的提示或作成拒絕證書或相同的聲明不能在規定的期限內為之，此項期限應予延長。持票人有責任將不可抗力事故立即向背書人發出通知，並將通知內容詳註於支票或粘單上，加具日期和簽名；其他方面，適用前述規定。不可抗力事故終止后，持票人應立即將支票提示付款，並在必要時，作成拒絕證書或相同的聲明。

如不可抗力事故持續至持票人向背書人發出事故通知日后 15 日以上時，即使此項通知系在提示期限屆滿前，持票人即得行使追索權，無需作出提示或作成拒絕證書或相同的聲明。純屬持票人或受持票人委託為支票作出提示或作成拒絕證書或相同的聲明的人的個人事宜，不認為構成不可抗力事故。

（八）成套支票

根據公約，除來人支票外，任何支票凡簽發於一國而支付於另一國或同國的海外部分，或與之相反，或簽發於一國的海外部分而支付於該國同一或不同的海外部分，均可開立兩張或兩張以上同樣的支票。

如支票成套開支，票據文字中須載明各張的編號，如未編號，每張支票應視為單獨的支票。就成套支票中的一張支票付款即解除責任，即使支票上並無對一張付款而使其他各張失效的規定。背書人將成套的各張支票轉讓於不同的人時，該背書人及其后手背書人對未收回的載有彼等簽名的各張支票均應負責。

（九）其他規定

1. 更改

公約第五十一條規定，支票文義如有更改，則簽名在更改之后者，依更改后文義負責；簽名在更改之前者，依原有文義負責。

2. 訴訟時效

根據公約，持票人對背書人、出票人及其他債務人的追索權，自規定的提示期限屆滿日起算，6 個月后喪失時效。支票的債務人對其他債務人的追索權，自清償之日或被訴之日起算，6 個月后喪失時效。公約第五十三條規定，時效中斷僅對受時效中斷影響的人有效。

3. 期限

本公約規定的期限，不包括該期限開始之日。支票的提示或作成拒絕證書，僅在營業日辦理。如依法規定的有關支票行為期限的最后一日，特別是提示或作成拒絕證書或相同的聲明期限的最后 1 日為法定假日，則其期限可延長至假期屆滿后第一個營業日。期限中的假日，包括在應計算的期限內。

公約規定支票不適用法律上或司法上的寬限日。

第七章　國際貿易支付公約

二、支票與匯票的區別

票據法有關匯票的出票、背書付款追索等方面的規定同樣也適用於支票。但支票與匯票相比也有許多不同之處，其主要區別是：

（1）支票的付款人一般僅僅限於銀行，而匯票付款人可以是銀行，也可以是工商企業或個人；

（2）支票的出票人與付款人之間必須先有資金關係，而匯票出票人與付款人之間則不必先有此關係；

（3）支票均為見票即付，無需承兌；而匯票除見票即付之外，一般均須辦理承兌；

（4）支票有保付和劃線制度，而匯票無此制度。

三、支票制度中的保付制度

支票受款人取得支票后往往並不立即向付款銀行提現，但為確定支票付款的真實性，或為增強支票的流通能力，就將支票轉往付款銀行，請求付行在支票上加蓋「保付」印記，以保證到時一定能得到銀行付款。這種支票稱為保付支票（Certified Cheque）。支票一經付款銀行保付，付款責任就由保付銀行承擔，發票人和背書人等均不再負責任。這種支票與銀行本票性質基本相同。同時，銀行保付的支票金額必須在存款余額或透支限額以內，如有超過，法院將對保付銀行處以罰款。此外，銀行在保付支票的同時，應將支票所載金額由存款帳戶內劃出，轉入保付帳戶，以保證能按約付款。很多國家都規定有支票的保付制度，但公約和中國均未作出規定。

（一）保付支票的效力

保付支票作為一種特殊支票，對增強支票的信用，促進支票的流通起著不可低估的作用。

1. 對付款人的效力

付款是票據消滅的主要原因，保付的意思表示是給持票人付款的期待，保付所期待的最終目的也是為了實現付款、消滅票據，所以，保付人應負完全絕對付款責任。美國和臺灣地區票據相關規定，付款人保付后，其付款責任與匯票的承兌人同責，即付款人負有絕對付款責任；付款人不為存款額外或信用契約所約定以外的保付，如果違反此規定而為保付，仍然具有保付效力，只是對付款人處以罰款但處罰不得超過支票金額。日本支票法認為保付人的責任為償還責任，並不產生絕對付款效力，對銀行的保付也給予一定的限制。

2. 對出票人的效力

臺灣地區票據相關規定認為，支票一經保付，出票人免責，即使保付人不付款，

持票人也不得對出票人行使追索權；而日本支票法則規定：如為前款提示而未獲付款時，應依第三十九條規定證明之；第四十四條及第四十五條規定，準用於前款情形；出票人及其他支票債務人，不因付款保證而免其責任；即日本賦予了保付人對出票人的追索權，並限制了提示支票的時間。美國《統一商法典——票據篇》第三條至第四百一十一條規定「持票人獲得保付的，出票人和所有前位背書人即解除責任」。

保付后，出票人能否撤銷，在各國立法有很大分歧。臺灣票據相關規定認為，保付后，出票人不得撤銷付款委託。日本支票法規定：為付款保證的付款人，僅於提示期限屆滿前提示支票時，負其付款義務。可以認為日本保付委託在提示期間屆滿后可以撤回。從美國《統一流通證券法》對提示期間沒有限制，可以知道，美國是不能撤回保付委託的。

3. 對背書人的效力

付款人在支票上保付記載后，背書人即免責，即使付款人不付款，也不得對背書人追索。

4. 對持票人的效力

臺灣票據相關規定，支票喪失時，不得製作止付通知，只能依公示催告程序申請法院作出除權判決；持票人在付款提示期限內沒有提示的，仍然可以請求付款。臺灣票據相關規定在修改前認為，票據的喪失，就像貨幣喪失一樣，不能止付通知，亦不能公示催告程序申請法院作出除權判決。

（二）保付與保證的區別

保付增強支票付款的確實性，對支票的付款起著不可替代的保證作用。匯票的保證，作用主要是增強票據的信用功能。兩者作用相似，極易產生混淆，其實兩者存在本質區別。

首先，適用的範圍不同。保付是只適用於支票的一種特殊的制度；而保證制度則適用於匯票及本票，一般不適用於支票，但《日內瓦統一法》中也規定了支票的保證，英美法則強調支票的保付。「保付」記載不產生票據法上效力的記載，只產生民法上普通的保證作用。

其次，票據行為人不同。保付以付款人為限；而保證則是除票據債務人之外任何人均得為之。

再次，支票經保付后，除持票人同意，不得只對支票金額的一部分為之；而在票據保證，保證人可以只就部分金額為之。而中國《票據法》規定，票據保證不能就部分份額為之。

第四，付款的效力不同。保付人付款后，支票上的票據權利義務就消滅，不存在向其他票據債務人追索問題；而保證人付款后，只消滅部分票據權利義務，只有被保證人的后手得以免除票據責任，持票人仍得向承兌人、被保證人及其前手行使追索權。

第七章　國際貿易支付公約

最后，行為人責任不同。支票一經保付，付款人就成為單獨的、絕對的付款義務人，出票人及背書人均免除其責任。日本支票法則無此效力；保證人為保證之后，則與被保證人承擔相同的責任，保證人付款后，還可以票據權利人的身分向被保證人及其前手主張票據權利。

（三）保付與承兌之區別

支票經保付后，付款人之責任即與承兌人相同，承擔絕對付款責任。但保付與承兌畢竟是兩種不同制度，其主要區別表現在：

1. 適用範圍不同

保付制度僅適用於支票；而承兌制度則僅適用於匯票。

2. 適用前提不同

支票的保付以持票人與付款人之間存在資金關係或有關支票的特殊合同關係為前提，臺灣票據相關規定，付款人超過出票人存款或信用契約所約定之數額而為保付者，應科以罰款。《聯合國國際支票公約草案》第三條規定：對備付資金不足所開出的支票，其本身仍為有效；匯票的承兌則不以存在資金關係為前提。

3. 是否受提示期間限制及提示時間不同

在這個問題上，各國法律有不同的規定。美國和臺灣對保付支票的提示時間不作限制，即使法律規定的付款提示期限已過，持票人仍得提示付款。但日本支票法對此規定則很嚴格，認為超過提示期限持票人就自負責任，但其提示期間為一年。對於匯票的承兌，一般都受提示期間的限制。中國《票據法》規定，見票即付匯票，自出票日起1個月內向付款人提示付款。定日付款、出票後定日付款或見票後定日付款的匯票，持票人自到期日10日內向承兌人提示付款；臺灣票據相關規定則是，經承兌的匯票於到期日或其後二日內，為付款提示，否則喪失對前手的追索權。

4. 票據行為效力不同

支票的保付是負擔行為，支票經保付后付款人成為絕對付款義務人，從而可以使出票人和其他票據債務人全部免責，但是日本支票法卻沒有此免責效力的規定；而匯票的承兌不能產生免責效力，承兌人到期拒絕付款時，持票人可對其所有前手行使追索權。

5. 票據喪失後的救濟手段不同

臺灣票據相關規定認為，經保付的支票在一定意義上具有與貨幣相同的性質，一旦遺失，持票人不能掛失止付，只能依公示催告程序申請法院作出除權判決；而經承兌的匯票遺失后，可以為止付之通知。

（四）中國有關支票保付制度的立法

中華人民共和國成立后，票據法即現行的臺灣票據規定在大陸被廢除，保付支票制度自然也隨之被廢除。直到1986年1月27日發布的《中國人民銀行、中國工商銀行、中國農業銀行關於推行個體經濟戶和試行個人使用支票結算的通知》中才首次提到辦理保付支票業務，但未對其性質、效力等作具體規定。所以這一時期保

付支票制度雖有規定，但形同虛設。其后出抬的《上海市票據暫行規定》、《銀行結算辦法》都沒對保付支票作相應的規定。

1995 年 5 月 10 日第八屆全國人民代表大會常委會第十三次會議通過了《中華人民共和國票據法》，是新中國成立以來首次對票據問題作出的完整系統的立法。該法於第四章專門對支票作出了規定，但遺憾的是其並未承認保付支票制度。根據票據法定原則，又根據中國《票據法》第二十四、八十一條和九十四條規定，票據上可以記載票據法規定事項以外的其他事項，但該記載事項不具有票據法上的效力。所以在中國目前的票據法律制度中，「保付」記載屬於不生票據法上效力的記載，只產生民法上普通的保證作用。即支票經銀行保付后，銀行並不因此成為絕對付款義務人，如果持票人不獲付款，其只能基於民法上的關於保證的規定，請求銀行承保證證責任。

2002 年中國人民銀行杭州中心支行出抬了《杭州市銀行保付支票試行辦法》，推出了支票保付制度，對中國保付支票制度的建立和發展具有積極意義。但是該辦法亦具有很大局限性，主要表現在：

首先，適用主體範圍有限。該辦法規定，只有具有良好信譽的存款人才能獲得保付支票出票人的資格；其次，該辦法規定保付支票禁止轉讓，這無疑不利於票據的流通，違背了設立保付支票的初衷和立法宗旨；再次，該辦法限定了保付支票的最高額為 20 萬元，極大地限制了保付支票制度發揮作用的空間；最后，同時也是最關鍵的是，目前在中國的票據法上，支票保付只具有民法上普通保證的作用，並非真正的「保付」。《杭州市銀行保付支票試行辦法》作為人民銀行杭州中心支行制定的行業管理辦法，屬於行業規範，其效力位階自然處於票據法之下，所以該辦法中的所謂的「保付」充其量只能是民法中的「保證」。

由此可見，中國目前尚不存在真正的保付支票制度。

四、《解決支票若干法律的衝突公約》

《解決支票若干法律的衝突公約》是 1931 年 3 月 19 日國際聯盟在日內瓦召開的第 2 次票據法統一會議上為解決支票法律衝突而制定的統一衝突法公約，公約於 1934 年 1 月 1 日生效。

《解決支票若干法律衝突公約》共十八條。該公約的制定，是對《統一支票法公約》的補充，它與《解決匯票本票若干法律衝突公約》基本相同，但由於支票只是支付的工具，所以擴大了付款地法律的適用範圍；付款地法決定支票付款的資格。具體如下：

1. 付款地要則

付款地法決定下列事項：

（1）支票是否須為見票即付或見票后定期付款，以及后註日期支票的效力；

第七章　國際貿易支付公約

（2）提示期限；

（3）支票可否承兌、付款保證、確認或查證，以及該類事項的記載效力；

（4）持票人可否要求部分付款及是否須接收部分付款；

（5）支票可否劃線、載有「轉帳」或同類表示，以及劃線、轉帳或同類表示的效力；

（6）持票人對於備付金是否具有特別權利及該權利的性質；

（7）出票人可否撤銷支票或是否可作出止付；

（8）在支票失竊情況下採取的措施；

（9）為向背書人、出票人及其他共同債務人行使追索權，是否須有拒絕證書或同類聲明。

2. 注意事項

該公約還規定，支票付款人的資格，由付款地的法律規定。支票義務的效力，由簽名地的法律規範。所有簽字人行使追索權的期限，由出票地法律規定。拒絕證書的方式和期限，以及因行使或維護有關支票的權利而須作出的其他行為的方式，由應開出拒絕證書或作出該等行為的國家法律規範。

3. 締約國權利

各締約國有權保留不適用下述載於該公約的國際私法原則：

（1）在締約國之一境外所承擔的義務；

（2）按照上述原則可適用、但非為締約國之一所實施的法律。對於該公約生效前已發出的支票，其公約的規定不適用於各締約國。

● 第三節　國際匯票和本票公約

聯合國《國際匯票和本票公約》1986年7月11日於紐約由聯合國國際貿易法委員會第十九屆會議審議。提供了關於供國際商業交易當事方選擇使用新國際票據的法律規則的全面法典。公約旨在克服國際支付所使用的票據目前存在的主要差別和不確定性。聯合國國際貿易法律委員會設想將兩大票據法體系一在一個「公約」範圍內，但至今因簽字國過少而未果。如果當事方使用特定形式的流通票據表明該票據受貿易法委員會公約管轄，則適用此公約。

一、主要內容

公約共九章，九十條。

其第一章，適用範圍和票據格式；第二章，解釋；第三章，轉讓；第四章，權利和責任；第五章，提示、不獲承兌或不獲付款而遭退票和追索；第六章，解除責

217

國際貿易慣例與公約

任；第七章，喪失票據；第八章，期限（時效）；第九章，最后條款。

公約明確規定，「匯票」是指本公約規定的國際匯票；「本票」是指本公約規定的國際本票；「票據」是指匯票或本票；「受票人」是指匯票已對他開出而尚未經他承兌的人；「受款人」是指出票人指示向他付款或簽票人承諾向他付款的人；「持票人」是指按公約的規定擁有票據的人。同時，對「受保護的持票人」、「保證人」、「當事人」、「到期」、「簽字」、「偽造簽字」、「貨幣」等均作出規定。

二、適用範圍

公約只適用於載有「國際匯票（貿易法委會公約）」或「國際本票（貿易法委會公約）」標題並在文內有上述字樣的國際匯票和國際本票，不適用於支票。要求國際匯票的地點：①匯票的開出地；②出票人簽名旁示地；③受票人姓名旁示地；④受款人姓名旁示地；⑤付款地中至少有兩個地點位於不同的國家，但不是要求位於兩個不同的締約國。而且第①、⑤項兩個地點均位於一個締約國的境內，但不是要求必須位於同一締約國境內。

對於國際本票也有類似的要求。

思考題

1. 日內瓦公約規定的匯票的主要內容是什麼？
2. 匯票、本票與支票的區別是什麼？
3. 支票制度中保付、保證與承兌有什麼區別？
4. 簡述匯票背書的效力。
5. 什麼是承兌匯票？承兌匯票的提示如何構成？
6. 匯票追索權行使的條件是什麼？
7. 簡述參加承兌和參加付款。
8. 《日內瓦統一票據法》、《英國票據法》和《中華人民共和國票據法》對於匯票格式要求的區別是什麼？
9. 《統一支票公約》中劃線支票有哪些種類？劃線支票還是如何進行記載的？
10. 《統一支票公約》中轉帳支票的特點和使用流程是什麼？

第八章　國際商事仲裁公約

　　在國際貨物買賣中,當買賣雙方簽訂合同后,有時會因買賣雙方對合同條款的理解不一致,或因買賣雙方不能按照合同規定履行義務而發生爭議,解決交易雙方發生爭議的方式有四種:協商、調解、仲裁和司法訴訟。

　　協商是爭議發生後,在沒有第三者參加的情況下由雙方當事人自行解決爭議,而調解這是在第三者(調解人)參與下解決爭議。協商和調解的方式,氣氛比較友好,有益於雙方交易的開展,是買賣雙方解決爭議的理想方式。但是,在上述兩種方式下,買賣雙方為解決爭議而達成的和解協議,一般不具有法律上的約束力,即便雙方達成協議,但如果一方在執行過程中反悔,另一方則不能請求法院執行雙方簽署的和解協議。如果雙方爭議通過協商和調解未能解決,就只有通過仲裁和司法訴訟加以解決。但仲裁比司法訴訟有顯著優點,因此,國際貿易中的爭議解決常常採用仲裁方式。

　　仲裁裁決作出後,當事人應當按照裁決書的要求履行各自的義務。但由於種種原因,敗訴方拒不履行仲裁裁決的案件也時有發生。由於仲裁裁決是由民間性質的仲裁機構作出的,敗訴方拒不履行裁決時,仲裁機構無強制執行的權利和義務,敗訴方只能求助於本國或敗訴方所在國的法院,請其協助強制敗訴方執行。一般情況下,法院承認與執行本國仲裁裁決不會發生困難,因為各國的法律都承認裁決的法律效力。但是法院承認與執行外國仲裁裁決就比較困難,因為許多國家對承認和執行外國仲裁裁決規定有種種限制。為了解決外國仲裁裁決的承認與執行問題,國際上曾簽訂了一些國際仲裁公約。關於承認與執行外國仲裁裁決的國際公約有三個:①1923 年締結的《日內瓦仲裁條款議定書》(即日內瓦議定書);②1927 年締結的《關於執行外國仲裁裁決的公約》(即日內瓦公約);③1958 年在紐約締結的《承認和執行外國仲裁裁決的公約》(簡稱《紐約公約》)。

國際貿易慣例與公約

第一節　日內瓦議定書與日內瓦公約

　　早在20世紀初，國際商事仲裁起初發展的時候，當時完全依據的是國內立法。當時的國內立法和許多國家的法院通常並不支持仲裁。這些法律一般是限制性的，而且相互之間差別很大；有些國家的法院實際上是把仲裁看成他們自己的「對手」。

　　第一次世界大戰后，對國際商事仲裁的需求增多導致了在巴黎重新建立的國際商會建議給仲裁訂立一項國際公約，通過該公約修改當時不利的一些立法。例如，當時許多國家的法律規定只能將已經發生的糾紛經過當事人的約定提交仲裁，而不能事先約定將未來的糾紛提交仲裁。也就是說，把將來發生的糾紛提交仲裁的約定或條款是無效的。后來國際聯盟採納了這一建議，隨之產生了1923年的《日內瓦仲裁條款議定書》（簡稱《日內瓦議定書》，Protocol on Arbitration Clauses），於1924年7月生效。參加的國家有美國、法國、義大利、比利時、西班牙、挪威、日本、新西蘭、印度等國家。《日內瓦仲裁條款議定書》共8條，規定了締約國間相互承認在彼此國家境內簽訂的仲裁協議的效力。該議定書第1條宣布：無論將已有的或將要發生的糾紛提交仲裁的協議都是有效的。該協議書還規定了締約國法院有義務命其受理的爭議的當事人將雙方已同意仲裁的爭議提交仲裁，但對在其他國家領土內做成的仲裁裁決執行問題未作規定。

　　隨著仲裁條款的國際有效性和強制效力的確立，不久之後，在國際聯盟的倡導下，《關於執行外國仲裁裁決的公約》（簡稱《日內瓦公約》，Convention on the Execution of Foreign Arbitral Awards）於1927年在日內瓦締結，參加該公約的締約國僅限於批准了1923年議定書的國家。該公約是1923年議定書的補充，共11條，規定了締約國間相互承認和執行、以及拒絕承認和執行彼此仲裁裁決的條件。該公約規定的執行外國仲裁裁決的條件是：①仲裁是依據有效的仲裁協議進行的；②裁決的事項依執行地國家法律可以用仲裁協議進行；③仲裁庭依當事人所同意的形式組成並且符合法律規定；④仲裁裁決是終局性的；⑤裁決的執行不違反執行地國家的公共秩序。這一規定彌補了1923年議定書的不足，首次在國際範圍內確定了執行外國仲裁裁決的統一規則，對國際貿易的發展起了很大作用。

　　由於這些條件很嚴格，程序也很複雜，遠遠不能適應第二次世界大戰以後國際貿易發展的要求。為此，聯合國1958年在紐約制定了《承認與執行外國仲裁裁決公約》。

第八章　國際商事仲裁公約

● 第二節　《承認和執行外國仲裁裁決公約》

《承認與執行外國仲裁裁決公約》簡稱《紐約公約》，於 1959 年 6 月 7 日生效，截止到 1993 年年底，已有 94 個成員國。由於上述兩個日內瓦公約的成員國都加入了《紐約公約》，所以它已經取代了兩個日內瓦公約，成為在全球範圍內承認與執行外國仲裁裁決的唯一國際公約。

一、《紐約公約》的起草

由於日內瓦公約在執行程序等方面存在的不足，國際商會在第二次世界大戰后發起了一項新公約的制定活動。國際商會起草的關於「國際仲裁裁決」的公約草案在 1953 年完成，旨在確立一種不受國內法支配和限制的仲裁。當時，這種只依據國際公約的真正的國際商事仲裁的理想未被絕大多數國家接受。國際商會的公約草案提交聯合國經社理事會後，1955 年聯合國經社理事會又擬定了關於「外國仲裁裁決」的公約草案，該草案與日內瓦公約比較接近。從經社理事會草案與國際商會草案的名稱就可以看出二者的不同。

經社理事會的公約草案被送給了許多國家的政府和政府及非政府間的組織進行審議。在收到了有關審議意見后，聯合國經社理事會於 1958 年 5 月 20 日至 6 月 10 日在紐約聯合國總部召開了「國際商事仲裁大會」。該次會議通常稱為「1958 年紐約會議」，其結果是通過了《承認及執行外國仲裁裁決公約》（the New York Convention on the Recognition and Enforcement of Foreign Arbitral Awards），即著名的 1958 年《紐約公約》。

二、《紐約公約》的主要內容

《紐約公約》共十六條。具體內容如下。

（一）公約的適用範圍

公約第一條就該公約的適用範圍從不同的角度作了較為詳細的規定，目的在於將締約國本國的仲裁和所謂的外國仲裁裁決加以區分，並從裁決內容和仲裁機構組織形式方面將公約適用範圍具體化。根據公約，由於自然人或法人間的爭執而引起的仲裁裁決，在一個國家的領土內作成，而在另一個國家請求承認和執行時，或在一個國家請求承認和執行這個國家不認為是本國裁決的仲裁裁決時，都適用本公約。

（1）從承認和執行的對象來看，公約僅適用於「外國仲裁裁決」。有關外國裁決的認定，公約規定的認定標準有兩條：①地域原則，或稱領土標準，即凡在被請求承認和執行的締約國領土之外作成的裁決屬於外國裁決，可以適用本公約；②執

國際貿易慣例與公約

行地法標準，即裁決雖然是在被請求承認和執行地國境內作出的，但依照該執行地國的法律被認定為非本國裁決的，也視為公約所稱的外國裁決。如原西德法律規定，凡依外國仲裁規則而在西德境內作出的裁決也視為外國仲裁裁決。公約的此項規定實際上擴大了通常意義上的「外國」這一概念，使「外國仲裁裁決」這一概念特定化。

值得注意的是，《紐約公約》所講的「外國」，通常情況下並非局限於締約的外國，而是指任何一個外國。但公約第一條第3款又規定允許國家作出所謂「互惠保留」，即保留國只承擔在締約國之間適用該公約的義務。中國加入公約時作了互惠保留。這是因為如果中國不作互惠保留，那麼中國就有承認和執行在非締約國作出的仲裁裁決的義務，而非締約國則可拒絕按公約承認和執行在中國作出的裁決，這顯然對中國裁決在外國的執行不利。所以根據此項保留，中國僅與其他締約國之間有按公約承認和執行仲裁裁決的義務，中國與非公約締約國之間有關仲裁裁決的承認和執行事宜仍按雙邊安排或在互惠基礎上通過外交途徑解決。

從《紐約公約》的適用範圍來看，凡在中國境內作出的仲裁裁決，無論是由中國國際經濟貿易仲裁委員會、中國海事仲裁委員會作出，還是由依據中國仲裁法新設立的其他仲裁委員會作出，也無論仲裁案件是否具有所謂的涉外因素或國際因素，一旦當事人向中國以外的其他締約國法院申請承認和執行該項裁決時，被請求國均應適用和依據《紐約公約》作出決定。需要特別說明的是，除了中國仲裁機構對大量的涉外案件作出的裁決需要到國外法院申請承認和執行外，隨著中國企業和公民境外資產的增加，對一些非涉外案件作出的裁決也需要到外國法院申請執行。例如，國內一家外貿公司向國內某地的工廠收購出口商品，雙方購銷合同的仲裁條款約定由國內某市的仲裁委員會仲裁。后因購銷貨款發生糾紛，該仲裁委員會作出了工廠勝訴的裁決。后經查明該外貿公司在國內已無可供執行的財產，但其在國外（該國也是公約締約國）尚有庫存貨物和合資開辦的工廠。作出本案裁決的機構並非所謂的涉外仲裁機構，且本案爭議的主體、內容也不屬涉外或國際糾紛，但勝訴的工廠一方仍可依據《紐約公約》向外貿公司境外庫存貨物所在國或境外合資工廠開辦地國家的法院申請承認和執行該裁決，以便對庫存貨物或合資工廠的投資權益予以強制執行。

（2）從進行仲裁的組織形式來看，依照公約第一條第2款之規定，該公約既適用於由臨時仲裁機構作出的裁決，也適用於由常設仲裁機構作出的裁決。這一重要確認使臨時仲裁庭和常設仲裁機構的裁決在承認和執行方面具有同等的法律地位。

（3）從仲裁爭議的性質和內容來看，公約的適用分為兩種情況：第一種情況，即締約國批准或加入公約時未按第一條第3款作出商事保留，那麼對該國而言，公約既適用於有關商事關係引起爭議的外國裁決，也適用於非商事關係引起爭議的外國裁決；第二種情況，即締約國批准或加入公約時作了商事保留，則僅承認和執行依該國法律屬於商事法律關係爭議的外國裁決。由此可見，商事保留的目的是從爭

第八章　國際商事仲裁公約

議的性質上限制了公約的適用範圍。

（二）仲裁協議的書面形式

公約第二條明確規範了仲裁協議的書面形式。根據公約，如果雙方當事人書面協議把由於同某個可以通過仲裁方式解決的事項有關的特定的法律關係，不論是不是合同關係，所已產生或可能產生的全部或任何爭執提交仲裁，每一個締約國應該承認這種協議。「書面協議」包括當事人所簽署的或者來往書信、電報中所包含的合同中的仲裁條款和仲裁協議。

（三）承認與執行外國仲裁裁決的條件

這裡所講的「條件」，就是承認和執行外國仲裁裁決的必要條件。從公約具體規定來看，這些條件歸納起來可分為兩類：一類可稱之為程序要件，另一類稱為實質要件。

1. 承認與執行外國仲裁裁決的條件

（1）該外國與執行地國家間共同締結或者參加了有關的國際公約。公約的主要目的是統一和簡化各國執行外國仲裁裁決的法律程序，與前兩個公約相比，放寬了條件，簡化了手續，使外國裁決更容易在內國得到承認和執行。公約規定：公約要求所有締約國承認當事人之間訂立的書面仲裁協議（包括合同中的仲裁條款）在法律上的效力，並根據公約的規定和被申請執行地的程序，承認和執行外國仲裁裁決。「外國仲裁裁決」是指在被申請人承認和執行地所在國以外的國家領土內做出的裁決；在被申請承認和執行地所在國領土內做出的裁決，但因適用外國仲裁法而被認為不是本國裁決的裁決。公約還規定，承認和執行外國仲裁裁決應依被申請執行地國家的仲裁程序。在承認和執行本公約締約國所做出的裁決時，不得提出比承認和執行本國仲裁裁決更苛刻之附加條件或徵收過多之費用。遵守此項條件的主體是被請求承認和執行外國仲裁裁決的國家及其管轄機關。

（2）該外國與被申請執行地國家有互惠關係。

（3）外國仲裁裁決請求執行的申請是通過被申請執行地國家規定的合法途徑送達的。

（4）符合其他形式要求。公約規定：「為了獲得對仲裁裁決的承認和執行，申請承認和執行裁決的當事人應該在申請的時候提供：經正式認證的裁決正本或經正式證明的副本，屬公約範圍的仲裁協議正本或經正式證明的副本。」如果仲裁裁決或仲裁協議不是用裁決需其承認或執行的國家的官方文字寫成的，申請承認或執行裁決的當事人應該提交這些文件的此種文字譯本。譯本應該由一個官方的或宣過誓的譯員或一個外交或領事人員證明。

如果沒有上述條件，一般認為，如果該外國與被申請執行地國家有互惠關係或者外國仲裁裁決請求執行的申請是通過被申請執行國家規定的合法途徑送達的，也認為其符合了申請承認與執行外國仲裁裁決的條件。

2. 拒絕承認與執行該外國仲裁裁決的條件

關於承認和執行外國裁決的實質要件，即針對裁決本身的作出和內容等方面所規定的條件，公約沒有從正面列舉，而是在公約第五條中從反面提出了拒絕承認和執行裁決的兩種情勢。第一種情勢，即當被申請人舉證證明公約第五條第 1 款所列五項條件中任何一項成立，則該裁決可被拒絕承認和執行：

（1） 缺乏有效的仲裁條款或仲裁協議；
（2） 被申請人沒有得到適當的通知，以致未能對案件有申辯的機會；
（3） 裁決事項不屬於仲裁協議的範圍；
（4） 仲裁庭的組成或仲裁程序與雙方當事人的協議不相符合，或者在雙方當事人無協議時與仲裁國家的法律不相符合；
（5） 仲裁尚未生效，或已被仲裁地國家有關當局撤銷。

這五項條件的訂立既反應了締約國保護本國境內被申請人的利益，又在很大程度上限制和統一了各國關於當事人可申請拒絕承認和執行外國裁決的抗辯理由。

第二種情勢則是為了維護被申請承認和執行國的國家利益。公約第五條第 2 款對此規定，被請求承認和執行裁決國家的執行管轄當局，如果查明下列任何問題之一的，可拒絕承認和執行：

（1） 裁決的爭議依照執行地國家的法律規定，屬於不得提交仲裁的事項；
（2） 裁決的內容違反了執行地國家的公共政策。

公約作出此種規定是因為從大多數國家法律規定來看，無論商事爭議或非商事爭議並非全部屬於可仲裁爭議。就一般情況而言，刑事案件不允許仲裁解決，而民事商事爭執則可以提交仲裁。但具體到不同國家的規定也不相同。例如，法國民法中規定，民事爭執中關於贍養費、住宅、遺贈、離婚、分居等問題不允許簽訂仲裁協議。又如，對知識產權的爭議是否可以仲裁也有著不同規定。在德國，工業產權的效力問題不能仲裁，而侵權行為問題可以仲裁；在法國、美國兩者都不能仲裁，而在瑞士和英國兩者都可以仲裁。另外凡涉及公共秩序的問題各國都不允許用仲裁方式解決。由此可見，這兩項條件是緊密相關的。總之，公約將判定「可仲裁爭議」和「不可仲裁爭議」的標準問題留給了執行地國家的國內法解決。公約第五條第 2 款的規定對未作商事保留的締約國而言限制了公約適用範圍，而對作了商事保留的締約國而言則是對公約適用範圍的進一步限制。公約的上述規定也提示我們，在提請仲裁或訂立涉外仲裁協議時，首先應對可能到外國去承認和執行裁決的爭議查明承認和執行地國的國內法，以免裁決無法強制執行。

（四） 公約締約國範圍

除公約締約國外，公約規定，在 1958 年 12 月 31 日以前的聯合國會員國，或今後是聯合國專門機構成員的任何其他國家，現在或今後是國際法院規章締約國的任何其他國家，或者經聯合國大會邀請的任何其他國家，都可以加入本公約。

任何國家在簽署、批准或加入本公約的時候，都可以聲明：本公約將擴延到國

第八章　國際商事仲裁公約

際關係由該國負責一切或任何地區。這種聲明在本公約對該國生效的時候生效。公約對於聯邦制或者非單一制國家的範圍也做了規定。

（五）公約的效力

本公約的規定不影響締約國參加的有關承認和執行仲裁裁決的多邊或雙邊協定的效力，也不剝奪有關當事人在被請求承認或執行某一裁決的國家的法律或條約所許可的方式和範圍內，可能具有的利用該仲裁裁決的任何權利。

1923年關於仲裁條款的日內瓦議定書和1927年關於執行外國仲裁裁決的日內瓦公約，對本公約的締約國，在它們開始受本公約約束的時候以及在它們受本公約約束的範圍以內失效。這一條款說明本公約實際上取代了日內瓦公約。

（六）其他規定

公約對公約的生效與退出、通知及副本也作出了相應規定。

三、《紐約公約》與《日內瓦公約》的不同

《紐約公約》與《日內瓦公約》相比發生了許多積極和有利的變化。根據《紐約公約》第七條第二款的規定，上述這兩個《日內瓦條約》在正式參加了《紐約公約》的締約國之間將停止使用。《紐約公約》對此前《日內瓦公約》及仲裁制度的重要發展和改進主要體現在以下幾個方面：

（一）擴大了公約的適用範圍

《紐約公約》要求各締約國應將該公約適用於「在外國作出的裁決」。「在外國作出的裁決」是指在被請求承認和執行的締約國以外某一國家領土上作出的裁決。《紐約公約》的這一適用對象是非常廣泛的，它意味著締約國一旦加入該公約，就有義務在本國領土內承認和執行在任何外國作出的仲裁裁決，而無論該外國是否是《紐約公約》的締約國。

《紐約公約》在其適用範圍上確立的這一廣泛性原則，即要求締約各國承認和執行在任何外國（無論該外國是否是締約國）作出的仲裁裁決的這一新觀念未能得到參加當年《紐約公約》談判國家的一致接受。正因如此，為了使更多國家成為公約締約國，《紐約公約》的起草者同時給了持傳統觀念的國家一種選擇，即允許該類締約國聲明將該公約適用範圍保留在「僅適用於在本國以外其他締約國領土內作出的裁決」。這便是《紐約公約》第一條第三款所規定的「互惠保留」。從參加和批准公約的情況來看，目前大約有三分之二的締約國在公約的適用範圍上作出了互惠保留。例如，瑞典是該公約的締約國，但瑞典並未作「互惠保留」，因而在任何外國（並不限於締約國）作出的仲裁裁決都可以依據《紐約公約》在瑞典申請承認和執行。中國加入《紐約公約》時也作了互惠保留。根據中國已作出的互惠保留，中國僅有義務承認和執行在其他締約國作出的外國裁決。

（二）確立了仲裁協議書面形式的統一規則

就仲裁協議的形式而言，各國國內立法規定存在一些差別。大多數國家立法要

國際貿易慣例與公約

求仲裁協議應為書面形式,也有少數國家允許口頭方式訂立仲裁協議。各國對構成書面協議的具體條件要求的寬嚴各不相同。如《義大利民法典》第一千三百四十一條和第一千三百四十二條規定,對制式條款或格式合同中包含的仲裁條款,當事人只簽署合同本身是不夠的,還要另行簽字表示同意該仲裁條款;中國仲裁法第十六條要求書面形式中應包含「選定的仲裁委員會」。此外,《日內瓦公約》要求仲裁協議按其準據法(國內法)應是有效的,因此,按照《日內瓦公約》仲裁協議採用何種形式也取決於上述準據法。而《紐約公約》直接規定了仲裁協議必須採用書面形式並在公約第二條第二款中對書面形式的含義作了界定。

那麼,如果《紐約公約》締約國國內法與公約第二條二款規定不一致時,應如何處理呢?根據權威學者的論述和各國法院相關判例,締約國法院對公約項下的仲裁協議的形式有效性的認定應優先適用公約。也就是說,公約關於仲裁協議書面形式的要求和具體規定構成了一項統一的國際性實體規則,該國際統一實體規則應優先於國內法加以適用。

(三)賦予當事人對仲裁程序法的選擇權

1927年的日內瓦公約規定,仲裁庭的組成和仲裁程序必須符合仲裁地的法律,而且將此作為執行仲裁裁決的一項條件。這勢必導致仲裁必須受仲裁地程序法的支配。而從實踐來看,當事人選擇在某國仲裁並不表明他們當然希望適用該國的法律。為了尊重當事人的自主權利,更好地體現仲裁在程序上比訴訟具有的靈活性,《紐約公約》第五條第一款第四項規定,如果當事人已經就仲裁庭的組成或仲裁程序達成了協議,則仲裁地的仲裁程序法可以不被考慮;只有在當事人之間缺乏上述協議的情況下,才應該適用仲裁地國家的相關程序法。

(四)廢除執行裁決的「雙重許可」制度

《紐約公約》的一大改進和優點在於,該公約對仲裁裁決不再使用日內瓦公約中的「終極」(final)概念,而只是要求仲裁裁決對當事人均有約束力(be binding on the parties)。根據日內瓦公約對「終極」含義的規定,即該裁決在作出國不得再上訴、提出異議或請求撤銷或對該裁決效力提出任何其他抗辯,實踐中就意味著申請承認和執行裁決的一方,在向外國要求承認和執行該裁決前,必須在該裁決作出國取得有關該裁決已經成為「終極」的證明。這一制度表明,申請承認和執行裁決的一方需要先在裁決作出國取得執行許可證明(exequatur),然后再向承認和執行地國法院當局申請承認和執行許可,從而導致申請執行一方要取得所謂的「雙重許可」(double exequatur)。今天這種「雙重許可」在《紐約公約》中已不存在,《紐約公約》只要求裁決是有效的即可。

日內瓦公約裡的「終極」一詞還意味著只要很容易地在裁決作出國提起撤銷裁決的訴訟,申請執行的程序就可以被中止或至少推遲很長時間。而根據《紐約公約》,在裁決作出國提起撤銷訴訟本身已不足以中止或暫停執行程序。《紐約公約》要求只有證明裁決已經在作出國被撤銷時才可以拒絕執行。僅在裁決作出國提起撤

第八章　國際商事仲裁公約

銷某裁決的訴訟不再會對該裁決在國外的執行產生實質影響。《紐約公約》第六條的改進表明，如果已在裁決作出國提出了撤銷裁決的申請，則負責執行的法官在他認為適當的情況下可以推遲作出執行裁決，以保護仲裁敗訴一方。但同時該法官可以命令被申請執行一方提供適當的擔保以保護仲裁勝訴一方的利益。

（五）重新分配舉證責任

日內瓦公約對尋求執行裁決的一方當事人規定了過多的舉證責任和滿足執行所需的各種條件。但根據《紐約公約》第四條的規定，申請執行裁決的一方只需要向法院提交裁決文書正本或經證明的副本，此外不再承擔其他舉證責任。相反，根據《紐約公約》第五條的規定，證明存在第五條第一款所列舉的拒絕執行的有限理由的責任則留給了被申請執行人一方。這表明了舉證責任被重新分配，有利於仲裁裁決的承認和執行。

（六）統一了確定仲裁協議準據法的衝突規範

公約第五條一款（甲）項要求締約國法院在審理申請承認和執行外國仲裁裁決的訴訟案件中，如果當事人對仲裁管轄所依賴的仲裁協議的效力發生爭議，則法院對仲裁協議應適用「當事人選擇的法律」；如當事人未選擇時，則應適用「仲裁裁決作出地國家的法律」。這項規定被看作是以國際公約立法的方式在仲裁協議法律適用方面創設了一項效力優先於法院地國內衝突規範的統一衝突規範。

這項統一衝突規範無疑是公約的一大立法成就。它意味著締約國法院在承認和執行仲裁裁決的訴訟中，如果被申請人就仲裁協議的實質有效性提出質疑並因此請求不予承認和執行該裁決時，受案法院則應首先對本案仲裁協議的有效性適用雙方當事人選擇的準據法；如果當事人未選定仲裁協議的準據法，則應適用「仲裁裁決作出地國家的法律」。

（七）創設了獨特的「更優權利條款」

由於《紐約公約》的許多締約國除參加該公約外，還制定有關於承認和執行外國仲裁裁決的國內立法，有些締約國同時還簽訂了涉及這一事項的其他雙邊或多邊條約，因此在《紐約公約》的具體適用中便存在著一個值得關注的問題，即如何處理《紐約公約》與國內法以及其他條約的關係。對此公約在其第七條第一款中規定：「本公約之規定不影響締約國間所訂立的關於承認和執行仲裁裁決的多邊或雙邊協定的效力，也不剝奪任何利害關係人在被申請承認和執行地國的法律或條約許可的方式及範圍內援用仲裁裁決的任何權利。」這表明當事人在向《紐約公約》締約國申請承認和執行某一公約範圍內的仲裁裁決時，既可選擇公約作為請求的依據，如果在被申請承認和執行地國境內有效的國內立法或其他條約提供了比《紐約公約》更為有利和優惠的權利（more favorable right），則申請執行裁決的一方當事人便可援引和利用該項更為有利和優惠的規定並以此取代公約的相關規定。故此，該公約第七條第一款的規定被稱為公約中的「更優權利條款」（more-favorable-right-provision）。這是公約積極促進和支持執行外國仲裁裁決目標的又一具體體現，它為

國際貿易慣例與公約

無法適用《紐約公約》進行執行的案件開闢了新的執行依據。

四、公共政策與外國仲裁裁決的承認與執行

公共政策是各國國內法上普遍採納的一項制度，旨在限制外國法的適用或者拒絕承認與執行仲裁裁決。在國際商事仲裁實踐中，公共政策並無明確的定義，各國法院在承認與執行仲裁裁決的過程中，一般不輕易動用公共政策作為拒絕執行裁決的理由，只有在特殊情況下對公共政策作出相應的解釋和認定。

(一) 公共政策的含義

公共政策（Public Policy）是各國國內法上的一項重要制度，有時也會被稱為公共秩序（Order Public）社會公共利益（Social Public Interests）等。在國際私法上，通常是指一國法院依其衝突規範本應適用外國法時，因其適用會與法院地國的重大利益、基本政策、道德的基本觀念或法律的基本原則相抵觸而排除其適用的一種保留制度。在承認與執行外國仲裁裁決的過程中，如果執行地法院認為，承認與執行（外國）仲裁裁決有悖於當地的公共政策，執行地法院即可作出拒絕承認與執行該裁決的裁定。可見，法院在執法過程中，如果執法過程或者結果與當地的公共政策不符，就可以違反社會公共利益為由，拒絕適用應當適用的法律或者拒絕執行本來應當執行的法院判決或者仲裁裁決。

公共政策條款是各國國內法中普遍採納的一個條款，它可以在任何時期為任何國家所採納，因而又被稱為彈性條款。縱觀各國國內法的規定，其他條款可能隨著各國法律制度的不斷發展而修訂，而儘管表述方式不同，公共政策條款卻始終如一地被保留了下來。例如，1896年《德國民法施行法》第三十條對此項條款作了如下規定：「外國法之適用，如違背善良風俗或德國法之目的時，則不予適用。」1986年《德國民法施行法》第六條對此作出的規定是：「外國法之適用，其結果明顯地不符合德國法律的基本原則，則該外國法不予適用；特別是外國法的規定，如果其適用不符合（德國）基本法律規定的基本權利，則不得適用。」可見，無論任何國家法院在審理國際案件的過程中，某一特定的民、商事關係根據當地衝突法規則應當適用某外國法的情況下，如果該外國法的適用結果有悖於當地法律的基本原則，法院即可正大光明地宣稱不予適用該外國法，其理由是有悖於當地的社會公共利益。因此，對於公共政策的含義，多數情況下都是由國家法院在處理具體案件的過程中對此加以解釋的。

在國際商事仲裁立法與實踐中，任何國家的法院在根據當事人的請求承認與執行外國仲裁裁決時，也可以執行該外國裁決與法院地國的公共政策不符為由，拒絕承認與執行外國仲裁裁決。此項制度同樣得到擁有一百多個締約國的《紐約公約》的認可。根據《紐約公約》第五條（2）款的規定：「如果執行地法院認為，仲裁裁決所涉及的事項根據當地法律不能通過仲裁的方式解決，或者承認與執行該裁決與

第八章 國際商事仲裁公約

當地的公共政策不符,法院即可拒絕承認與執行該外國裁決。」所以,執行地法院以承認與執行外國仲裁裁決與當地的公共政策不符,既可作出拒絕承認與執行該外國仲裁裁決的裁定,是《紐約公約》所允許的拒絕承認與執行外國裁決的理由。此外,由聯合國國際貿易法委員會起草的被世界上幾十個國家的國內立法機關採納的《國際商事仲裁示範法》第三十四條和第三十六條規定的法院可以撤銷或者拒絕承認與執行仲裁裁決的理由中,均包括裁決與法院地的公共政策相抵觸的理由,作為法院撤銷或者拒絕承認與執行裁決的合法理由。

儘管如此,在國際商事仲裁實踐中,各國法院在引用公共政策的理由拒絕承認與執行外國裁決時相當謹慎,一般只有在特殊情況下才動用該條款。《紐約公約》實施20年后的1979年,著名國際商事仲裁法專家桑德斯在考察該公約的實施情況時指出:「通過對《紐約公約》成立后的二十年來向各國法院發出的有關申請執行外國裁決的調查問卷證明,在100個被調查的執行外國仲裁裁決的情況中,各國法院總體而言傾向於承認與執行國際仲裁裁決,當《紐約公約》項下的裁決在向各國法院申請執行時,法院很少拒絕執行,其中只有三個裁決由於公共政策的理由沒有得到執行。」可見,在多數情況下,《紐約公約》項下的裁決都能得到執行地法院的承認與執行,只有在極少數特殊情況下,法院才作出拒絕承認與執行公約裁決的裁定。

(二) 國際司法實踐援引公共政策條款拒絕承認與執行外國仲裁裁決的情況

在相關國家的司法實踐中,當以裁決違反公共政策的理由拒絕承認與執行外國裁決時,法院所認定的公共政策的含義是什麼,如何運用公共政策的理由拒絕承認與執行外國仲裁裁決的,下面將結合《紐約公約》相關締約國承認與執行外國仲裁裁決的立法與實踐和桑德斯教授所提到的違反公共政策為由而拒絕承認與執行仲裁裁決的三個案例的分析,將公共政策歸納為以下幾個方面的內容:

1. 仲裁庭未能給雙方當事人均等的表達其各自意見的機會

桑德斯教授在其論文中提到的以違反法院地的公共政策為由而拒絕承認與執行外國裁決的第一個案例,涉及的是德國漢堡上訴法院以此為由拒絕承認與執行美國仲裁協會的裁決。在本案中,美國公司與德國公司之間的爭議根據美國仲裁協會仲裁規則進行了仲裁,裁決在美國作出。由於德國公司未能執行該裁決,美國公司向聯邦德國漢堡上訴法院申請執行,漢堡上訴法院認定:並非所有違反的國法強制性規定的外國裁決都構成對德國公共政策的違反。本案是一個非常特別的案件。法院在本案中查明,只對本案進行書面審理後即作出裁決的獨任仲裁員,未能將美國公司提交的一封直接關係到裁決結果的重要的信件轉交給德國公司。因此,法院拒絕執行該裁決。

本案獨任仲裁員並未開庭審理此案,只進行了書面審理。仲裁庭在進行書面審理的過程中,美國公司向該仲裁員遞交了一封對裁決結果至關重要的信件,而該仲裁員並未將此信件轉交給德國公司,進而該德國公司並不知道這封信的存在。另一

國際貿易慣例與公約

方面，德國公司也曾經向德國的相關部門提交了與美國公司的信件內容相悖的信件，由於本案獨任仲裁員在作裁決時，並未考慮德國公司提交給德國部門的類似信件的內容。因為該仲裁員並沒有把美國公司提交的信件轉交給德國公司，后者無法對該信件的內容作出答辯。裁決作出后，美國俄勒岡地方法院宣布執行該裁決。德國一審法院也裁定准許執行該裁決，德國公司不服，向漢堡上訴法院上訴，上訴法院經審理后裁定拒絕執行該裁決。德國上訴法院認定，德國與美國之間1954年訂立的《友好通商航海條約》第六條仍然適用於本案，因為美國是在本案合同訂立后才於1970年加入《紐約公約》的。對於德國公司提出的未能提出其抗辯的理由，上訴法院引用了德國最高法院於1971年10月21日作出的具有指導意義的判決，該判決提到在承認與執行外國仲裁裁決時，應當對國內公共政策與國際公共政策加以區分。上訴法院認為，在承認與執行外國裁決的情況下，並非所有違反的國內法中有關強制性規定的情況都構成對德國公共秩序的違反，只有在一些特別的情況下，當事人未能在國外進行的仲裁程序中陳述其案情，構成對德國法律秩序的基本原則的違反。此外，上訴法院還認為，在案件審理過程中，仲裁員和美國仲裁協會不僅違反了有關公正審理的基本原則，而且在未能將另一方當事人提交的信件告知德國當事人，且在德國當事人沒有機會知道該信存在的情況下作出裁決，故該仲裁員未能對德國公司就相同問題提交給德國部門的信件予以考慮。法院還認為，德國公司的對本案的評論是正確的，美國仲裁協會的仲裁規則幾乎沒有給德國公司任何機會，根據該規則第三十一條（2）款最后一句，所有當事人都必須給予對所提交的文件予以審查的機會。仲裁庭在審理中顯然違反了仲裁規則的上述規定。

德國上訴法院以本案裁決違反德國的公共政策為由拒絕承認與執行美國仲裁協會仲裁庭作出的裁決。本案中所說的公共政策，就其實質而言，就是《紐約公約》中列舉的未能給當事人予均等的機會陳述其案情。在該案中，本案仲裁庭未能將美國公司提交的信件轉交給德國公司的事實本身，剝奪了德國公司就爭議的事實陳述其案情的機會，即便德國法院不以違反當地公共政策的理由拒絕承認與執行美國仲裁協會仲裁庭作出的裁決，也可以以《紐約公約》第五條（1）款（2）項的理由，即「未能收到指定仲裁員或進行仲裁程序的適當通知，或者由於其他理由未能陳述其案情」，拒絕承認與執行該裁決。只是由於當事人在簽署本案合同時，美國尚未加入《紐約公約》，因此該公約不予適用，而適用德國與美國之間1954年訂立的《友好通商航海條約》第六條的相關規定。德國法院拒絕承認與執行美國仲裁協會的裁決的理由是：「當事人未能在國外進行的仲裁程序中陳述其案情，構成對德國法律秩序的基本原則的違反。」即承認與執行本案裁決，違反了德國法律秩序的基本原則。此項原則同時也就是正當程序的原則。

2. 根據應當適用的法律為不能通過仲裁解決的事項

第二個案例是荷蘭救助公司訴美國政府由於荷蘭公司打撈在荷蘭海域擱淺的美國軍艦Julius A. Furer號而發生的爭議。本案涉及的主要問題是：美國國會是否通過

第八章　國際商事仲裁公約

頒布《公共船舶法》而放棄美國的主權，進而應當根據艦長簽署的勞氏開口格式的救助協議中的仲裁條款，到倫敦解決由於打撈擱淺的美國軍艦而產生的爭議。美國紐約南區地方法院對此作出了否定的回答。

本案的案情是：1974 年 6 月 30 日，美國軍艦 Julius A. Furer 號在荷蘭沿海擱淺，作為原告的荷蘭救助公司與美軍艦艇的艦長簽署了勞氏開口格式救助協議（Lloyd's open form salvage agreement，LOF）。該協議規定，由於救助者的補償請求事項在倫敦根據英國法仲裁解決，獨任仲裁員由勞氏委員會指定。1974 年 7 月 1 日美國軍艦被救助成功，救助者根據美國《公共船舶法》（Public Vessels Act）第 781 條投訴美國政府至美國地方法院，在該訴訟中，荷蘭公司保留了根據合同規定通過仲裁解決的權利。美國政府反對此項動議，理由是美國政府不受該合同及其合同中的仲裁條款的約束。政府抗辯道，法院必須駁回將與救助該軍艦有關的爭議提交仲裁解決的動議，本案應當由美國法院根據《公共船舶法》的規定解決。因此，美國地方法院駁回了通過仲裁解決該爭議的動議，認定《公共船舶法》准許針對政府提出的訴訟請求予以補償，並只有適當的聯邦法院才能對此請求權項行使管轄權。

《公共船舶法》是美國國會通過的一系列法律之一，旨在當聯邦雇員造成他人人身傷害或者財產損害的情況下放棄主張豁免的權利。而《公共船舶法》的上述條款中並沒有對侵權行為作出限制性規定，特別是有關「拖救服務引起的賠償，包括合同救助的賠償問題」的規定。法院認為，本案首先應當解決的問題是：國會是否打算通過頒布《公共船舶法》放棄美國的主權豁免的權利，而要求政府將此爭議提交倫敦根據勞氏合同中的條款仲裁解決。答案顯然是否定的。《公共船舶法》准許就對美國的公共船舶實施的救助服務引起的賠償問題在美國法院提起訴訟，此項訴訟的地點是美國地方法院，也是本案訴訟的適當地點。在倫敦由勞氏委員會而不是其他機構指定的仲裁員仲裁，完全不符合美國法的規定。勞氏合同中有關提供擔保的規定和救助者對其救助的船舶享有的留置權的規定，也與美國法律規定不符。美國軍艦所依據的《公共船舶法》中有關管轄權的規定與救助協議不符，因此，美國軍艦艦長簽署的勞氏救助協議沒有法律效力，因為根據上述法律的規定，只有國會才能撤回或者調整美軍所享有的主權豁免，而艦長並不具有此項權力。荷蘭原告對此提出的抗辯是：上面所提到的所有原則由於美國 1970 年加入《紐約公約》而變更。美國自 1970 年 7 月 31 日起實施的法律（9 U. S. C. Sect. 201）規定，美國參加《紐約公約》表明了美國支持國際仲裁的政策。但是，荷蘭公司的此項抗辯未能得到美國法院的支持。法院認為，美國加入《紐約公約》並不意味著美國同意放棄其他法律中所包括的主權豁免的限制。根據《紐約公約》第十四條的規定：「締約國除了在其本國負有履行本公約項下的義務外，無權對其他締約國援用本公約。」公約的上述規定承認「締約國」可以不受公約約束，關鍵在於各締約國對特定規定的明示意思。此外，美國加入該公約時作出了如下保留：「美國只在根據美國法認為屬於契約性或者非契約性商事法律關係中發生的爭議的問題，適用本公約。」法院認

國際貿易慣例與公約

為,美國軍艦的活動所產生的關係在主權豁免的問題上從來沒有被視為「商業行為」。此外,公約本身也規定,在某些特定的情況下,法院可以拒絕執行在其他地方進行仲裁的仲裁協議。例如,公約第二條(3)款規定:「當事人就訴訟事項訂有本條所稱之協議者,締約國法院受理訴訟時,應當依據一方當事人的請求,令當事人將該訴訟事項提交仲裁解決,除非法院認定該仲裁協議無效、失效或者不能執行。」本案勞氏合同中的仲裁協議,根據美國法上的主權豁免原則應當為無效仲裁協議。

第三個案例所涉及的也是仲裁事項根據一方當事人所屬國的法律不能通過仲裁的方式解決。該案所涉及的是比利時公司(S. A. Adelin Petiti & Cie)與德國汽車製造商(AUDI-NSU Auto Union A. G.)之間由於他們之間的獨占分銷協議而產生的爭議,比利時公司上訴法院根據1961年法認定,單方終止獨占分銷協議的爭議不能通過仲裁的方式解決,而只能由比利時法院管轄。

在該案中,比利時公司長期以來作為德國汽車製造商在比利時和盧森堡的獨家經銷商,他們之間發生爭議的協議的有效期是自1971年1月1日起至1973年12月31日止。德國奧迪車製造商在1972年12月9日和1973年8月24日分別向比利時的經銷商發出關於終止與其訂立的獨占分銷協議的通知。1973年5月15日,德國公司根據協議中的仲裁條款在瑞士蘇黎世提起仲裁,比利時當事人就獨任仲裁員的管轄權提出抗辯,1974年3月30日,該獨任仲裁庭作出對該案有管轄權的決定,此項決定在同年7月1日得到蘇黎世高等法院的確認。仲裁庭繼續審理此案並於1975年12月6日作出裁決,認定雙方當事人之間的協議於1973年12月31日終止。比利時當事人無權對於此項終止提出索賠。仲裁庭還駁回了被申請人提出的反訴。

與此同時,比利時當事人於1973年9月18日就該同一案件在比利時法院起訴,商事法院認定其對該案有管轄權並拒絕承認與執行在瑞士作出的裁決。奧迪公司向上訴法院提出上訴,上訴法院於1977年5月12日確認了商事法院的判決,駁回了奧迪公司的上訴,理由是根據比利時1961年7月26日的法律,本案爭議事項屬於比利時法院的專屬管轄範疇,不能通過仲裁的方式解決。根據該法,在獨占經銷合同的終止問題上,比利時法院只適用本國法律,進而使仲裁庭裁定的合同終止無效。該上述法院的判決最終被比利時最高法院在1979年6月28日確認。最高法院認定,根據比利時的法律,本案項下的爭議不能通過仲裁的方式解決。儘管比利時於1975年8月18日批准了《紐約公約》,法院認為,比利時的上述做法並不違反《紐約公約》。

以上美國和比利時法院的司法實踐,均以其國內法上的某些規定為依據,使爭議事項成為不能通過仲裁解決的事項。上述案件中的爭議事項根據兩國國內法上規定,均為當地法院專屬管轄的事項。而屬於國內法上明文規定的那些屬於本國法院專屬管轄的事項,則其他任何法院和仲裁機構均對這些事項沒有管轄權。其結果,即便其他國家法院或者仲裁庭依據其各自的法律或者仲裁規則認定對該事項享有管

第八章　國際商事仲裁公約

轄權並作出判決或者裁決，此項判決或者裁決也不能得到上述法院的承認與執行。這樣的做法，是《紐約公約》所允許的。根據《紐約公約》第五條（2）款的規定，如果執行地法院根據當地法律認定爭議事項不能通過仲裁方式解決，或者承認與執行該裁決違反當地的公共政策，法院有權拒絕承認與執行該裁決。

3. 合同本身違法

西爾馬頓案（Hilmarton Ltd.（U. K.）v. Omnium De Traitement Et De Valoriation — OTV, France）是法國拒絕承認與執行外國仲裁裁決的案例。在該案中，西爾馬頓是英國的一家公司，OTV 則為法國的公司。雙方當事人的爭議產生於法國公司承包阿爾及利亞承包工程提供諮詢的合同。英國公司利用其在阿爾及利亞的關係，幫助法國公司競標，而法國公司在阿投標成功後，拒絕按合同規定向英國公司支付應當支付的佣金。1988 年 4 月 19 日，國際商會國際仲裁院的獨任仲裁員在瑞士作出的裁決中認定，阿爾及利亞的法律禁止在本案情況下向仲介人支付佣金，因為該佣金旨在賄賂，因此合同根據阿爾及利亞的法律為無效合同，故駁回了英國公司的仲裁請求。此裁決作出后，法國公司請求法國法院執行此裁決，1990 年 2 月 27 日，巴黎地方法院裁定承認與執行該裁決。

與此同時，英國公司則向瑞士法院提出了撤銷該裁決的訴訟。1989 年 11 月 17 日，瑞士日內瓦州法院以該裁決武斷（arbitrariness）為由，撤銷了此項裁決。瑞士聯邦法院於 1990 年 4 月 17 日確認了此項撤銷。該裁決被撤銷后，英國公司又重新申請仲裁，由另一位獨任仲裁員審理了此案。1992 年 4 月 10 日，該獨任仲裁員沒有適用阿爾及利亞的法律，而是適用了瑞士法，作出了與其前任相悖的裁決。該裁決認為，支付佣金的約定不違反瑞士法，雙方當事人訂立的合同有效，既然英國公司履行了其在合同項下的義務，法國公司就應當按合同約定支付佣金。

對於巴黎地方法院作出的關於執行被瑞士法院撤銷的裁決，英國公司理所當然地向巴黎上訴法院提起了上訴。該上訴法院同樣面臨著是否執行已經被裁決地法院撤銷了的仲裁裁決。1991 年 12 月 19 日，法國上訴法院還是作出了承認與執行該裁決的裁定。理由是法國民事訴訟法第一千五百零二條並不包括裁決地撤銷該裁決的理由。

第二個裁決作出後，英國西爾馬頓公司又向法國的 Nanterre 地方法院申請執行該項裁決。1993 年 2 月 25 日，該地方法院做出了執行該裁決的裁定。與此同時，西爾馬頓公司還從該法院得到了確認瑞士聯邦法院 1990 年 4 月 17 日作出的撤銷第一個裁決的裁定。1995 年 6 月 29 日，凡爾賽上訴法院確認了地方法院作出的上述兩項關於執行第二個裁決和確認瑞士聯邦法院撤銷第一個裁決的裁定。上訴法院認為，由於採用的法國不同的程序規則，對第一裁決的承認與執行並不構成承認與執行第二個相悖的仲裁裁決的障礙。於是，在法國的法律秩序中便出現了這樣的情況：在相同的當事人之間，就相同的爭議，同時存在著兩個完全不同的仲裁裁決和確認這兩項裁決的法院裁定。

國際貿易慣例與公約

1997年6月10日，法國最高法院撤銷了凡爾賽上訴法院的兩項裁定，理由是根據民事訴訟法典第一千三百五十一條關於既判力（res judicata）的規定，該案第一個裁決在法國得到承認與執行，因此法院不再承認與執行第二個裁決。法國最高法院1994年3月23日在確認巴黎上訴法院關於確認承認第一個裁決時指出，本案所涉及的「國際裁決並不構成瑞士法律秩序的組成部分，儘管已經被瑞士法院撤銷，該裁決依然存在，其在法國的承認與執行並不違反國際公共秩序。」

在英國，如果訂立合同的目的就是為了實施非法行為，這樣的合同不能得到法院的強制執行。也就是說，旨在違法的合同不能得到英國的法律保護。

1980年至1983年間，英國猶太人父子倆雙雙從事倒賣伊朗地毯的生意：兒子負責通過規避伊朗法律和出口管制的方式將伊朗的地毯出口到英國，父親則負責在英國和伊朗以外的其他國家和地區銷售這些地毯。父子之間由於對銷售利潤的分配不公發生爭議，雙方同意將該爭議提交仲裁解決。仲裁員適用猶太法對這對父子之間的爭議作出裁決，裁決認定他們所從事的是違法活動，由於是非法經營，因此沒有留下有案可查的所得利潤的證據，因此，仲裁員認定對於走私的費用不予認定，而僅僅對於所得利潤做出了估價，在扣除了父親所得的份額後，裁定兒子應當得到576,574英鎊的補償。由於父親未能自動履行該裁決，兒子則根據英國1950年仲裁法，對該裁決進行了登記，並向法院申請強制執行。1993年5月4日，法官作出了執行該裁決的裁定。父親不服，將該裁定上訴法院，理由是裁決根據按照英國法為非法的合同作出的，如果執行該根據非法合同作出的裁決，將與英國的公共政策不符。英國上訴法院法官Morritt、Waller和Christopher Staughton一致認為，旨在違法的合同不能在英格蘭和威爾士得到強制執行。

在該案中，英國上訴法院最終裁決拒絕承認與執行根據違法合同作出的裁決。這就是說，如果裁決所涉及的合同本身就是違法的，則合同本身就違反了當地的社會公共利益，進而裁定根據違法合同作出的裁決不能得到英國法院的承認與執行。

另外，如果裁決根據偽造的證據作出，如果被法院審查到，也會被法院拒絕執行。

（三）中國以違反社會公共利益為由拒絕執行中國涉外裁決的案例

在中國司法實踐上，同樣存在著承認與執行裁決違反中國的社會公共利益為由而拒絕承認與執行案例，如中國某仲裁委作出的中國婦女旅行社向美國製作公司和湯姆·胡萊特公司支付所欠款項70%計89,950美元的涉外仲裁裁決的案例。

在該案中，申請人美國製作公司與湯姆·胡萊特公司根據與被申請人中國婦女旅行社簽訂的合同，來華進行演出若干場次，由被申請人向申請人支付演出費用若干。申請人在華演出期間，未按合同約定的樣帶內容演出，表演瘋狂，演員在演出時極其隨意，或中斷演出，觀眾極為不滿，紛紛退場，要求退票。中方多次勸說無用。在演出11場後，中華人民共和國文化部根據觀眾的強烈要求，作出取消美方的演出的行政決定，於是被申請人提前終止了該演出合同，並拒付合同規定的演出款

第八章　國際商事仲裁公約

項 128,500 美元。雙方當事人由此發生爭議后按照合同中的約定將爭議提交某仲裁委員會仲裁。仲裁委經審理后作出了由中國婦女旅行社向美國製作公司和湯姆·胡萊特公司支付所欠款項 70% 共計 89,950 美元的涉外仲裁裁決。由於中國婦女旅行社拒絕執行該裁決，美國當事人向中國法院申請強制執行該裁決。中國婦女旅行社以美方當事人在華演出期間違反了中國社會公共利益、未能達到合同約定的演出場次、未能履行完合同的責任在對方為由，向北京中級人民法院申請不予執行該裁決，北京市中院經審理后擬裁定以裁決的執行違背中國社會公共利益為由，不予執行該裁決，並通過北京市高級人民法院層報最高人民法院審批。最高人民法院執行工作辦公室經組成合議庭審查認為執行法院的意見正確，因為美國製作公司和湯姆·胡萊特公司未按合同約定的樣帶內容演出，違反了合同中的規定，中方拒付余款 128,500 美元。對於裁決裁定由中方承擔 70% 的責任，最高人民法院經審判委員會研究決定，作出如下批復：「美方演員違背合同協議約定，不按報經中國文化部審批的演出內容進行演出，演出了不適合中國國情的『重金屬歌曲』，違背了中國的社會公共利益，造成了很壞的影響，被文化部決定停演……人民法院如果執行該裁決，就會損壞中國的社會公共利益。依《中華人民共和國民事訴訟法》第二百六十條第二款的規定，同意北京市高級人民法院對該仲裁裁決不予執行的意見。」

　　本案是中國迄今僅有的一起以公共政策為由拒絕執行中國仲裁機構裁決的案例。本案中所涉及的社會公共利益，顯然指演職人員在公共場所進行表演的過程中，違反了作為演職人員應當遵守的一般的道德標準；未能按合同約定的樣帶演出，並給在場觀眾造成了不良影響，與中國社會公共利益不符。因此，法院裁定決絕執行該裁決。

　　通過對以上國家法院以裁決違反法院地的公共政策為由而拒絕承認與執行國際商事仲裁裁決的案例的分析可以看出，在各國司法實踐中，就其實質而言，《紐約公約》第五條規定的任何一種情況，都可以歸結到公共政策的範疇，其他情況如合同違法、裁決根據偽造的證據作出等原因，也可以歸結到這一範疇。特別是可仲裁事項的問題與各國所實施的政策有著密切的聯繫，完全可以歸咎於公共政策的範疇。有鑒於此，從廣義上說，幾乎所有的問題都可以歸入公共政策的範疇。但是從狹義上講，又不能把任何問題都歸結到公共政策的範疇。因此，根據各國有關國際商事仲裁的立法與實踐，只有在違反了各國公認的最低道德標準和法律最基本的原則和規則的情況下，才能以違反公共政策為由而拒絕承認與執行外國裁決。以上相關國家的法院在以裁決違反社會公共利益為由而拒絕承認與執行時，一個共同的特點是裁決的作出違反了為各國法律與實踐所普遍認可的最基本的正當的程序或者最基本的道德標準。正因為如此，各國法院在以此為由而拒絕執行外國裁決時，表現得相當謹慎。凡是能夠將拒絕承認與執行外國裁決的理由歸咎於公共政策以外的其他理由時，應當援引其他理由，只有在極為特殊情況下，法院才結合其所審理的案件的具體情況，援引公共政策的條款。

五、有關仲裁協議

所謂仲裁協議，是指雙方當事人在自願、協商、平等互利的基礎之上將他們之間已經發生或者可能發生的爭議提交仲裁解決的書面文件，是申請仲裁的必備材料。

(一) 仲裁協議的內涵

1. 從性質上看，仲裁是一種合同

它必須建立在雙方當事人自願、平等和協商一致的基礎上。仲裁協議是雙方當事人共同的意思表示，是他們同意將爭議提交仲裁的一種書面形式。所以說仲裁協議是一種合同。

2. 從形式上看，仲裁協議是一種書面協議

一般的合同可以是書面形式也可以是口頭形式，仲裁協議的形式具有特殊性，這種特殊性就是要求要有書面形式。對此國際公約及中國仲裁法明確規定仲裁協議必須以書面形式作出，以口頭方式訂立的仲裁協議不受法律保護。當事人以口頭仲裁協議為依據申請仲裁的，仲裁機構不予受理。

3. 從內容上看，仲裁協議是當事人約定將爭議提交仲裁解決的協議

當事人約定提交仲裁的爭議可以是已經發生的，也可以是將來可能發生的爭議。在仲裁協議中需要約定的是有關仲裁的內容。

(二) 仲裁協議的法律特徵

仲裁協議作為整個仲裁活動的前提和基本依據，其法律特徵為：

(1) 仲裁協議只能由具有利害關係的合同雙方 (或多方) 當事人或其合格的代理人訂立。否則，就不可能在有關合同發生爭議時約束各方當事人。如果有關當事人在仲裁程序開始時提出證據，證明他不是仲裁條款或仲裁協議的當事人，或訂立時沒有權利能力或行為能力，那麼仲裁協議無效，對雙方均無法律約束力。

(2) 仲裁協議是當事人申請仲裁、排除法院管轄的法律依據。仲裁協議一經簽訂，就成為仲裁委員會受理合同爭議的憑據，同時在申請法院執行時，也以它作為撤銷裁決或強制執行的依據。

(3) 仲裁協議具有相對的獨立性。如果是以仲裁條款的形式寫入合同，那就是合同的重要組成部分，其他條款的無效不影響仲裁條款的效力。如果雙方當事人簽訂了單獨的仲裁協議，則可視為一個獨立的合同。仲裁協議與它所指的合同本身，由不同的法律、法規調整，前者是程序性合同，后者是實體性合同，是兩個不同的合同。

(三) 仲裁協議的形式

書面仲裁協議有三種類型：仲裁條款、仲裁協議書和其他文件中包含的仲裁協議。

第八章　國際商事仲裁公約

1. 仲裁條款

所謂仲裁條款，是指雙方當事人在合同中訂立的，將今后可能因該合同所發生的爭議提交仲裁的條款。這種仲裁協議的特點是當事人就他們將來可能發生的爭議約定提交仲裁解決，而且是在合同中用一個條款來約定。該條款作為合同的一項內容訂立於合同中，是合同的組成部分。如當事人在購銷合同中，除了規定貨物的價款、數量、交貨時間、地點等內容外，還規定了因履行合同引起爭議提交仲裁解決，其中有關仲裁內容的規定是整個合同的一個條款，這個條款稱為仲裁條款。仲裁條款是仲裁實踐中最常見的仲裁協議的形式。

2. 仲裁協議書

仲裁協議書是指當事人之間訂立的，一致表示願意將他們之間已經發生或可能發生的爭議提交仲裁解決的單獨的協議。這種仲裁協議的特點是，它是單獨的仲裁協議，是在合同中沒有規定仲裁條款的情況下，雙方當事人為了專門約定仲裁內容而單獨訂立的一種協議。而且，當事人可以在爭議發生之前，也可以在爭議發生之后訂立。例如，在訂立建築工程承包合同時，雙方當事人沒有約定爭議的解決方式，事后雙方當事人再專門訂立一個協議，約定有關仲裁事宜，這樣一個協議就是仲裁協議書。

3. 其他文件中包含的仲裁協議

在民事經活動中，當事人除了訂立合同之外，還可能在相互之間有信函、電報、電傳、傳真、電子數據交換、電子郵件或其他書面材料的往來。這些往來文件中如果包含有雙方當事人同意將他們之間已經發生或可能發生的爭議提交仲裁的內容，那麼，有關文件即是仲裁協議。這種類型的仲裁協議與前兩種類型的仲裁協議的不同之處在於，仲裁的意思表示一般不集中表現於某法律文件中，而往往分散在當事人之間彼此多次往來的不同文件中。例如一方當事人將他希望訂立仲裁協議的事宜向另一方當事人發出建議，如果另一方當事人願意接受該項建議，必須將他接受該仲裁協議的意向傳達給對方當事人，通過這種往來，仲裁協議才能成立。隨著通訊方式的快速發展，這種形式的仲裁協議也較為常見。

（四）仲裁協議的法律效力

仲裁協議的法律效力即仲裁協議所具有的法律約束力。一項有效的仲裁協議的法律效力包括對雙方當事人的約束力、對法院的約束力和對仲裁機構的約束力。

1. 對雙方當事人的法律效力

仲裁協議對當事人的法律效力表現為：約束雙方當事人對糾紛解決方式的選擇權。仲裁協議一經有效成立，即對雙方當事人產生法律效力，雙方當事人都受到他們所簽訂的仲裁協議的約束，這是仲裁協議效力的首要表現。其一，仲裁協議約定的特定爭議發生后，當事人就該爭議的起訴權受到限制，只能將爭議提交仲裁解決，不得單方撤銷協議而向法院起訴。其二，當事人必須依仲裁協議所確定的仲裁範圍、仲裁地點、仲裁機構等內容進行仲裁，不得隨意更改。其三，仲裁協議對當事人還

產生基於前兩項效力之上的附隨義務，即：任何一方當事人不得隨意解除、變更已發生法律效力的仲裁協議；當事人應履行仲裁委員會依法作出的裁決，等等。

2. 對法院的法律效力

仲裁協議對法院的法律效力表現為：仲裁協議排除法院的司法管轄權。首先，有效的仲裁協議排除了法院的管轄權。其次，對仲裁機構基於有效仲裁協議作出的裁決，法院負有執行職責。這體現了法院對仲裁的支持。再次，有效的仲裁協議是申請執行仲裁裁決時必須提供的文件。根據《紐約公約》的規定，為了使裁決能在另一國得到承認和執行，勝訴的一方應在申請時提交：仲裁裁決的正本或正式副本；仲裁協議的正本或正式副本。在執行外國仲裁裁決時，仲裁協議是否有效，是法院審查的重要內容之一。

3. 對仲裁機構的法律效力

仲裁協議對仲裁機構的法律效力表現為：授予仲裁機構仲裁管轄權並限定仲裁的範圍。有效的仲裁協議是仲裁機構行使管轄權，受理案件的唯一依據。沒有仲裁協議的案件，即使一方當事人提出仲裁申請，仲裁機構也無權受理。仲裁協議對仲裁管轄權還有限制的效力，並對仲裁裁決的效力具有保證效力。當然，仲裁機構對仲裁協議的存在、效力及範圍也有裁決權。

(五) 規定仲裁協議或仲裁條款的注意事項

規定仲裁協議或條款，應當明確合理，不能過於簡單，其具體內容一般包括仲裁地點、仲裁機構、仲裁程序規則、仲裁裁決的效力、仲裁費用的負擔等。

1. 仲裁地點的選擇

仲裁地點的選擇至關重要，它對仲裁協議乃至整個仲裁有著不可忽視的影響。首先，在當事人沒有明確仲裁應以特定規則進行或者當事人在協議中沒有擬定仲裁程序時，仲裁地的法律可能適用於仲裁程序。此外，仲裁應遵守仲裁進行國的某些強行性程度規則。

其次，仲裁地法能夠支配和影響解決爭議適用的實體法。當事人一般都就爭議所適用的法律做出了選擇，但仲裁地法可能根本不允許當事人作出此種選擇。如果當事人沒有選擇解決爭議所適用的法律，國際慣例往往會要求仲裁員適用仲裁地的中途規則確定要適用的實體法或者直接就適用仲裁地的實體法律。

最后，仲裁地的選擇影響仲裁裁決的承認和執行。仲裁地點在很大程度上決定了仲裁裁決的國度。仲裁地國家法律在很大程度上決定著裁決的可執行性。

2. 仲裁機構

國際貿易中的仲裁，可由雙方當事人約定在常設的仲裁機構進行，也可以由雙方當事人共同制定仲裁員組成臨時仲裁庭進行仲裁。在常設仲裁機構進行仲裁是國際商事仲裁中普遍採用的方式。在國際貿易中，近95%的仲裁案件是在常設仲裁機構主持下審理的。提交臨時仲裁庭的仲裁案件往往都是爭議標的較大，或當事人不能就仲裁機構達成協議的情況。

第八章　國際商事仲裁公約

仲裁機構的設立模式，僅從英美法系和大陸法系兩大法系來看，英美法系主要採取有限擔保公司形式，大陸法系多為註冊的社團法人或者商會下設的仲裁機構；但無論何種形式，公益性、非營利性、獨立性、民間性是其共有特性。

當事人選擇某個仲裁機構，如果沒有其他規定，仲裁地也就是仲裁機構所在地。所以選擇仲裁機構時應考慮到仲裁地選擇的諸項因素。仲裁機構的選擇必須明確，不能模稜兩可。

目前，世界上有很多國家和一些國際組織都設有專門從事處理商事糾紛的常設仲裁機構。中國常設的仲裁機構主要是中國國際經濟貿易仲裁委員會和海事仲裁委員會。中國國際經濟貿易仲裁委員會（China International Economic and Trade Arbitration Commission，CIETAC）成立於1956年，從1994年起步入世界主要仲裁機構行列，其受案量一直排在世界各仲裁機構前列。現在的中國國際經濟貿易仲裁委員會不僅僅是一個國際商事仲裁機構，因為它也同時受理純中國國內性質的各類具備仲裁要件的糾紛案件。根據業務發展的需要，中國國際經濟貿易仲裁委員會又分別在深圳和上海設立了分會，這樣，北京總會及其在深圳上海的分會是一個統一的整體，總會和分會使用相同的仲裁規則和仲裁員名冊，在整體上享有一個仲裁管轄權。

在外貿業務中經常遇到的外國仲裁常設機構有：

（1）倫敦國際仲裁院（The London Court of International Arbitration，LCIA），成立於1892年，是世界上最古老的仲裁機構，仲裁院在仲裁中的主要作用是指定仲裁員和對案件進行一些輔助性管理，也設有可以適應各種類型仲裁案件需要的仲裁員名冊，這個名單由來自世界上30多個國家的具有豐富經驗的仲裁員組成。仲裁庭按倫敦仲裁院的仲裁規則進行審理，在適用法律方面，一般以英國法作為準據法。

（2）瑞士蘇黎世商會仲裁院（The Arbitration Institute of the Zurich Chamber of Commerce，ZCC），成立於1911年，是瑞士蘇黎世商會下屬的仲裁機構。仲裁院有自己的仲裁規則，但沒有固定的仲裁員名冊，對仲裁員也沒有國籍限制。仲裁院受理瑞士境內和其他各國提交的涉外商事案件。在管轄權方面，不受地域和國籍上的限制。由於瑞士在政治上處於中立地位，因而其仲裁的公正性比較容易為其他國家和當事人所接受，許多國家的當事人都願意選擇該機構來解決糾紛。

（3）國際商會仲裁院（The International Court of Arbitration of International Chamber of Commerce，ICC），成立於1923年，是附屬於國際商會的一個國際性常設仲裁機構，總部設在巴黎。它制定有一套完備的國際商事仲裁程序規則，該規則為世界許多國家間經濟貿易仲裁所採用。國際商會仲裁院是當今世界上處理仲裁案件最多的仲裁機構，每年受理案件多達300件以上。中國於1994年11月8日加入了國際商會，與國際商會仲裁院加強了聯繫。其仲裁的一個主要特點，是可以在世界的任何地方進行仲裁程序。

（4）美國仲裁協會（American Arbitration Association，AAA），成立於1926年，是一個非盈利性的仲裁服務機構，其總部設在紐約，擁有數萬名仲裁員名冊，當事

人可以在其仲裁員名冊之外指定仲裁員。該仲裁協會的受案範圍很廣，從國際經濟貿易糾紛到勞動爭議、消費者爭議乃至證券糾紛等無所不包，但均有相應規則。就國際商事仲裁，當事人選擇的多為1991年3月1日生效的《國際仲裁規則》。不過當事人也可以適用聯合國國際貿易法委員會的仲裁規則及其他仲裁規則。在法律適用方面，依據雙方當事人合意選擇的法律或推定適用仲裁地國的法律就實質問題進行裁決。

（5）斯德哥爾摩商會仲裁院（The Arbitration Institute of the Stockholm Chamber of Commerce, SCC），成立於1949年，總部設在瑞典首都斯德哥爾摩，包括秘書局和三名成員組成的委員會，委員任期三年，由商會任命，其中一名須具有解決工商爭議的經驗、一名須為有實踐經驗的律師、一名具備與商業組織溝通的能力。該仲裁院主要解決工業、貿易和運輸領域的國際爭議，尤以解決涉及遠東或中國的爭議而著稱。

（6）解決國際投資爭端中心（The International Center for the Settlement of Investment Dispute, ICSID），成立於1965年，總部設在美國華盛頓，是一個國際性法人組織。因為該中心是根據《華盛頓公約》成立的，所以它要求申請仲裁的爭議雙方必須是華盛頓公約的成員國，爭議主體為國家或國家機構或代理機構，解決的爭議必須是直接由投資引起的法律爭議，審理案件的仲裁員和調解時的調解員必須從其仲裁員名冊和調解員名冊中選定。

（7）中國香港國際仲裁中心（Hong Kong International Arbitration Center, HKIAC），成立於1985年，是依據香港公司法註冊的（有限保證責任）非營利性公司。中心受到香港商界和香港政府的資助，但完全獨立，財政上自給自足，不受政府或其他任何官員的影響或控製。中心的管理機構是理事會，由不同國籍的商界、法律界和其他相關人士組成；中心的首席行政人員和登記主管是秘書長，由一名律師擔任；中心的行政工作，由理事會下屬的管理委員會通過秘書長進行。

（8）世界知識產權組織仲裁與調解中心（World Intellectual Property Organization (WIPO) Arbitration & Conciliation Center），是1993年9月在世界知識產權組織全體會議上正式獲準成立的，屬世界知識產權組織的國際局，1994年10月在日內瓦開始工作。

其他還有：德國仲裁協會（DIS）、荷蘭仲裁協會（NAI）、日本商事仲裁協會（JCAA）、義大利仲裁協會（AIA）、印度仲裁協會（ICA）、新加坡國際仲裁中心（SIAC）等。其中有很多仲裁機構與中國已有業務上的聯繫，並在仲裁業務中進行合作。

4. 仲裁程序規則

仲裁程序規則是指雙方當事人和仲裁庭在仲裁過程中應遵循的程序和規則，包括仲裁申請提出、答辯方式、仲裁員的選定、仲裁庭的組成、仲裁審理、仲裁裁決的作出以及裁決效力等內容。程序問題往往會影響實體問題，運用不同仲裁規則會

第八章　國際商事仲裁公約

產生不同仲裁裁決。因此雙方當事人在訂立仲裁協議時，應明確約定有關仲裁應適用的仲裁規則，以便當事人和仲裁員在仲裁時有可依循的行為準則，使仲裁程序順利進行。

各仲裁機構都有自己的仲裁規則，但值得注意的是，所採用的仲裁規則與仲裁地點並非絕對一致。按照國際仲裁的一般做法，原則上採用仲裁所在地的仲裁規則，但在法律上也允許根據當事人的約定，採用仲裁地點以外的其他國家（地區）仲裁機構的仲裁規則進行仲裁。例如，根據中國現行的仲裁規則規定：凡當事人同意將爭議提交仲裁委員會仲裁的，均視為同意按照該仲裁規則進行仲裁。但是，如果當事人約定使用其他仲裁規則，並徵得仲裁委員會同意的，原則上也可以使用其他仲裁規則。

5. 仲裁事項

仲裁協議中應寫明把何種爭議提交仲裁，如寫明「因本合同產生的爭議，應提交仲裁」，其中的「因本合同產生的爭議」就是提交仲裁的事項。

大多數國家仲裁立法都承認關於將來爭議的仲裁協議的有效性，但有一項限制性要求，即該協議必須與協議當事人之間的特定法律關係相關聯。並且當事人實際提請仲裁的爭議以及仲裁機構受理的爭議，都不得超越仲裁協議所規定的仲裁事項。如果超越了該事項，依各國仲裁法規定仲裁庭所作出的裁決是無效的，可以申請法院撤銷。

同時，仲裁條款寫明「因本合同產生的所有爭議」字樣是必要的。一般認為，唯有如此，仲裁員不僅可以裁決有關合同履行的爭議，也可以裁決關於合同的存在、有效性、違約和終止的爭議。

以上五項內容是仲裁協議應該具備的基本內容，缺少任何一項都可能會產生個各種問題。

6. 仲裁裁決的效力

仲裁裁決的效力主要是由仲裁庭作出的裁決對雙方當事人是否具有約束力，是否為終局性的，能否向法院起訴要求變更裁決。

在中國，凡由中國國際經濟貿易仲裁委員會作出的裁決一般都是終局性的，對雙方當事人都有約束力，必須依照裁決執行，任何一方都不許向法院起訴要求變更。

在其他國家，一般也不允許當事人對仲裁裁決不服而上訴法院。即使向法院提起訴訟，法院一般也只是審查程序，不審查實體，即法院只審查仲裁裁決的法律程序上是否完備，而不審查裁決本身是否正確。如果法院查出裁決在程序上有問題，有權宣布裁決無效。由於仲裁的採用是以雙方當事人自願為基礎的，因此，對於仲裁裁決理應承認和執行。

為了強調和明確仲裁裁決的效力，以利執行裁決，在訂立仲裁條款時，通常都規定仲裁裁決是終局性的，對當事人雙方都有約束力。

241

7. 仲裁費用的負擔

通常在仲裁條款中明確規定仲裁費用由誰負擔。一般規定有敗訴方承擔，也有的規定為由仲裁庭酌情決定。仲裁費用，一般按爭議價值的 0.1%～1% 收取。

六、中國法律關於承認和執行仲裁裁決的規定

（一）中國涉外仲裁機構仲裁裁決在外國的承認和執行

依照《中華人民共和國民事訴訟法》第二百六十六條第 2 款和《中華人民共和國仲裁法》第七十二條的規定，中國涉外仲裁機構作出的發生法律效力的仲裁裁決，當事人請求執行的，如果被執行人或者其財產不在中國領域內，應當由當事人直接向有管轄權的外國法院申請承認和執行。由於中國已經加入《紐約公約》，當事人可依照公約規定直接到其他有關締約國申請承認和執行中國涉外仲裁機構作出的裁決。

（二）外國仲裁裁決在中國的承認和執行

按照《中華人民共和國民事訴訟法》第二百六十九條規定，國外仲裁機構的裁決需要中國人民法院承認和執行的，應當由當事人直接向被執行人住所地或其財產所在地的中級人民法院申請，人民法院應當依照中國締結或者參加的國際條約或者按照互惠原則辦理。

中國最高人民法院於 1987 年 4 月 10 日下發了「最高人民法院關於執行中國加入的《承認及執行外國仲裁裁決公約》的通知」。通知聲明，決定中國加入 1958 年在紐約通過的《承認及執行外國仲裁裁決公約》，該公約將於 1987 年 4 月 22 日對中國生效。

通知也對中國對該公約的適用做出了兩項保留聲明：

（1）根據中國加入該公約時所作的互惠保留聲明，中國對在另一締約國領土內作出的仲裁裁決的承認和執行適用該公約。該公約與中國民事訴訟法（試行）有不同規定的，按該公約的規定辦理。對於在非締約國領土內作出的仲裁裁決，需要中國法院承認和執行的，應按民事訴訟法（試行）第二百零四條的規定辦理。

（2）根據中國加入該公約時所作的商事保留聲明，中國僅對按照中國法律屬於契約性和非契約性商事法律關係所引起的爭議適用該公約。所謂「契約性和非契約性商事法律關係」，具體的是指由於合同、侵權或者根據有關法律規定而產生的經濟上的權利義務關係，例如貨物買賣、財產租賃、工程承包、加工承攬、技術轉讓、合資經營、合作經營、勘探開發自然資源、保險、信貸、勞務、代理、諮詢服務和海上、民用航空、鐵路、公路的客貨運輸以及產品責任、環境污染、海上事故和所有權爭議等，但不包括外國投資者與東道國政府之間的爭端。

符合上述 2 個條件的外國仲裁裁決，當事人可依照《紐約公約》的規定直接向中國有管轄權的人民法院申請承認和執行。對於在非締約國領土內作出的仲裁裁決，

第八章　國際商事仲裁公約

需要中國法院承認和執行的，只能按互惠原則辦理。中國有管轄權的人民法院接到一方當事人的申請後，應對申請承認和執行的仲裁裁決進行審查，如果認為不違反中國締結或參加的國際條約的有關規定或《民事訴訟法》的有關規定，應當裁決其有效，並依照《民事訴訟法》規定的程序執行，否則，裁定駁回申請，拒絕承認及執行。如果當事人向中國有管轄權的人民法院申請承認和執行外國仲裁機構作出的發生法律效力的裁決，但該仲裁機構所在國與中國沒有締結或共同參加有關國際條約，也沒有互惠關係的，當事人應該以仲裁裁決為依據向人民法院起訴，由有管轄權的人民法院作出判決，予以執行。

思考題

1. 為什麼會出現《紐約公約》？
2. 如何理解《紐約公約》的適用範圍？
3. 承認與執行外國仲裁裁決的條件是什麼？
4. 拒絕承認與執行外國仲裁裁決的條件是什麼？
5. 《紐約公約》與《日內瓦公約》的不同表現在哪些地方？
6. 舉例說明當外國仲裁裁決與國家公共政策相抵觸時，法院會如何進行判決。
7. 如何理解仲裁協議？
8. 仲裁協議的法律效力如何？
9. 規定仲裁協議或仲裁條款的注意事項有哪些？
10. 中國法律對承認和執行仲裁裁決的規定作出了哪些保留？

國家圖書館出版品預行編目(CIP)資料

國際貿易慣例與公約 / 李軍、溫必坤、尹非、黃鶴　編著. -- 第一版. -- 臺北市：崧博出版：財經錢線文化發行，2018.10

面 ； 公分

ISBN 978-957-735-572-0(平裝)

1.國際貿易 2.國際貿易法規

558.7　　　　107017085

書　名：國際貿易慣例與公約
作　者：李軍、溫必坤、尹非、黃鶴　編著
發行人：黃振庭
出版者：崧博出版事業有限公司
發行者：財經錢線文化事業有限公司
E-mail：sonbookservice@gmail.com
粉絲頁　　　　　　網　址：
地　址：台北市中正區延平南路六十一號五樓一室
8F.-815, No.61, Sec. 1, Chongqing S. Rd., Zhongzheng Dist., Taipei City 100, Taiwan (R.O.C.)
電　話：(02)2370-3310　傳　真：(02) 2370-3210
總經銷：紅螞蟻圖書有限公司
地　址：台北市內湖區舊宗路二段 121 巷 19 號
電　話：02-2795-3656　傳真：02-2795-4100　網址：
印　刷：京峯彩色印刷有限公司（京峰數位）

　　本書版權為西南財經大學出版社所有授權崧博出版事業有限公司獨家發行電子書及繁體書繁體版。若有其他相關權利及授權需求請與本公司聯繫。

定價：400元

發行日期：2018 年 10 月第一版

◎ 本書以POD印製發行